U0099874

我們的中國

我們的中國

茫茫禹跡

李　零

芒芒禹蹟
畫為九州

甲午孟春

偉雲

看銅鏡：納天下於指掌（任超 攝）

有一句話說出就是禍，
有一句話能點得著火。
別看五千年沒有說破，
你猜得透火山的緘默？
說不定是突然著了魔，
突然青天裡一個霹靂
爆一聲：
「咱們的中國！」
這話教我今天怎麼說，
你不信鐵樹開花也可，
那麼有一句話你聽著，
等火山忍不住了緘默，
不要發抖，伸舌頭，頓腳，
等到青天裡一聲霹靂
爆一聲：
「咱們的中國！」

——聞一多〈一句話〉

自序

我的專業是什麼，有點亂。但說亂也不亂。我這一輩子，從二十來歲到現在，竭四十年之力，全是為了研究中國。什麼是中國？這是本書的主題。

十七年前，我跟唐曉峰一起策劃《九州》，目的是什麼？就是研究中國——從地理研究中國。

唐曉峰是侯仁之先生的高足。他是專門治歷史地理的學者。他想把顧頡剛先生的話題接著講下去，因此用「九州」做這本不定期刊物的書名。當時，我在整理上博楚簡，其中有一篇叫《容成氏》，正好就是講九州。我把這篇簡文中的「九州」二字複製，作為這個刊物的題簽。古人的字就是好，大家都說漂亮。封面，我也摻乎。這個封面，「九州」二字下面是四方八位加中央的九宮圖，九宮圖下面是大江大河，據說得了獎。此外，我有個建議，每冊前面都用《左傳》中的一段名言作題詞。現在，我把這段話寫在了這本書的前面，算是一點紀念吧。

這段話出自《左傳》襄公四年。當時，中國北部有一支戎狄，叫無終戎。他們的國君派人帶著虎豹之皮，通過晉國的大臣魏絳向晉國求和。晉悼公喜歡打獵。在他看來，戎狄是禽獸，和什麼和，打就得了。魏絳不以為然，說和戎有五大好處。他以辛甲的〈虞人之箴〉告誡晉悼公，勸他不要像善射的后羿一樣。〈虞人之箴〉是百官匡王之失的箴言。虞人是百官之一，專管山林川澤、鳥獸蟲魚，直接跟打獵有關。這篇箴言說「芒芒（茫茫）禹跡，畫為九州，經啟九道。民有寢廟，獸有茂草，各有攸處，德用不擾」。魏絳引用這段話，意思是說，禹的天下如此之大，人和動物應和平共處，你幹嘛要學后羿，整天沉迷於馳騁田獵，非跟動物過不去，結果丟了天下呢。

研究軍事史的都知道，古人常把異族視為動物，把打仗視為打獵。魏絳雖不能擺脫這種思維定勢，但他至少懂得，窮兵黷武，嗜殺成性，不足以得天下。

「禹跡」是代表天下。這是古人對中國的最初表達。

晉國建在夏地。陝西人統治山西，一靠夏人，山西本地人；二靠戎人，從蒙古高原南下來到山西的遠人。古人叫「啟以夏政，疆以戎索」。戎夏雜處是一種寶貴的歷史經驗，對殷人很重要，對周人也很重要。

辛甲什麼人？他不僅是文武圖商的大功臣，也是周王室的外戚。周王娶妻，不光娶姜姓女子，也娶姒姓女子，比如周武王的媽媽太姒，周幽王的寵妾褒姒，就都是姒姓女子。姒是夏人的姓。辛甲的辛，字亦作莘。莘是姒姓在陝西的小國。相傳，辛甲是周王室的太史，他對夏朝的歷史很熟悉。

周秦時代，中國有兩次大一統，兩次大一統都以晉南豫西為中心，以夏這個中心來統一天下。中國的中，核心在此，本義在此。

《禹貢》是中國的第一部地理經典。今年，我們在北京大學開過《禹貢》創刊八十週年紀念會。《禹貢》學會的舊址就在我們北大的校園裡。這個小四合院，四面被現代化的建築包圍，好像一口井，它是留在井底。

中國很大。我們怎麼理解這個大？一九三五年，地學界的老前輩胡煥庸先生提出過著名的璦琿—騰衝線。他把中國一分為二：西北高，東南低，兩大塊。這條線，最初是當人口分界線。線的東南，百分之三十六的土地養百分之九十六的人口；西北，百分之六十四的土地養百分之四的人口。俗話說，人往高處走，水往低處流，其實人也是往低處走。《淮南子・天文》已經用神話講過這塊傾斜的大地，它不僅是個人口分界線，也是地理、氣候，乃至民族、文化的分界線。

中國的大地，一半是秦漢帝國奠定的農業定居區，即古之所謂諸夏、後世所謂漢區，清代叫本部十八省；一半是環繞其四周的游獵游牧區，則主要是匈奴、鮮卑、突厥、回鶻、吐蕃、契丹、女真、党項、蒙古等族你來我往遷徙流轉的地帶，即清代的四大邊疆。中國歷史也是一半一半。

中國為什麼大？原因是它的東南部對西北部有強大吸引力，好像一個巨大的漩渦，總是吸引它的鄰居一次次征服它和加入它。中國歷史上的征服，一般都是從外征服內，而又歸附於內，因而認同被征服者。夏居天下之中，商從東邊滅夏，認同夏；周從西邊滅商，也認同夏。中國周邊地區對核心地區的征服，幾乎全都沿用這一模式。他們發起的攻擊，一波接一波，每次衝擊引起的回波比衝擊波還大，一輪輪向外擴散。「夏」的概念就是這樣，像滾雪球一樣，越滾越大。「禹跡」是一種不斷被改造的歷史記憶，同時也是一種綿延不絕的歷史記憶，難怪成為中國的符號。

農牧是共生文明，不打不相識。兩者是兄弟關係，而非父子關係。中國的高地文化和低地文化，自古就通婚通商，文化交流，你來我往，互為主客。中國境內的各民族，無論是以四裔治中國，還是以中國治四裔，誰入主中國，都不會同意另一半獨立。

宋以來，中國曾兩次被北方民族征服，征服的結果是中國的領土更大，中國的概念也更大。

元朝，蒙古人入主中國，有朱元璋從南方造反；清朝，滿人入主中國，也有孫中山從南方造反。

孫中山的「驅逐韃虜，恢復中華」，是借自「反清復明」的洪門。這一口號本來是朱元璋發明。明亡，它還保存在很多漢人特別是南方人和海外華僑的歷史記憶裡。當時，很多南方人都認為，中國的正統在南方。他們盼望的是本部十八省從滿清帝國獨立，脫離這個北佬控制的帝國。

武昌起義，南方人打出的旗子是鐵血十八星旗。黑色的九角代表九州，黃色的十八顆星代表本部十八省。這個旗子上沒有四大邊疆。

後來，孫中山才恍然大悟，這樣做可絕對不行，那不正中日本人的下懷？日本人的中國夢是什麼？他們的大東亞共榮圈是什麼？不正是模仿蒙元和滿清取而代之嗎？田中奏摺講得最清楚，「惟欲征服支那，必先征服滿蒙。如欲征服世界，必先征服支那」。驅逐韃虜，則滿蒙去；滿蒙去，則回藏離。四裔不守，何以恢復中華？

於是《中華民國臨時約法》宣佈，中國的領土為二十二行省和三大屬地，十八行省之外加四個省，東三省和新疆省，三大屬地是蒙古（內蒙古和外蒙古）、西藏和青海。我們的共和是漢、滿、蒙、回、藏五族共和。

中華民國是亞洲的第一個共和國。中華民國的第一面國旗是五色旗。五種顏色象徵五族共和，這面旗後來成了北洋政府的旗。可惜日本統治下，改當偽滿國旗。

你要知道，「五族共和」並不純粹是個現代民族國家觀念下的發明創造，它也是中國傳統的延續。

戰國末年，秦國為統一天下做準備，摩拳擦掌，已經有五帝共尊、五嶽並祀的設想。五嶽是五座神山，代表中國的東西南北中。五帝是五個老祖宗，代表中國的五大族系。

元朝和清朝，這兩個征服王朝都是多民族國家。蒙古人和滿人都是多種文字並用，元朝有六體，清朝有五體。十九世紀，歐洲人創建漢學，最初就是抱著《五體清文鑑》和滿漢合璧本，學習漢語，研究中國。

現在的中國是由五十六個民族組成（歸屬於二十三個省、五個自治區、四個直轄市、兩個特別行政區）。現在的人民幣，上面印有五種文字：漢、壯、蒙、維、藏。我們的中國是這樣的中國。

二〇一四年十一月六日寫於北京藍旗營寓所

目錄

Contents

Contents

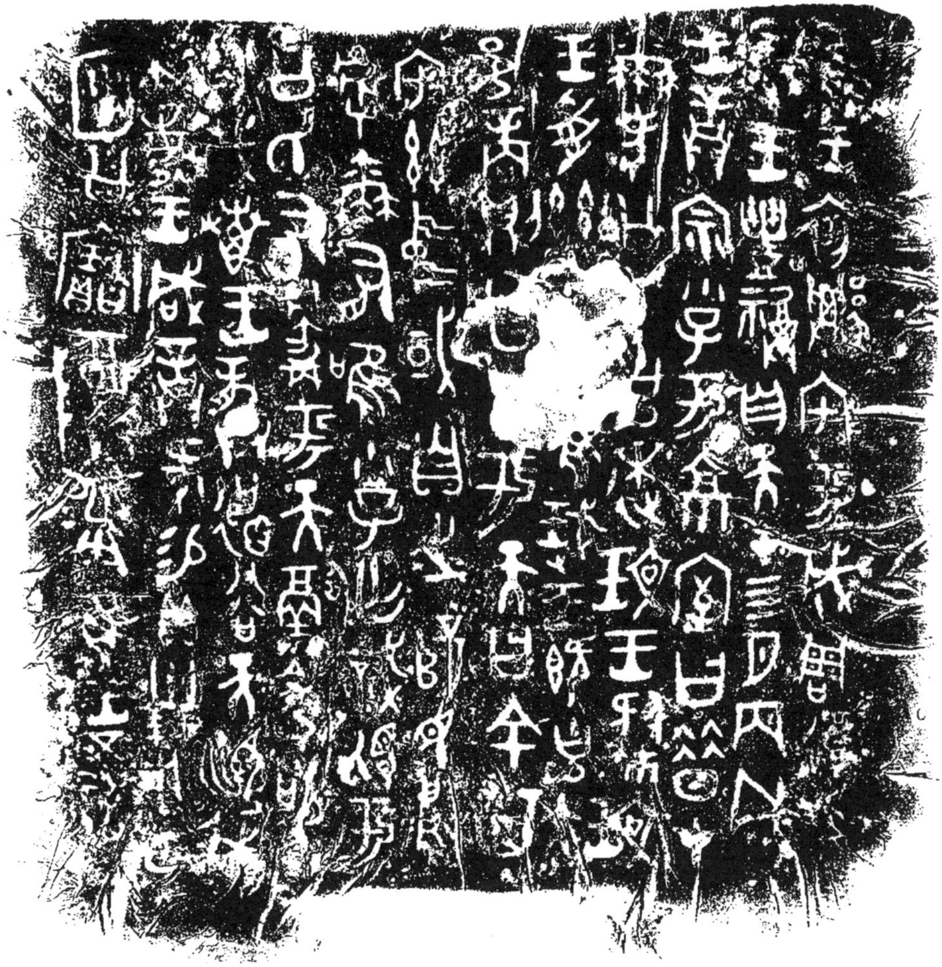

何尊銘文

兩次大一統（上）

中國，是咱們生於斯長於斯葬於斯的地方。近百年來，中國飽受屈辱，血流成河，淚流成河。一九二五年，聞一多寫過一首詩，叫〈一句話〉，「有一句話說出就是禍，有一句話能點得著火」。這句話是什麼？就是「咱們的中國」。一九三五年，方志敏臨刑前，在獄中寫過一本書，字字血，聲聲淚，他的手稿，託魯迅帶到延安，題目是什麼？就是「可愛的中國」。今天我要講的就是「咱們的可愛的中國」。我想跟大家討論一下，咱們這個中國，它是怎麼造出來的，怎麼自己把自己造出來的。

這話要從頭說起。

一、兩次大一統

西周封建和秦併天下是中國的兩次大一統。

首先我要講一下「大一統」是個什麼概念。

歷史上，人群都是由小到大。塞維斯（Elman R. Service）有個理論。他說，人群，由小到大，從一盤散沙到聚成國家，要分四步：遊團（band）—部落（tribe）—酋邦（chiefdom）—國家（state）。最後一環是國家。[1]

國家，有小國，有大國。小國變大國，怎麼變？蘇秉琦說，中國國家起源，是經古國—方國—帝國三部曲。[2]古國在三代以前，三代屬於方國，帝國是秦漢帝國。大趨勢是走向帝國。

歷史上的大帝國，歐洲有馬其頓帝國和羅馬帝國，亞歷山大和凱撒是他們的驕傲；東方有亞述帝國、巴比倫帝國、波斯帝國、阿拉伯帝國、鄂圖曼帝國、蒙古帝國、莫臥兒帝國和西方人說的中華帝國，早比歐洲早，晚比歐洲晚。我們要知道，東方大帝國，在西方人的心裡，一直是陰影，既影響他們的歷史觀，也影響他們的政治理念。

湯因比講世界文明，非常看重「大一統」，一是國家大一統，二是宗教大一統。[3]中國的特點是什麼？不是宗教大一統，而是國家大一統。[4]

「大一統」這個詞，來源是《公羊傳》隱公元年。春秋是個四分五裂的時代，四分五裂才講大一統，講孔子懷念的西周大一統。西周大一統是第一個大一統。第二個大一統是秦始皇的大一統。它和西周封建相反，不是靠熱乎乎的血緣紐帶和親戚關係，而是靠冷冰冰的法律制度和統一標準。中國的大一統是靠這兩股力，熱一下，冷一下，共同鍛造，好像打刀劍要淬火一樣。

---

[1] Elman R. Service, *Origins of the State and Civilization: Process of Cultural Evolution*, New York: W. W. Norton & Company, 1975.

[2] 蘇秉琦《中國文明起源新探》，香港：商務印書館，一九九七年，一〇七—一四〇頁。

[3] 〔英〕阿諾德·湯因比《歷史研究》，劉北成、郭小林譯，上海：上海人民出版社，二〇〇一年，二三五—三一七頁。

[4] 湯因比說，歷史上的大一統國家，現在只剩兩個，一個是俄國，一個是中國。這兩個「紅色帝國」，對西方資本主義的大體系來說，一直是兩個異類，兩個變數。

秦始皇是「中國的亞歷山大」，但從未得到過亞歷山大在歐洲享有的殊榮。因為秦朝短命，漢朝詆毀，他一直背黑鍋。

歷史都是由征服者撰寫，由勝利者撰寫。周人不可能說商人的好話，漢人也不可能說秦人的好話。幾千年來，儒家掌握話語權，兩個大一統，周好秦壞，這個調子，是漢代定下來的。漢受惠於秦最多，但罵秦，屬它罵得歡。

《漢書·天文志》有段話：「夫天運三十歲一小變，百年中變，五百年大變，三大變一紀，三紀而大備，此其大數也。」

這段話很有意思。一個人，生命有限，「三十年河東，三十年河西」，一般只能碰到一小變。中變，百年之變，很難碰上，大變就更難碰上。

孟子說，「五百年必有王者興，其間必有名世者。」他的意思是，從西周開國到孔子那陣兒有五百多年，[5]已經該出王者，該出聖人了。這就是講大變。他說，「由周而來，七百有餘年矣」，[6]早該大變，他要挺身而出，「如欲平治天下，當今之世，舍我其誰也」（《孟子·公孫丑下》）。

中國歷史，大變在周、秦之際，有個讖言很重要，這就是司馬遷四次提到，周太史儋的讖言（注意，他也是史官）：

> 烈王二年，周太史儋見秦獻公曰：「始周與秦國合而別，別五百載復合，合十七歲而霸王者出焉。」（《史記·周本紀》）
>
> （孝公）十一年，周太史儋見獻公曰：「周故與秦國合而別，別五百歲復合，合（七）十七歲而霸王出。」（《史記·秦本紀》）

> 後四十八年，周太史儋見秦獻公曰：「秦始與周合，合而離，五百歲當復合，合十七年而霸王出焉。」（《史記．封禪書》）
>
> 自孔子死之後百二十九年，而史記周太史儋見秦獻公曰：「始秦與周合，合五百歲而離，離（七十）〔十七〕歲而霸王者出焉。」（《史記．老子韓非列傳》）

這四條，大體相同，唯第二、第四條有錯字，當據另外兩條改正。講話時間，據上文的紀年推算，是公元前三七四年，有回顧，也有前瞻，估計是倒追其事。

「秦與周合」，指周孝王封非子於秦，周人住在周原上，秦人住在汧渭之會，兩國是鄰居。

「合而別」，指前七七〇年，申、繒夥同犬戎滅周，秦襄公將兵救周，護送周平王東遷，平王封襄公為諸侯，賜岐以西之地，與之別而誓，曰「秦能攻逐戎，即有其地」。

「別五百載復合」，指秦滅周。秦滅西周（西周君的西周）在前二五六年，滅東周（東周君的東周）在前二四九年。前二四九年距前七七〇年為五百二十一年。

「合十七歲而霸王者出」，「霸王」指秦王政。秦王政生於前二五九年，前二四六年登基，前二二一年兼併天下，稱始皇帝。前二四九年後十七年是秦王政十五年，即前二三二年。是年，秦大舉攻趙，揭開秦滅六國的序幕。前二三〇年，秦滅韓；前二二八年，秦破趙，趙公子嘉奔代，自立為代王；前二二六年，秦破燕，燕王喜遷都遼東；前二二五年，秦滅魏；前二二三年，秦滅楚；前

---

❺ 西周開國，斷代工程定為公元前一〇四六年。其他異說，大抵在此前後。孔子生於公元前五五一年，距西周開國約四百九十五年。

❺ 孟子講這話是在孟子去齊時。孟子去齊，約在公元前三一四年後，距西周開國約七百三十二年。

二二二年，秦取遼東與代，燕、代亡；前二二一年，秦滅齊。六國相繼滅亡。

中國的兩次大一統，一次是周克商，西北征服東南；一次是秦滅六國，也是西北征服東南，怎麼這麼巧？原來西北有個「高壓槽」，有個以游牧民族為背景的「高壓槽」，[7]就像冬天的寒流，總是從西北橫掃東南。[8]

司馬遷說：

> 或曰「東方物所始生，西方物之成孰」。夫作事者必于東南，收功實者常于西北。故禹興于西羌，湯起于亳，周之王也以豐鎬伐殷，秦之帝用雍州興，漢之興自蜀漢。（《史記．六國年表》）

這話很有意思，周、秦對中國東南的征服都是從陝西出發，就連共產黨打天下也還是如此。陝西大有王氣。

古人說，中國的王氣，本來在西北，後來才轉到東南，東南沒有王氣，是因為秦始皇東巡，把它鎮住了。

《晉書．元帝紀》：

> 始秦時望氣者云「五百年後金陵有天子氣」，故始皇東遊以厭之，改其地曰秣陵，塹北山以絕其勢。

此話見於東晉元帝永昌元年（三二二年）。始皇東巡有三次，分別在前二一九、前二一八和前二一〇年，離永昌元年有五百多年。所謂「五百年後金陵有天子氣」，「金陵有天子氣」即後人說的「東南王氣」。❾金陵即楚金陵邑（楚邑多以陵為名），在南京清涼山一帶。南京，西有清涼山（石頭山），東有鐘山（也叫金陵山、紫金山），從風水家的角度講，是左青龍、右白虎，虎踞龍盤，為形勝之地。始皇「改其地曰秣陵，塹北山以絕其勢」，是把城從西北搬到東南，挖斷了鐘山到清涼山的龍脈。秣陵即今南京市江寧區秣陵鎮，在鐘山正南。北山即鐘山，在秣陵正北。南京是六朝（東吳、東晉、宋、齊、梁、陳）古都。金元首都在北京，朱元璋造反，定都南京，但明成祖又遷回北京。清代，首都在北京，但太平天國是以南京為首都。民國初年，一九一二年一月一日，孫中山定都南京，但四月二日，臨時政府遷都北京。民國上半葉，首都在北京（一九一二至一九二八年），但下半葉，首都在南京（一九二七至一九四九年）。❿

一九四九年四月二十三日，中國人民解放軍佔領南京，毛澤東有詩，「虎踞龍盤今勝昔，天翻地覆慨而慷」，首都再次遷回北京。

一九五八年四月二十二日，人民英雄紀念碑落成，周恩來的題辭有段話，「由此上溯到一千八百四十年，從那時起，為了反對內外敵人，爭取民族獨立和人民自由幸福，在歷次鬥爭中犧牲的人民英雄永垂不朽」。

❼ 日本學者江上波夫用「騎馬民族」一詞指西人所說的 nomads 或 herdsman，但 nomads 強調「游」（居無定所、到處遊蕩），herdsman 強調「牧」（放牧馬牛羊），最初並不一定騎馬。

❽ 中國歷史大有胡氣。秦漢以後的隋、唐也是依託關隴和西北地區而崛起。

❾ 如南朝傅縡說，「恐東南王氣，自斯盡然」（《陳書·傅縡傳》）。

❿ 北洋政府以清朝的北洋新軍為背景，南京政府以反清復明的各種會黨為背景。孫中山是洪門，蔣介石是青幫。一九二九年南京政府通過《禁止污蔑太平天國案》。孫中山和蔣介石都認同太平天國。

從一八四〇年到一九四九年，歷時一百零九年，照古人的說法，這只是個「中變」。資本主義有五百年的歷史，這才是「大變」。「中變」是「大變」的一部份。[11]

一九八二年，常任俠先生給我抄過一首他的舊詩，其中有這樣兩句，「東南王氣沉幽塚，西北浮雲隱玉關」（〈由西安飛烏魯木齊機中作〉）。

歷史，真是耐人尋味呀！

二、年代

中國大一統是個長期準備的過程，不是懷胎十月，而是懷胎兩千年。

中國，從秦代起，一直是「大一統」的帝國。「大」是國土大，疆域大，「一統」是制度統一、政令統一、文化統一。秦國的大一統是在古代條件下盡最大努力實現的統一。這種局面，時斷時續，一直維持了兩千兩百年，在世界上獨一無二。

西方有個古典對立：西方民主，東方專制。這個說法有偏見，但暗示了某種差異。我們是聚多散少，他們是聚少散多。他們的傳統是分，即使合起來，也是合中有分。這個文化基因一直影響著他們的頭腦。

西方的傳統是小國寡民，大帝國只有兩個，都是鬆散聯合。一個是馬其頓帝國，一個是羅馬帝國。馬其頓帝國，曇花一現，只有短短七年。羅馬帝國比較長，有四百多年，但蠻族南下，土崩瓦

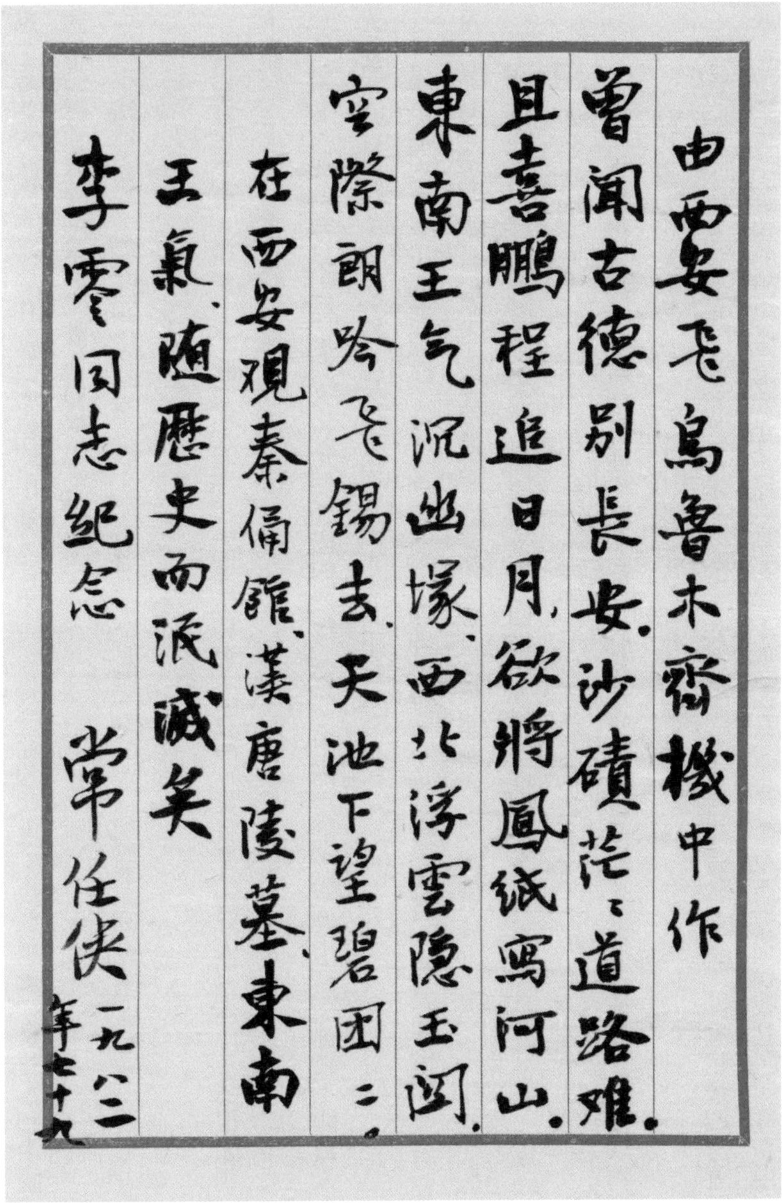
由西安飞烏魯木齊機中作

曾闻古德別長安。沙磧茫茫道路難。
且喜鵬程追日月，欲將鳳紙寫河山。
東南王气沉幽壤，西北浮雲隱玉関。
空際朗吟飞錫去，天池下望碧團團。

在西安觀秦俑館、漢唐陵墓，東南王氣、隨歷史而沉滅矣

李零同志紀念　常任俠　一九八二　年七十九

常任俠〈由西安飛烏魯木齊機中作〉

⓫ 古人說，三大變，積一千五百年，叫一紀，三紀是四千五百年。有趣的是，如從現在往前推，四千五百年前是中國的龍山時代，文明的曙光馬上就要跳出地平線，確實非常關鍵。現在，資本主義已有五百年的歷史，照古人的說法，也面臨大變。

解。從中世紀到現在，歐洲一直是小國林立，書不同文，車不同軌。號稱大國者（如大不列顛），都是靠海外殖民，複製和聯合。

歐洲人老說，前有埃及、亞述、巴比倫，後有波斯、阿拉伯、鄂圖曼，大帝國是東方國家的特點。這些大帝國，主要在歐亞大陸的中部。往東走，是中亞和印度；再往東走，是蒙古和中國。中國位於歐亞大陸的東部，離他們最遠。[12]

小國變大國，怎麼統一？孟子說，「不嗜殺人者能一之」（《孟子．梁惠王上》）。

這話對嗎？

也對也不對。事實上，歷史上的統一，還是和殺人有關。秦就是靠殺人取天下（這很諷刺）。不靠殺人不行，光靠殺人也不行。

國家，從分到合，從小到大，是個殘酷的過程。它，對內用刑，對外用兵，都離不開殺人。但光靠殺人行不行？不行。特別是馬下治天下，尤其不行。

馬下治天下，主要靠兩條，第一是宗教，靠神道設教，靠虛擬領導，靠共同信仰；第二是國家，靠貴族禮教、世俗君主、官僚體制，靠政治融合、經濟融合、文化融合。

國家和宗教是什麼關係？大體有四種組合。四種組合是四種模式：

(1) 宗教、國家一元化，不但國家統一、宗教統一，而且政教合一。如埃及法老，既是神，也是王。世界很多國家，包括早期中國，都是政教合一。蒙古帝國，選過各種教，最後以喇嘛教為國教，也是政教合一。這是比較古老的統治方式。

(2) 宗教、國家多元化，政和教都是分裂的。如印度，是古國中宗教最多，國家也最四分五裂的地方。英國的殖民統治強化了這一點。二十世紀五〇年代，東西方抬槓較勁，印度和中國，一直是看點。四分五裂，印度最典型。

(3) 宗教一元化，國家多元化。國統不起來，可以用教，教是普世宗教，凌駕於國家之上，具有超國家的性質。如基督教世界和伊斯蘭世界，二教源頭是猶太教，猶太亡國，有教無國，他們的教，當然超國家。中世紀以來的歐洲也如此，他們的宗教大一統，是腦瓜大一統，不是國土大一統。

(4) 國家一元化、宗教多元化，國家凌駕於宗教之上，宗教受控於國家。如秦漢以後的中國，就是一國多教，只要不造反，愛信什麼信什麼。有個漢學家跟我說，他不喜歡歐洲宗教，歐洲宗教太專制，不像中國，村村有廟，千神萬鬼，有求必應，就像超市，隨便挑，隨便揀，還可隨時退貨。⑬

這四種模式，中國傳統和現代趨勢最接近。中國的特點是國家一元化、宗教多元化，和西方相反。現代歐洲，雖然還有教皇，天主教、基督教在歐洲西部，東正教在歐洲東部，仍有很大勢力，但國家一元化、宗教多元化，也是大勢所趨。

歷史上，小國變大國，不是一蹴而就，而是反反覆覆，分久必合，合久必分，一輪接一輪。研究這個過程，中國是最好的標本。

研究中國，首先要講年代。探源工程搞史前，下限是二里頭。斷代工程搞三代，下限是西周。年代，越往上越模糊。

⑫ 歐洲人看地圖，總是從西往東看，第一是歐洲，第二是中近東，第三才是遠東。

⑬ 中國的廟，既是燒香磕頭的地方，也是村中聚議和娛樂的地方。廟門外有戲台，逢年過節鬧紅火，「要民主有民主，要娛樂有娛樂」，也是他所樂道。

中國的大一統，嚴格講，是秦漢大一統，但秦漢以前有西周封建，西周以前有夏代和商代，夏、商之前有新石器晚期的六大塊、七大塊或八大塊，有很長的準備過程。⓮

歷史比較，有兩種比法，一種是按時間比，把不同國家、不同地區擱在同一個時間表下比。過去，有所謂「綜合年代學」，主要就是這麼比。這種比法不好。還有一種，是縮天下於指掌，十個手指不一般齊，每個指頭有三節，橫有橫比，縱有縱比，類似進程放進不同地區，時間不一致。世界不一般齊，中國不一般齊。

人類歷史，大時段、大背景的研究，主要靠考古。

舊石器時代：主題是人類起源，擴散和定點，各自尋找各自的家園。我們的祖先選擇歐亞大陸，選擇它的東部，選擇黃河流域和長江流域，中國的兩河流域，這個地點選得好。

新石器時代：主題是農業起源和農業革命。歐亞大陸，可供馴化的動植物最豐富，各種發明是平行傳播，從人類學的觀點看，風水最好。發展農業，發展牧業，可謂得天獨厚，比美洲、非洲、大洋洲，條件好，起步早。過去，講農業革命，都說兩河流域最早。最近，湖南道縣玉蟾岩遺址的發現已改寫歷史。⓯它的陶片，已突破一萬年大關，距今一萬四千至一萬五千年；糜子、穀子和水稻，也有八千至九千年的歷史。

中國是農業起源的三大中心之一，一點不比兩河流域晚。

人類早期，仍然值得回味，想起來，最可歌可泣。因為人類很脆弱。人類面臨的生存挑戰，和幾千年前一樣，仍然很嚴峻，甚至更嚴峻。

天災：地震、火山爆發、洪水氾濫、旱災、水災、風災、火災和各種瘟疫，還是人類面臨的大問題。世界上，冷熱不均，跟人類的貧富不均差不多。據說利比亞最熱，熱可熱到攝氏六十度，格陵蘭最冷，冷可冷到攝氏零下六十度。哪怕再熱一點兒，再冷一點兒，大家都完蛋。

人禍：饑饉和戰亂，也是老問題。人，餓急了吃人，難免。生番吃人，經常被誇大，其實吃不了多少人。人殺人才是大問題。人，種內攻擊勝於種外攻擊，任何動物都比不了。文明人不直接吃人，就連牛羊都不直接吃，但殺人如麻，恰恰是文明人。

史前，主要是人與天鬥，人與地鬥。

文明，主要是人與人鬥，人與人鬥更突出。

中國文明是三大要素齊全的文明。城市、金屬、文字，中國都有。但三大要素，我們最最突出，還是城。

中國的城市，龍山時期，遍地開花；商周時期，很高很大；春秋戰國，數量很多，分佈很廣，很多東周古城，比明清古城還大。張光直教授領導的中美聯合考古隊在商丘發掘，漢唐古城（睢陽）、宋代古城（南京）、明代古城（歸德府），只有東周宋城的四分之一大。鄭韓古城，比明清北京城還高。

青銅器和鐵器，西北早，中原晚，大突破在二里頭時期，比城晚。範鑄法是中國冶金術的特點。

文字更晚，真正的文字體系是見於商代晚期。

⓮ 中國的新石器晚期，即被稱為「文明曙光」的銅石並用時代，除齊家文化，各地發現多被冠以省名，稱為「某省龍山文化」。嚴文明先生認為，這種籠統的「龍山文化」現在應該細分成許多考古文化，但仍然可以保留「龍山時代」這個共名。見氏著《史前考古論集》，北京：科學出版社，一九九八年，二四—三四頁。

⓯ 嚴文明、安田喜憲《稻作、陶器和都市的起源》，北京：文物出版社，二〇〇〇年。

這些都是必要的鋪墊，但三者並不是齊頭並進。

當然，中國大一統，最直接的鋪墊，還是兩件大事，一件是西周封建，一件是秦併天下。西周封建，合夏、商、周三國的領土為「天下」，是繼承夏、商。它是三代之終結。秦始皇統一天下，合戰國七雄的領土為「天下」，是繼承周。它是兩周的終結。

前一件事，從夏代到武王克商，差不多準備了一千年。後一件事，從武王克商到秦統一，差不多又準備了近八百年。如果加上漢代的後續工作，有一千兩百多年。前前後後，時間在兩千兩百年以上。中國文明史的前一半，幾乎全都花在這件事上。我們常說的歷史，只是它的後一半。

三、地理

中國的版圖是由兩次大一統奠定。

古書中的「中國」是個歷史發展的概念。

（一）中國是天下之中

世界文明史，新大陸不如舊大陸，南半球不如北半球。歐亞大陸，東西長，南北短，風水最好。這片大陸，東有中國文明和印度文明，中有埃及文明、兩河流域文明、波斯文明和伊斯蘭文明，西有希臘文明、羅馬文明和歐洲文明，每個文明都以自我為中心，有自己理解的「天下」。

「天下」，現在叫「世界」。「世界」是個外來語，[16]中國的叫法是「天下」。

「天下」的意思是天底下。天底下，千山萬水，很大很大，各個民族，各個國家，所有人都生活在同一片藍天下。

「中國」是中國人理解的「天下之中」，但「中國」並不等於「天下」。

（二）中國是四國之中

早期文獻，「國」與「邦」是兩個概念。「邦」、「封」同源，指有封疆的國家。「國」、「域」同源，指按方位劃分的區域和範圍。

「國」分「中國」和「外國」。如：

五星分天之中，積于東方，中國利；積于西方，外國用兵者利（《史記·天官書》）。

五星分天之中，積于東方，中國大利；積于西方，夷狄用兵者利（《漢書·天文志》）。

古人說的「外國」，意思是周邊地區，跟現在的「外國」不完全一樣。周邊地區，古人按方位分，有所謂「四國」。四國包括東國、西國、南國、北國，國是複數，每個方向都不止一國。如楚以陳、蔡等國為東國，包括很多國家；漢代的西域是漢代的西國，西域有三十六國。「中國」是被四面八方很多國家包圍。「中國」是對「外國」而言。

⑯「世界」是日語借用佛經翻譯西方的 world。佛經中的「世界」，「世」是時間，「界」是空間，跟古漢語的「宇宙」差不多。

上面的引文，「外國」和「夷狄」是同一概念，「中國」和「華夏」是同一概念。華夏住在中間，比較低平，也叫中原諸夏。中國和中原，指相同的區域，都在中間。周邊地區，住著夷狄，古人叫「四裔」。裔字的意思是邊緣。「四裔」，古人也叫「蕃」或「藩」。藩字的意思是柵欄或籬笆牆。這兩個字，說是邊疆也行，說是外國也行，界限很模糊。[17]

華夏和夷狄，位置怎麼擺，古人有一種理想設計，王畿在中央，周圍是王臣采邑，再外面是子男和諸侯的封國，蠻夷戎狄在最外圈。

這種圖叫畿服圖。畿服圖好像靶紙，一圈套一圈。但它是方圖，不是圓圈套圓圈，而是方圈套方圈。[18]

（三）中國是中心城市

中國為什麼叫中國，還有一個意思，跟城市有關。

中國的城市，最初只叫邑。邑是聚落，規模不等。小邑只是村落，大邑才是城市。小邦可能只有一城，城就是邦，邦就是城，類似希臘的城邦國家（polis），大邦多城，有中心城市，有次級城市，中心城市和次級城市形成網絡，只有中心城市才能代表整個國家。

古代的國，除指五方之國，還有一個含義是國都。國都是有別於都、縣的城市。《左傳》隱公元年：「先王之制，大都不過參（三）國之一；中，五之一；小，九之一」，[19]《左傳》莊公二十八年：「凡邑，有宗廟先君之主曰都，無曰邑。邑曰築，都曰城。」國指國都，相當今語首都。都、縣是次級城市。[20]

何尊：「余其宅茲中國，自之乂民。」意思是說，我是住在洛陽，從洛陽治理人民。中國指洛

北方的城：石峁古城

南方的城：南京石頭城

⑰ 古之所謂藩務，既包括民族事務，也包括外交事務。清朝的理藩院，不光處理蒙、回、藏問題，也處理對俄外交。馬戛爾尼使團訪華，就是由理藩院安排，在承德謁見乾隆皇帝。

⑱ 中國的地圖都是方圖，強調經緯坐標、計里畫方，所謂方位，都是四方八位加中央。

⑲ 《逸周書·作雒》：「大縣城方王城三之一，小縣立城方王城九之一。」與此是類似說法。

⑳ 國指國都，相當民國以來的首都。首都借自日語，相當西語的capital。西語的capital指頭號大城市。都是大縣，有宗廟。縣是小都，無宗廟。都、縣是次級城市，不是首都。

陽。洛陽代表中國，既是周邦的中心，也是天下的中心。

西周有個大十字，橫軸是今寶雞—西安—洛陽—鄭州—開封—徐州—連雲港一線，縱軸是大同—太原—長治—洛陽—南陽—襄陽—荊州一線。[21]當年，周公站立的坐標點，北面是黃河，中國的東西大通道是傍著黃河走；南北大通道分兩段，北段是胡騎南下必走的山西大通道，要穿太行陘，從晉城到沁陽，從沁陽到洛陽。南段是宛洛古道接宛襄古道，宛襄古道接荊襄古道。

為什麼洛陽代表中國？司馬遷講得很清楚，「此天下之中，四方入貢道里均」（《史記·周本紀》）。西諺云「條條大路通羅馬」，洛陽就是中國的羅馬。

（四）中國是文明漩渦

文明像漩渦。中國是個文明漩渦。漩渦，周圍的水會朝中央流。文明是一種吸引力。邊緣趨向中心，就像飛蛾喜歡撲燈，小蟲喜歡鑽洞。

文明以定居農業為中心。旁邊轉悠的，不是騎馬的，就是駕船的。駕船的都順邊溜，或沿島鏈走，時不時會捨舟登岸，換點東西或搶點東西。騎馬的也一樣。他們也是貼著農區的邊緣和沿著綠洲走。貿易和劫掠，對他們來說，是正經營生。

中國的民族分佈，特點是四裔趨中，所有人，臉都朝著中原，眼都盯著中原。東北，遼寧是頭，黑龍江是尾；蒙古高原，內蒙古是頭，外蒙古是尾；新疆和河西走廊，河西走廊是頭，新疆是尾；青藏高原，青海是頭，西藏是尾；雲貴川，四川是頭，雲貴是尾；湖北、湖南，湖北是頭，湖南是尾；東南沿海，浙江、福建是頭，兩廣、越南是尾。

四裔之民，凡是前沿，即與中原接壤或鄰近，可以「停泊靠岸」的地方，都是他們最發達的地區；後方，則是他們「打不贏就走」，退而自保，相對落後的地區。

中國既是萬邦來朝的中心，也是眾矢之的的靶心。

（五）中國的兩半

中國，東南為陽，西北為陰，分為兩半。《淮南子・天文》已經用神話故事為我們描畫過這片大地：共工怒觸不周山，天傾西北，地陷東南。中國是西北高，東南低。俗話說，人往高處走，水往低處流。其實，人也是往低處走。

一九三五年，中國地學界的老前輩胡煥庸先生，他在中國地圖上畫了一條線，從黑龍江璦琿到雲南騰衝，用來講人口分佈。這條璦琿—騰衝線也叫「胡煥庸線」。此線東南，百分之三十六的土地養百分之九十六的人口；此線西北，百分之六十四的土地養百分之四的人口。這種情況，至今沒有改觀。截至二〇〇〇年，此線東南，百分之九十四的人口住在百分之四十三的國土上，此線西北，百分之六的人口住在百分之五十七的國土上，還是人不稱地，地不稱人，極度不平衡。

這條線不光是人口密度的對比線，也是中國生態環境的分界線。此線與四百公釐年等降水量分界線大體吻合。此線東南，八百公釐。此線西北，二百公釐。

中國的民族分佈也跟這條線有關：漢族主要住在此線的東南，即清代的本部十八省；少數民族主要住在此線的西北，即清代的四大藩部。這是基本格局。

中國歷史，漢族史和少數民族史一直糾纏在一起，打斷骨頭連著筋，少了哪一半都講不清。漢

㉑ 豫陝通道上的關口，最初是河南靈寶函谷關，不在陝西潼關，漢代的函谷關更靠近洛陽。

族統治過其他民族，其他民族也統治過漢族，誰統治誰，都離不開另一半，絕對不可能同意另一半獨立。

我們要知道，少數民族少，並不是真少，而是掉進「文明漩渦」，出不來了，很多都融入漢族。同時，他們也給漢族輸入了他們的文化血液，使中華文明一次次從委靡不振而重振雄風。

（六）中國的兩個半月形文化傳播帶

童恩正講，中國大地，從東北到西南，有個半月形文化傳播帶，[22]這是講中國的西北和西南，即中國的高地。其實，中國沿海，也是個半月形的文化傳播帶，同樣值得重視。

兩個半月形地帶：高地的半月形地帶，主要是戎、狄文化；沿海的半月形地帶，主要是夷、越文化。北中國海，渤海和東海，遼東半島和山東半島，是夷的天下，南中國海，黃海和南海，從浙江到越南，是越的天下。

這兩條弧線，畫出個大圓，中間是中國的核心區。天下輻輳，各種族群都往裡跑，有如漩渦，有些被吸進去，有些被甩出來。吸進去，變成華夏；甩出來，變成蠻夷。

夷夏之辨，不在種族，而在文化。農食於農，牧食於牧，靠山吃山，靠海吃海，生活方式不一樣，居住範圍不一樣，兩者是伴生關係，你中有我，我中有你。中國是大國，一直是夷夏雜處，不待現代國家出，就是多民族的統一國家。[23]

中國，一面山，一面海，西北是歐亞草原，東南是南島諸國，後面有更大更深的背景。

（七）禹跡代表天下

古人講地理，總是祖述《禹貢》。大禹治水，足跡所至，畫為九州，古人叫「禹跡」。「禹跡」是當時理解的天下。

九州，範圍很大，和秦始皇的巡狩範圍幾乎一樣，令人難以相信。但這類說法，西周中期就有苗頭，見於保利博物館收藏的一件青銅器；上博楚簡《容成氏》講上古傳說，也提到禹畫九州，和《禹貢》大同小異。這些都在秦統一之前。

古代祭名山大川，和九州相配，有所謂「嶽鎮海瀆」。[24]這些名山大川，散在諸侯，並不屬於某一國，而是從很大範圍裡選出來。當時，秦國還沒統一天下，但「大一統」的觀念呼之欲出，早就藏在很多人的心裡。五嶽四鎮配九州，加四瀆四海，先秦就有。後世，除唐代加了一個鎮，沒什麼變化。[25]鄒衍的「大小九州」，《山海經》的海內海外，《周禮》的畿服制度，也都是思想走在前

---

[22] 童恩正〈試論我國從東北至西南的邊地半月形文化傳播帶〉，收入氏著《中國西南民族考古論文集》，北京：文物出版社，一九九〇年，二五二—二七八頁。

[23] 我們不要忘了，所謂單一的民族國家只是個神話。比如號稱「大坩堝」的美國就是族群林立的國家，其中不僅有當地的印第安土著，還有來自五大洲四大洋的各種族群（如歐洲移民、美洲移民、非洲黑奴的後裔和西部華工的後裔）。即使歐洲，所謂單一民族國家，也未必純粹。

[24] 五嶽：東嶽泰山、西嶽華山、南嶽衡山、北嶽恆山、中嶽嵩山。五鎮：東鎮沂山、西鎮吳山、南鎮會稽山、北鎮醫巫閭山、中鎮霍山。四瀆：江、河、淮、濟。四海：北海、東海、南海、西海。

[25] 李零〈古人的山川〉，《華夏地理》二〇一〇年一月號，四〇—六五頁。

頭。可見，「大一統」是個非常古老的夢。㉖

（八）冀州代表中國

《禹貢》九州作螺旋排列：冀—兗—青—徐—揚—荊—豫—梁—雍。大禹治水，從龍門口開始，轉一大圈再回到龍門口，這說明什麼？說明它是以冀州為中心。冀州代表中國。

夏、商、周三代，其實是三族，從地理角度看，周人在西，夏人在中，商人在東。商人從東往西奪天下，周人從西往東奪天下，都是以夏地即冀州為中心。他們的後代，甭管住在哪裡，都說自己是住在「禹跡」，為什麼？就是因為他們相信，誰奪取了夏地，誰就得到了中國，誰得到了中國，誰就得到了天下。

（九）中國的六大塊或八大塊

中國文明是由兩條大河哺育，跟南亞和西亞一樣。

新石器時代，定居農業出現。歷年發掘，把地點標在地圖上，密密麻麻，可以反映定居點。蘇秉琦講區系類型，分六大塊：黃河流域三大塊，長江流域三大塊。㉗這六大塊，由龍山文化作總結，發展出夏商；夏商由西周大一統作總結，發展出秦漢大一統。線索非常清晰。

中國北方（黃河流域），先是周、夏、商三大塊並列，後是秦、晉、齊三大塊並列。

中國南方（長江流域），先是蜀、楚、吳三大塊並列，後是蜀、楚、越三大塊並列。

蘇秉琦講的六大塊，你仔細琢磨吧，就是這六大塊。

最近，探源工程彙報展（在首都博物館）分七大塊，加了北方邊疆。㉘其實，如果把南方的縱深也加上，就是八大塊。

（十）中國北方

中國北方，東西分界線是西河龍門和華山，河以東、華以東是山西，河以西、華以西是陝西。中國的兩次大一統，都是從陝西征服中原。

早期中國，北方縱深有三條線。北緯四十一度線是長城線，這一線上的秦皇島、北京、大同、呼和浩特和包頭都是邊塞。北緯三十八度線是緩衝帶和過渡帶，北方民族南下，可以在這裡擋一下，正定、太原、榆林在這一線。北緯三十五度線是王都線，三代王都在這一線，秦到北宋的歷朝古都也在這一線。這是早期中國的底線。

歷史上，北方民族南下，漢族偏安一隅，不是往長江中游（武漢、長沙）挪，而是往長江下游（南京、杭州）挪。歷史重心，總趨勢是從西北往東南挪。

宋以來，由於北方民族南下，長城一線的北京反而變成北方的中心。金、元、清都以北京為首都。明朝最初以南京為首都，最後也不得不挪到北京。北京和南京成為中國的兩個中心。它們，不

㉖ 中國的「大一統」，範圍有多大？歷代不一樣。西方漢學家，最最討厭，就是討厭「大一統」。這是最有特色的討厭。他們要解構「永恆中國」，一要破其長，二要破其大。時間上拿刀切，空間上也拿刀切。切來切去，只有朝代史，沒有中國史，只有小中華，沒有大中華，白馬非馬，非常公孫龍。他們有個定義，自以為顛撲不破，就是「只有說中國話的人才叫中國人」。英語，中國人和中國話都叫 Chinese，當中國話講的 Chinese 專指漢語。他們說，商代的安陽人肯定不說三星堆話，西周只是形狀像花生中間滿是窟窿的一小塊兒瑞士奶酪。中國太大，歷史太長，你不喜歡，可以，但不能說，它不該這麼大，不該這麼長，非把它切碎了不行。

㉗ 蘇秉琦《中國文明起源新探》，香港：商務印書館，一九九七年，二七—八四頁。

㉘ 中華人民共和國科學技術部、國家文物局編《早期中國——中華文明起源》，北京：文物出版社，二〇〇九年。

是往北挪，就是往南挪，都偏離了過去的王都線。

（十一）中國南方

南方，長江以南，瘴癘之地，常被北方人視為畏途。它們和中央王朝的關係，有時還不如四大邊疆。

秦始皇五次巡遊：東巡是奔泰山，圍山東半島轉；南巡是去江陵，沿長江走；西巡和北巡是順著長城走，視察邊郡。東到成山頭（山東半島最東面的海角），西到甘肅、寧夏，北到遼寧、內蒙古，南到洞庭湖，到處都有他的足跡。

秦併天下，設會稽、閩中、南海、桂林、象郡，但始皇南巡，洞庭湖以南，他沒去。九嶷山，他只遙祭。里耶秦簡有「洞庭郡」，這是秦軍南下臨時設置的郡，就像中共四野南下，設過中南區，後來撤掉。秦的勢力，前鋒可達兩廣，但秦的重心在北方，而且偏西，洞庭郡已相當靠南。

漢代，中央政府對東南沿海控制相對薄弱。漢武帝伐南越，曾發四路大軍，西二路走雲南、貴州、廣西，中路走廣東北，東路走江西，都是走水路。伐東越，還從句章（今寧波）渡海。

但是，明代以前，長江以南卻是中國最安全、最穩定的地區，邊患反而來自北方。

（十二）現代中國的版圖

現代中國的版圖是拜少數民族之賜，特別是北方少數民族之賜。明代的疆域是元代的遺產，民國的疆域是清代的遺產。漢族的天下也是少數民族的天下。

清代的疆域是由三部份組成：

1. 滿洲

滿洲是滿族的龍興之地，包括盛京、吉林、黑龍江。

2. 內地十八省[29]

內地十八省包括直隸、山西、江蘇、浙江、安徽、福建、江西、山東、河南、湖北、湖南、廣東、廣西、四川、貴州、雲南、陝西、甘肅。這十八省是以漢族為主的居住區，從秦漢到現在，範圍相當穩定。[30]晚清，上述十八省，加一八八四年設立的新疆省、一八八五年設立的臺灣省，共二十省，再加一九〇七年設立的東三省（黑龍江、吉林、奉天），共二十三省。[31]

3. 四大藩部

指蒙古、新疆、青海、西藏。蒙古分內蒙古和外蒙古。這四個地區主要是蒙、回（清代對信仰

[29] 清代和民國時期或稱中國本部，有時還包括東三省，以別於四大藩部。西人譯為China Proper，意思是原本屬於中國的土地。這一詞彙往往被藏獨、疆獨、台獨等民族分離主義者所利用，用以縮小中國版圖的實際範圍，今已廢止。

[30] 秦漢設立的縣，兩千多年，轄域有變化，人口有變化，名稱有變化，但總數沒有太大變化，研究地理沿革，可以一條龍排下來。

[31] 民國三十五省是把東三省分為東九省（把遼寧分成遼寧、安東、遼北，吉林分成吉林、松江、合江，黑龍江分成嫩江、黑龍江、興安），增加塞北四省（寧夏、綏遠、察哈爾、熱河）和西北二省（青海、西康二省）。

伊斯蘭教的各少數民族的統稱）、藏三族的聚居區。藩部的意思是邊疆。

今二十三省與清二十三省相比，主要變化是，一九二九年設青海省，一九八八年設海南省，一九五五年新疆省改省為自治區，一九五六年廣西省改省為自治區。增二省，減二省，總數沒變。

今五大自治區與清四大藩部相比，變化主要是，辛亥革命後，外蒙古獨立，一九二四年成立蒙古人民共和國。一九四六至一九四七年設內蒙古自治區，一九五五年設新疆維吾爾自治區，一九五八年設廣西壯族自治區和寧夏回族自治區，一九六五年設西藏自治區。

（十三）中國是個開放的國家

近代，中國捱打，據說因為不開放，妨礙了西方來中國做買賣和傳教的自由。西方一直這麼講，不足怪也。奇怪的是，中國人自個兒也給自個兒扣屎盆子，說明清兩代，咱們閉關鎖國，自絕於世界之林。冷戰時期更不必說，人家從外面上把鎖，說你幹嘛自個兒把自個兒反鎖在裡面，我們也點頭稱是，深刻反省，恨不得自個兒抽自個兒。

然而，事實真相是，中國連接東西方的陸路交通、海上交通，各種動植物、礦產、工藝品、奢侈品，兩千多年，不絕於旅，何曾封閉？[32]世界六大宗教，佛教、景教（基督教聶斯脫里派）、火祆教（瑣羅亞斯德教）、摩尼教、伊斯蘭教、一賜樂業教（猶太教），紛紛東傳中國，一切在西方因教派衝突遭受迫害的宗教，都在中國獲得庇護。

中國歷史上，偶爾也有斷絕關市往來的事。比如明清兩代有海禁，「片帆不得下海」，禁起來確實很嚴。但禁有禁的原因。明代，那是因為海盜猖獗、走私氾濫，中國海盜與日本海盜勾結在一起，亦商亦盜，確實為患於中國沿海。[33]清代，則是為了「防漢制夷」。「漢」是反清復明的海上勢力，如鄭芝龍、鄭成功父子，「夷」則是荷蘭東印度公司和英國東印度公司。這兩個朝代都是有禁有開，明代有隆慶開關，清朝也從未斷絕過海上貿易。更不用說鄭和下西洋了，那事不恰好在明代嗎？

中國是歷史上最富強的國家，美國是當今最富強的國家。當年，美國羽翼未豐，自求多福，曾實行孤立主義。今日，稱雄天下，也唯恐他國搶了本國人的生意，奪了本國人的飯碗，因此限制移民，實行貿易保護，不是很正常嗎？

歷史上的中國有這等舉措，何足深怪！這種有限也有效的管控，恐怕不能叫「自我封閉」。開放不等於開門揖盜。

32 參看 Berthold Laufer, *Chinese Contributions to the History of Civilization in Ancient Iran with Special Reference to the History of Cultivated Plants and Products*, Chicago: University of Chicago Press, 1919。（中文譯本：〔美〕勞費爾《中國伊朗編》，林筠因譯，北京：商務印書館，二〇〇一年）；Edward H. Schafer, *The Golden Peach of Samarkand, a Study of Tang Exotics*, Los Angles and London: University of California Press, 1963（中文譯本：〔美〕謝弗《唐代的外來文明》，吳玉貴譯，北京：中國社會科學出版社，一九九五年）。

33 史稱倭寇者，日本浪人只佔十之二三，大部份是中國海盜。很多中國海盜都往來於中日之間。參看上海中國航海博物館《新編中國海盜史》，北京：中國大百科全書出版社，二〇一四年。

兩次大一統（中）

四、物產

吃什麼，喝什麼，中國人怎麼馴化動植物，這是第一步。

新石器時代，主題是農業革命，馴化動植物是頭號問題。只有把這個問題解決了，才談得上文明。

（一）中國的吃喝

俗話說，靠山吃山，靠海吃海。舊大陸和新大陸，環境不一樣，吃喝不一樣。

新大陸，糧食有玉米、紅薯、土豆（馬鈴薯），油料有花生、向日葵，蔬菜有西紅柿（番茄）、南瓜、西葫蘆（櫛瓜，即夏南瓜）[34]，很多都是明中葉以來才引入中國。川菜靠辣椒，辣椒是受惠於美洲。抽菸，菸草從哪兒來？從美洲。巧克力好吃，可可從哪兒來？從美洲。就連毒品，製造可卡因的古柯也產自美洲。

新大陸，好吃的東西很多。我們的吃喝，百分之六十是拜美洲之賜。但美洲有個大缺陷，是缺乏可供馴化的大型動物，除了美洲駝（llama）、羊駝（alpaca），他們沒有大牲口，發展畜牧業，條件不如歐亞大陸。

舊大陸，非洲和大洋洲，發展原始農牧業，條件更差。條件最好，還是歐亞大陸。歐亞大陸，可供馴化的動植物最多。

世界的貧富差異，直到今天，還受這個格局影響。

歐亞大陸中西部，糧食有大麥、小麥，油料有芝麻，蔬菜有洋白菜、菠菜、茄子、胡蘿蔔、豌豆、洋蔥。我們吃這些東西，要感謝西方。中國的瓜，黃瓜、西瓜、哈密瓜，也是西來。水果，他們有蘋果、梨、李子（歐洲李）、葡萄、石榴。毒品，製造鴉片的罌粟，也是他們的特產。㉟

中國，在歐亞大陸的東部，跟中西部形成對比，大小米文化和大小麥文化形成對比。我們常說的中西交通，主要就是歐亞大陸東西兩頭的交流。

中國，北方是歐亞草原，西部是青藏高原和天山南北，農業離不開畜牧業，畜牧業離不開農業，二者是共生共榮的關係。我們千萬不要忘記，中國文明是東亞文明的一部份，它是這個範圍內農業民族與騎馬民族的共同創造。

中國的新石器考古，是圍繞兩組馴化，一組和農業有關，一組和畜牧業有關，最能說明歐亞大

㉞ 南瓜來自美洲，花分五瓣，果分十瓣。美洲南瓜分大果南瓜（*Cucurbita moschata*）和小果南瓜（*Cucurbita pepo*）。美國人把前者叫 pumpkin，後者叫 squash 或 zucchini。中國把前者叫南瓜，後者叫西葫蘆（夏南瓜）。亞洲也有南瓜，如印度南瓜（*Cucurbita maxima*），中國叫筍瓜（金瓜也屬這一種）。中國沒有南瓜。一九八五年陝西臨潼慶山寺地宮出土過所謂唐代「三彩南瓜」，瓜分八瓣，不知是什麼瓜。

㉟ 有些農產品引進更晚，如現在吃的蘋果（「蘋果」是佛經譯語），過去沒有，一八七一年後才從歐洲引進（英國從煙台引進，德國從青島引進）；白蘭瓜（Honeydew melon），是一九四五年美國副總統亨利·華萊士引進，西北地區多稱之為「華萊士」。

陸東部的特點。[36]

（二）馴化植物

1.糧食，以五穀為中心

(1)**黍、稷**。黍、稷是糜子。糜子，耐寒耐旱，對地力要求非常低，好種好活。黍是黏糜子，稷是硬糜子。糜子分散穗型、側穗型、密穗型。我們從甲骨文看，黍是散穗型，稷是密穗型。甲骨文的「稷」字，裘錫圭先生說是高粱，[37]但高粱的原產地是非洲，遼金時期才引進中國，稷不是高粱。糜子，從考古發現看，至少也有九千年的歷史。

(2)**粱、粟**。粱、粟是穀子，和黍、稷一樣，也是耐旱的作物，但種植區域比黍、稷略微偏南，晉東南有沁州黃，越是山溝裡，越好吃。粱是黏穀子，粟是硬穀子，禾是統稱。穀子，從考古發現看，至少也有八千年的歷史。[38]

(3)**稻**。稻是南方起源，也分黏和不黏，粳稻、秈稻不黏，糯稻黏。水稻，從考古發現看，至少也有九千年的歷史。

(4)**麥**。麥有小麥、大麥、蓧麥（裸燕麥）、蕎麥，青藏高原的青稞是裸大麥。中國的小麥、大麥是西來。考古發現，它們來到中國，已有四千至五千年。

糜子

穀子

水稻

(5) **菽**。菽即大豆。豆是漢以來的叫法。世界上，很多豆類都起源於近東和中美洲，但大豆是中國起源。考古發現，中國的大豆，至少可以早到龍山時期（距今約四千至四千五百年前）。

2. 其他

蔬菜有大白菜（菘）、山藥（薯蕷）、白蘿蔔。辛物，有蔥、薑、蒜、韭；瓜，有葫蘆和香瓜；果，有桃、李（中國李）、杏、沙果（花紅、林檎）、海棠（奈）、梨、棗、柿子、山楂（紅果、山裡紅）、栗子、核桃；麻，有大麻、苧麻、亞麻（胡麻）、葛麻（葛）。這是北方。南方，除水稻，還盛產瓜果。瓜有冬瓜，果有柑、桔、橙、柚、櫻桃、木瓜、枇杷、荔

㊱ 以下，多承李水城先生和趙志軍先生指教。

㊲ 裘錫圭〈甲骨文中所見的商代農業〉，收入《裘錫圭學術文集》，上海：復旦大學出版社，二〇一二年，二四〇—二四一頁。

㊳ 中國原先沒有高粱和玉米，高粱是借中國的粱而命名，玉蜀黍是借中國的黍而命名。

枝、香蕉、菠蘿、椰子。棉花，分草棉（非洲棉）和木棉（亞洲棉花），草棉來自新疆，木棉來自南方。

另外，中國人還愛喝茶、喝酒，這也和農業有關。茶很文雅，酒很豪放。

喝酒，商周主要喝米酒。漢以來有葡萄酒，是從西域傳入。宋以後有白酒，白酒是用穀物釀造的蒸餾酒，酒精含量高。紹興還有黃酒。陸游〈釵頭鳳〉，「紅酥手，黃縢酒」，黃縢酒就是黃酒。現在喝酒，時興喝高度白酒，把借酒撒瘋叫「酒文化」。比如五糧液，喝得神魂顛倒，還叫「中庸之道」。

中國的酒是以穀物酒為主，西方的酒是以葡萄酒和啤酒為主。西方也有穀物釀造的蒸餾酒，但俄國的伏特加，十四世紀才有；英美的威士忌，十五世紀才有，都在中國之後。中國酒的最大特色是用酒麴釀造。麯酒，才是中國特色。

茶，見王褒〈僮約〉，漢代就有，大盛於唐。

茶、酒，和陶瓷有關。西方的酒是放在玻璃瓶或木桶裡，中國的酒是裝在瓷瓶、瓷鐔或陶甕裡。

酒，不但和陶器、瓷器有關，也和青銅器有關。

（三）馴化動物

1. 六畜

(1) **豬**。磁山・裴李崗文化就有，距今已有七千至八千年的歷史。

(2) **狗**。磁山·裴李崗文化也有，同樣很古老。❸❾

(3) **牛**。牛分黃牛和水牛。黃牛，南北方都有；水牛分佈於秦嶺以南。黃牛，龍山文化有；水牛，據說良渚文化也發現，距今有四千至五千年的歷史。❹⓪

(4) **羊**。羊分綿羊和山羊，也是龍山時期才有。有學者認為，黃牛、山羊和綿羊都是從西方引入，但水牛是南來（印度、東南亞或中國南方）。

(5) **馬**。馴化馬起源於中亞。馬是草原上的動物。中原，商代晚期才有，距今約三千三百年。司馬遷說，草原盛產馬、牛、羊，「其奇畜則橐駝、驢、驘、駃騠、騊駼、驒騱」（《史記·匈奴列傳》）。「橐駝」是雙峰駱駝，「驘（騾）」是馬騾，「駃騠」是驢騾，「騊駼」是野馬，❹❶驒騱是野驢❹❷。這批動物是個生物群落（biocenosis 或 biological community）。馬只是其中之一。

(6) **雞**。中國最早的一批古書，《詩》、《書》都提到可以打鳴的雞。《左傳》、《周禮》、《禮記》也多次提到雞。特別是《書·牧誓》，周武王罵商紂王，有「牝雞無晨」的名言，更是屬

❸❾ 狗是世界上馴化最早的家畜（近東和美洲可以早到距今一萬年前）。

❹⓪ 黃牛和水牛，我們都叫牛，但西方人分得很清楚。英文，黃牛是 cattle（公的母的，老的小的，有許多不同叫法），水牛是 buffalo，完全不是一類東西。他們把美洲野牛也叫 buffalo。沒見過水牛的美國人第一次見水牛，往往很害怕，還以為是野牛。

❹❶ 學者認為即普氏野馬（*Equus ferus ssp. Przewalskii*），見郭郛等《中國動物學史》，北京：科學出版社，一九九九年，六一、一〇五、三七九、三八三頁。案：中國矮馬（*Azure Damselfish*）與普氏野馬有親緣關係，參看鄧濤〈中國矮馬與普氏野馬的親緣關係〉，《畜牧獸醫學報》二〇〇〇年第一期，二八—三一頁。

❹❷ 或說驒騱是現代馬的野生種，見郭郛等《中國動物學史》，三七九頁。案：司馬相如〈上林賦〉把驒騱跟驢騾類的動物放一塊講，郭璞以為駏驉類。我懷疑，這種動物更大可能是蒙古野驢（*Equus hemionus*，也叫中亞野驢）。

黃牛

水牛

於商代末年。學者認為，它的出現，不會太早，也不會太晚。[43]

中國的六畜，馬、牛、羊、雞、犬、豕，古人是把馬、牛、羊排在前，雞、犬、豕排在後。人罵人，常說「豬狗不如」，其實這兩樣對我們最重要，馴化最早。豬尤其重要。[44]

中國的動物馴化，大問題是貓。貓，不是役畜，貓肉也沒有多大食用價值。貓不是人捉來養在家裡，而是因為糧食多了，老鼠不請自來，老鼠多了又招來貓。貓愛老鼠，老鼠愛糧食，貓是跟著老鼠跑到人的家裡，被人收留，才被馴化。《禮記・郊特牲》說臘祭有「迎貓迎虎」之禮，「迎貓，為其食田鼠也；迎虎，為其食田豕也」。這種貓是野貓還是家貓，學者有爭論。中國考古資料中的貓骨，從史前遺址到漢代遺址有不少標本，但哪些是野貓，哪些是家貓，目前仍有爭論。[45]有人說，新石器時代就有家貓，有人說漢代才有，還有人說，家貓是唐代進口（從埃及，通過波斯或印度傳入）。

另外，馴化小動物，中國也有大貢獻。比如養蠶繅絲紡絲綢，就是大貢獻。錢山漾、青台村的發現證明，中國養蠶有五千年的歷史（西陰村的蠶繭，有人表示懷疑）。[46]還有，中國人喜歡養金魚，宋代就有，鯽魚經人工培養，千奇百怪。[47]

五、發明

第二步是人馴化人，中國有何特色。

我說的「發明」不光是技術發明。技術發明是人的發明，首先跟人有關。比如孔子推崇的「禮」就是古人的一大發明。「禮」是用來約束人的，讓人聽話，讓人守規矩。所謂「教化」，其實是人對人的馴化。古人的想法是，牲口都要馴，何況人乎！

---

[43] 韓起〈中國家雞的起源從公元前一四一年開始嗎〉，《中國文物報》二〇〇九年十一月二十七日，第七版。案：韓起是陳星燦的筆名。

[44] 中國傳統，吃肉主要是吃豬肉，牛是耕畜，不是老牛不讓殺。

[45] 王煒林〈貓、鼠與人類的定居生活——從泉護村出土的貓骨談起〉，《考古與文物》二〇一〇年一期，二二—二五頁；王子今〈北京大葆台漢墓出土貓骨及其相關問題〉，《考古》二〇一〇年第二期，九一—九六頁；陳星燦〈作為家養動物的貓〉，收入《考古一生——安志敏先生紀念文集》，北京：文物出版社，二〇一一年，四五〇—四五八頁。

[46] 趙豐《中國絲綢藝術史》，北京：文物出版社，二〇〇五年，七頁。

[47] 郭郛等《中國動物學史》，三一一—三一二頁。案：中國人喜歡花鳥蟲魚。鬥蟋蟀，唐代就有；玩蟈蟈，明清流行。清代，滿族人喜歡提籠架鳥、養鴿子、熬鷹（編按：訓練獵鷹的方式之一）。

（一）禮的發明

古人說，「倉廩實則知禮節，衣食足則知榮辱」（《管子．牧民》），意思是吃飽肚子有衣服穿，才懂禮貌，講道德，長幼尊卑有秩序。

文明，誰不樂意？富裕，誰不樂意？當然是好事。但它有另一面，物質豐富會激發無窮無盡的貪欲，有些先富起來的人會作威作福，拿人不當人，當牲口養。禮的本質是把人分三六九等，要人循規蹈矩，遵守這樣的秩序。

「文明」的核心是人對人的馴化，馴化完動植物再馴化人。[48]奴隸制的設計，就是拿人當畜生，不管是拿窮人當畜生，還是拿俘虜當畜生，反正都是畜生。畜生是人養的動物。打仗跟打獵一樣。打獵，獵物多了，一下吃不完，可以養起來，慢慢吃。動物，誰給吃喝，誰就是爹媽。人馴化動物，竅門是養小動物；人馴化人，也是「從娃娃抓起」。[49]

人類社會有如蜂房蟻穴。

蜂房蟻穴，絕對專制，不是男權至上，而是女權至上。

蜂王是女皇，負責生養，她是所有蜂的媽。雄蜂是性奴，蜂王的後宮。工蜂是一幫女太監，專門幹苦活。

螞蟻，分工更細，不但有雄蟻和工蟻，還有農蟻和兵蟻。

動物奴隸制，牠們最典型。

人類社會是走父系這條路，一切反著來。

父系和打仗有關。人類文明和戰爭有不解之緣。

仗有關。

古人說，「國之大事，在祀與戎」（《左傳》成公十三年）。「祀」和宗教有關，「戎」和打

（二）四民之序

印度有四大種姓：婆羅門（僧侶和學者）、剎帝利（武士和官僚）、吠舍（商人和農民）和首陀羅（工人、苦力、奴僕、奴隸）。他們也把「祀」和「戎」排在最前面。上等人的標誌是「乾淨」，下等人的標誌是「髒」。一輩子幹髒活，是下等人的命。

印度最重僧侶，但中國不一樣。

西周官制：太史寮，祝宗卜史，管宗教；卿士寮（世俗系統），司土（農業）、司馬（軍事）、司工（工商業），管世俗。後者的地位越來越高。

春秋四民：士、農、工、商。士是武士，四民之中沒有僧侶和學者。後來，士的概念有大變化，武士變文士，「萬般皆下品，唯有讀書高」（宋汪洙〈神童詩〉）。讀書之所以高，是因為讀書可以當官，當官是人上人，僧侶比不了。

官僚主義，中國最發達。

讀書當大官，一夜之間，擺脫寒酸，這是中國最大的發明。古代的明星夢，古代的發財夢，都是走這條道。

㊽ 人對人的馴化，古人叫「教化」。荀子說，「居楚而楚，居越而越，居夏而夏，是非天性也，積靡使然也」（《荀子·儒效》），他很強調「居」，很強調「積靡」。「居」是混居雜處，「積靡」是慢慢磨合，文化融合，這兩條最重要。中國古代的民族認同主要是文化認同（語言、宗教和生活習慣的認同），而不是種族認同，文化認同是個長過程。

㊾ 哺乳動物（如猩猩、大象）記性很好，大一點的動物會記仇，記仇就會復仇，至少是不合作，所以馴養的訣竅是「從娃娃抓起」。

（三）其他發明

(1) **龜卜筮占**：商代就有，一直流傳。龜卜屬於骨卜。中國的骨卜，特點是熱卜，即用動物的骨頭施鑽灼燒，視兆文，斷吉凶。龜是古代的寶物。龜卜比其他骨卜更高級。龜卜的遺產是甲骨文，筮占的遺產是《周易》，兩者都和「祀」有關。

(2) **青銅器**：也是古代的寶物。商周時期，古人所謂「金」，不是黃金，不是白銀，而是青銅。青銅，和「祀」、「戎」有關。它的用途，首先是禮樂征伐，作祭器和武器，而不是生產工具。中西交通，漢代輸出品，銅鏡很有名，僅次於絲綢。

商四方風甲骨

(3) **玉器**：也和「祀」有關。玉是中國最典型的奢侈品和裝飾品。商周時期，貴族見面要用「幣」，「幣」是見面禮，玉帛、龜貝、大白馬，玉最重要。西人愛金銀，喜歡鑲金帶銀嵌寶石。他們有了金銀，就不再愛玉，但中國人一直愛玉。[50]

(4) **絲綢**：中西交通，中國的輸出品，以絲綢最有名。中國古代，富貴衣錦繡，貧賤穿布衣。布衣，最初是麻布衣，不是棉布衣。西方，原來也是穿亞麻布的衣服。絲綢，他們沒有；有，都是從中國進口。

(5) **瓷器**：也是中國特色。中國瓷器，從原始瓷到白胎透明釉的發達瓷器，有很長的歷史。中西交通，絲綢和瓷器西傳，銷往世界各地，最令西方著迷。瓷器出口，唐代就有。宋元以來，明清以來，都有外銷瓷。[51]

(6) **宮室**：中國建築，不是泥屋，不是石屋，不是木屋，而是樑柱結構的土木建築。房基和臺階是石頭的，樑柱和門窗是木頭的，牆體是版築或用土坯（墼）壘砌，屋頂是用斗拱承重，上面覆

---

50 西人所謂「寶石」（gem），種類繁多，包括祖母綠、貓眼石、紅寶石、藍寶石、鑽石、硬玉、軟玉、水晶、青金石、綠松石等，「玉」只是其中之一。他們所謂玉（jade），分軟玉（nephrite）、硬玉（jadeite），中國所謂「玉」是軟玉，不包括硬玉（翡翠、瑪瑙之類）。蛇紋石（serpentine），他們不叫玉，中國也叫玉（如岫岩玉），甚至很多美石，寬泛的叫法，也可以算玉。西人愛寶，是以金銀和各種硬度較高的寶石為主，不太看重軟玉。中國愛寶，是以「金玉」為主，「金」是青銅，「玉」是軟玉。金銀和寶石，是後起的愛好。

51 西人所謂陶瓷（ceramics），分陶器（pottery）、炻器（stoneware）和瓷器（porcelain）。陶器，無釉叫pottery，釉陶叫earthenware。建築上的琉璃磚瓦（glazed bricks and tiles）也是施釉的陶器。炻器，介於陶器和瓷器之間。他們把中國南方的青瓷，如東漢、西晉以來的青瓷，叫celadon。celadon就屬於炻器。商周時期的青瓷，他們叫glazed pottery，強調它是陶器；中國則叫「原始瓷」（proto-porcelain），強調它是瓷器。西人所謂「瓷器」，更多是指元以來的細瓷。

商代青銅器

漢代玉器

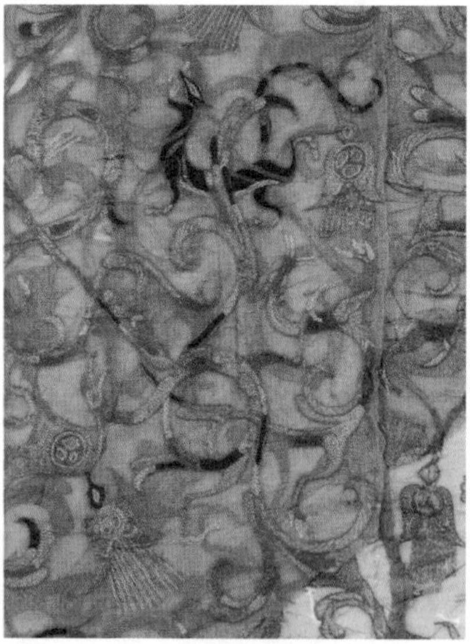

戰國絲綢

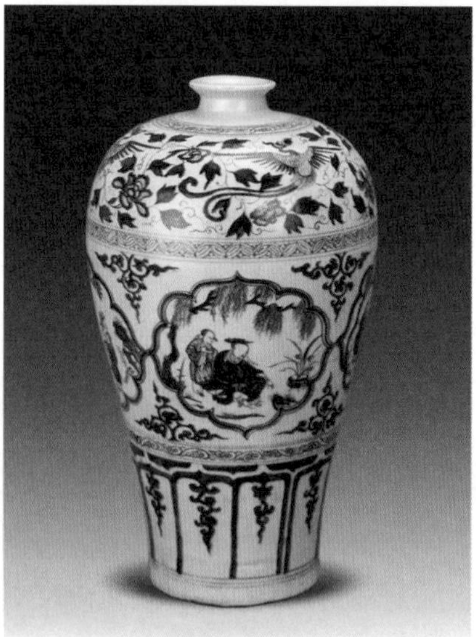

元代瓷器

瓦。[52]北魏以來，還用琉璃。[53]土木建築是很先進的建築。

(7) **城市**：古國以方百里為常規，古國變縣，經戰國秦漢佈點，已經萬事大吉。現代城市，講地理沿革，名稱有變化，縣界有變化，但幾乎一對一，可以排下來。現代中國，領土比秦代擴大了約一倍，但核心地區，城市總數沒有多大變化。[54]

(8) **交通**：中國，城市密度高，郵驛四通八達，陸路運輸和漕運系統很發達，便於政令傳達，便於貨物往來，便於軍隊調動。如秦馳道就是秦國統一的高等級公路，秦直道就是雲陽到九原的國防高速。[55]

(9) **文字**：古文字，楔形文字、埃及文字、中國文字、瑪雅文字，只有中國文字一脈單傳，在世界上獨一無二。有人把文字分為兩大類型：宗教型（如埃及文字）和管理型（如楔形文字），我國文字偏向管理型。秦統一文字，是統一政令，不像拉丁文，是用於宗教。

(10) **科技**：四大發明是歐洲人的總結，船堅砲利是來源於火藥和指南針，印刷《聖經》是來源於紙張和活字印刷（活字印刷有爭論），歐洲是用這四大發明來傳教，來打我們。中國科技有很多發明，不止這四大發明。

---

[52] 兩河流域也用土坯。

[53] 兩河流域也用琉璃。

[54] 說幾個數字，供大家參考。西漢平帝時，人口近六千萬（五千九百五十九萬四千九百七十八人），縣、道、國、邑近一千六百個（一千五百八十七個）。清代，人口約四億，府、廳、州、縣約一千七百個。現代中國，人口約十三億，縣、市約兩千三百個。案：現代中國，如果減去今東三省、內蒙古、青海、西藏的約五百個縣、市，大約還有一千八百個縣、市，和漢代的數字很接近。

[55] 這種高等級公路是大地域國家的標誌之一。如著名的「波斯御道」（Persian Royal Road），全長兩千六百九十九公里，信史乘驛馬，兩週可以往返，據說就是這種公路。秦代的直道有七百五十二公里，馳道長度無準確數字，估計是直道的六七倍，全部加起來，至少有五千公里。

六、民族

第三步，把天下人，甭管姓什麼，團結成一家，即古人常說的「四海一家」。

二十四史只是半部中國史，以漢族為中心的歷史，它的另一半是中國的少數民族史和婦女史。我們要想理解中國，心裡要有另一半。

（一）中國歷史的另一半

讀史，和另一半有關，蠻夷傳、后妃傳、諸蕃志，不可不看，但很多史料，只是「邊角料」，殘缺不全，充滿偏見。

我們讀匈奴史、鮮卑史、突厥史、吐蕃史、蒙古史、滿族史，前面都有族源追述。漢族的歷史不能例外。這種追述對理解漢族的歷史很重要。

族源傳說，歷史的成份有多大，神話的成份有多大，很難考證，重要的不是真假，而是這種傳說出自何人之口，什麼時候開始講，追溯的線索是什麼。

少數民族，從氏族部落到大地域國家，聯姻很重要。他們貴母重舅，女后的地位比漢族高，外戚的地位比漢族高。繼承制度，從漢族的眼光看，似乎很亂。他們可以娶媽（不是自己的媽，而是爸爸的其他配偶），可以女性繼承，可以兄終弟及，可以立愛立幼，這對理解中國早期的歷史很重要。歐洲有女王，繼承制度也很亂，人類早期都有這一段。

我國所謂「族」，概念很複雜。西方人類學，小到氏族（clan）、部落（tribe），[56]大到民族

（nation），我們都可翻成「族」或「民族」。大族小族都是族。我們不能說，沒有現代國家，中國就沒有民族，只有種族，沒有民族，現在中國有多少族，就該立多少國。[57]

（二）族姓制度

中國的族源追述，有個最大特點，它是靠姓氏來追述。一個姓，下面可以有很多氏（或宗）。古書所謂族，更多指的是氏。姓，強調血緣：世系和婚姻。氏，強調地緣：封邑和官爵。姓很少，氏很多。氏是姓的分支。「百姓」這個詞，本來就有族群融合的意思。秦漢以來，姓、氏混一，司馬遷已分不清姓和氏。《論衡・詰術》把姓分為兩種，姓叫「本姓」，氏叫「氏姓」。「百家姓」，其實是「百家氏」。

商代有沒有姓，學者有爭論。[58]王國維認為，族姓是西周的發明。[59]周人用幾十個姓（約二十個）把各種各樣的族串連在一起，造就了它的大一統。

現已發現的兩周銅器，數量龐大，其出土地點，覆蓋面甚廣，中國的二十三省、五個自治區和

[56] 部落，現在多稱「族群」（ethnic group）。

[57] 西方歷史，前現代是四分五裂，現代才有民族國家。他們的 ethnic groups 主要和種族的概念、少數民族的概念有關，屬於前現代概念；nation 主要指統一的民族國家，才是現代概念。他們一向是以他們的「前後」當我們的「前後」，這對解釋中國歷史是一竅不通。

[58] 陳夢家說：「卜辭的『女字』（多從女旁）實際上是女姓的來源。」見氏著《殷墟卜辭綜述》，北京：科學出版社，一九五六年，六三一頁。李學勤也討論過這一問題，見氏著〈考古發現與古代姓氏制度〉，《考古》一九八七年第三期，二五三—二五七頁。

[59] 王國維〈殷周制度論〉，收入《王國維遺書》，上海：上海古籍書店，一九八三年，第二冊，《觀堂集林》卷十，一—一五頁。

四個直轄市，除黑龍江、吉林、新疆、青海、西藏、海南、臺灣，幾乎都有發現。銘文所見族姓與文獻記載（如《左傳》、《國語》、《世本》）基本吻合，說明西周大一統並非虛構。

兩周的姓都有女字旁，姓與貴族間的聯姻有關。西周有所謂「同姓不婚」，族群是憑族姓來認同和識別。同姓，憑血緣認同，可以是一家；異姓，通過聯姻，通過會盟，也可以是一家。

（三）三大族團

前人總結，中國有三大族團：[60]

1. 姬姜集團

姬、姜二姓起於西土（陝甘寧地區）。周人姬姓，傳出於棄。姬、姜世代通婚，互為姻婭。西周封建有所謂「五侯九伯」（《左傳》僖公四年引召康公之命）。保尊、保卣提到「王令（命）保及殷東國五侯」。「保」即召康公，「五侯」即齊、魯、晉、衛、燕。[61]這五大諸侯，除齊是姜姓，其他是姬姓。姬姓奉黃帝為始祖，姜姓奉炎帝為始祖。[62]這個集團，姬以周顯，姜以齊名。

2. 祝融八姓[63]

奉顓頊為祖。八姓：己、董、彭、禿、妘、曹、斟、羋，主要分佈在中原地區，很多是夏商古國。這八族，己（金文作妃）、妘（金文作嫃）、曹（金文作嫊）、羋（金文作嬭）是姓，董、彭、禿、斟是氏。己姓之國有蘇，妘姓之國有鄶，曹姓之國有邾、郳，羋姓之國有楚、樊，皆有銅器銘文為證。這個集團，名氣最大當屬楚。

3. 東夷集團

主要是風（金文作凬）、嬴二姓。二姓起於東土（山東半島），本來都帶女字旁，是真正的姓。風姓古國有任、宿、須句、顓臾，主要在魯地。嬴姓古國，散處各地，西遷山西者為趙，西遷陝西者為梁，西遷甘肅者為駱嬴、秦嬴之祖，南遷淮水流域者為淮夷。風姓奉太昊為始祖，太昊之墟在河南淮陽。嬴姓奉少昊為始祖，少昊之墟在山東曲阜。淮水流域，除去嬴姓，還有偃姓。群舒相傳為偃姓，古文字怎麼寫，還不大清楚。這個集團，名氣最大當屬秦。

（四）蠻夷戎狄

中原諸夏常以東夷、南蠻、西戎、北狄稱呼周邊民族。這四種稱呼雖然也有混淆重疊的例外，但還是可以反映古人心目中的某種基本劃分。[64]

夷，《說文解字．大部》以為「東方之人」。古文字，夷本作尸，字與人同，從大從弓是後

[60] 參看徐旭生《中國古史的傳說時代》，北京：文物出版社，一九八五年。

[61] 唐蘭推測是衛、宋、齊、魯、豐，見氏著《西周青銅器銘文分代史徵》，北京：中華書局，一九八六年，六五—六六頁。

[62] 古人說，「黃帝以姬水成，炎帝以姜水成」（《國語．晉語四》）。或說姬水即陝西武功縣的漆水河，姜水即寶雞縣的清姜河，都在渭水流域。但姜姓是氐羌之姓，姜水可能只是姜姓所居。

[63] 祝融八姓，見《國語．鄭語》，《世本》作陸終六子。參看李學勤〈談祝融八姓〉，收入氏著《李學勤集——追溯．考據．古文明》，哈爾濱：黑龍江出版社，一九八九年，七四—八一頁。

[64] 俞偉超以考古發現印證文獻記載的「東夷、南蠻、西戎、北狄」說，把早期中國的地域聯盟歸納為四大聯盟集團：夏夷聯盟、商狄聯盟、周羌聯盟、楚越聯盟。參看氏著《古史的考古學探索》，北京：文物出版社，二〇〇二年，一二四—一三七頁。

起的寫法（案：尸是側面的人，大是正面的人）。夷有幾種用法，頭一種是商周時代的用法，如萊夷、東夷、淮夷。萊夷居齊，集中在山東半島北部，來源是身材高大的長狄。長狄與肅慎有關，估計是東北移民。東夷居魯，集中在山東半島南部，分風、嬴二姓。淮夷住在淮水流域，分嬴、偃二姓。他們都住在中國的東邊。第二種是漢代的東夷。此時，早先的萊夷、東夷、淮夷已融入漢族，東夷轉指東北夷，特別是朝鮮。如《後漢書‧東夷列傳》的東夷就是這種概念。第三種是漢代的西南夷。這種夷屬於氐羌系，來源是青海、甘肅，活動範圍反而在西南，方向相反。秦始皇的祖先是嬴姓的東夷。嬴、偃可能諧音夷。

蠻，從蟲。蟲豸是罵人話。《說文解字‧蟲部》：「蠻，蛇種。」南方多蛇，崇拜蛇。這個字是中原諸夏對南方人的蔑稱，但原來可能只是譯音。如閩越，古人稱「蛇種」。閩與蠻讀音相近。還有人認為，蠻與苗有關。蠻，古人或解為侮慢之慢，以為南蠻不知禮儀，不懂禮貌，舉止無狀，這是曲解，但蠻與曼確實有關。如《左傳》昭公十六年有「戎蠻子」，《公羊傳》作「戎曼子」，而鄧國正好是曼姓（金文作嫚）。中國南方，長江流域和長江以南曾是百濮、百越活動的區域。百濮偏於西南山區，主要活動於湘鄂雲貴川；百越偏於東南沿海，主要活動於浙贛閩粵桂。百濮、百越是苗瑤壯侗各族的祖先。但他們受北方勢力壓迫，不斷向南方轉移，真正代表中國南方的反而是鄰近北方的楚、吳、越。楚國，北方人稱為荊蠻。楚是羋姓（金文作嬭），也與蠻字讀音相近。

戎，古人以戎兵指兵器，戎車指兵車。漢字中的戎字是由戈、甲二字組成，確實與軍事活動有關。王國維說，戎人常以武力寇犯，是尚武之民族。[65]這個推論很合理，但我們也不能排除它是譯音。戎分西戎和北戎。北戎活動於內蒙古與遼西、冀北、晉北接壤的地區，可能與北狄、東胡有關。西戎分兩大系統，一支是姜姓之戎，一支是允姓之戎。姜姓之戎是氐羌，來自青藏高原。他們從黃河源頭，沿黃河進入甘肅、寧夏，翻隴山進入陝西，與周人關係最密切。允姓之戎是玁狁，可能屬於塞種（Saka，屬印歐人）或塞種與北亞人種的混合人種，則來自新疆和中亞（新疆和中亞的原住民主要是印歐人，突厥系各族是後來者）。玁狁住在西犬丘（甘肅禮縣）一帶，也叫犬戎。姜姓之戎中的申戎勾結犬戎攻滅西周，周室東遷後的陝西是留給秦。秦逐西戎，留居當地者，不是被攻滅，就是被同化。餘部遷於山西、河南，也被同化。戰國秦漢，西戎的概念已發生變化。《後漢書·西戎列傳》的西戎，只剩青海諸羌。與羌有關，值得注意的是氐。氐人是漢化的羌。蜀人來自叟人，是較早的氐。他們進入四川盆地，從事定居農業早，被漢族同化。其他留在盆地邊緣和繼續南下者，因與漢族雜處，受漢族影響，也有別於青海諸羌，漢代稱為氐或西南夷。他們是今藏緬語族羌語支和彝語支各族的祖先。

狄，漢字中的狄字與逖字有關，王國維說逖有遠義，或指其民僻處邊地，或指把對方趕到遠方。[66]這個說法並不對。其實，狄即狄歷，後來也叫丁零、敕勒、鐵勒、突厥，這些名稱是同一族名（Türk）的不同譯音。狄也分兩大系統，一支是赤狄，一支是白狄。赤狄是媿姓之狄，商周時期叫鬼方。鬼方來自貝加爾湖，主要活動於蒙古高原，並南下河套地區，沿黃河南下，進入山西、陝西。晉國的懷姓九宗屬於這一支。白狄是姬姓之狄，主要活動於滹沱河流域。春秋戰國的鮮虞、中山屬於這一支。蒙古高原是北方民族活動的大舞臺，但這個舞臺上的民族分兩大系統，一支是北狄系統，乃維吾爾族的祖先，一支是東胡系統，乃蒙古族的祖先。

---

[65] 王國維〈鬼方昆夷玁狁考〉，收入《王國維遺書》，上海：上海古籍書店，一九八三年，第二冊，《觀堂集林》卷十三，一一—一二頁（說見一一頁正背）。

[66] 同注[65]。

中國，小族變大族，小國變大國，任何一族，任何一國，都不能憑一族之力，一定要聯合其他部族，匈奴如此，鮮卑如此，蒙古如此，滿清如此，所有覆蓋大地域的國族，其實都是由強族代表的符號，每個符號下面，成份都很複雜，沒有一個是純而又純的種族。漢族也不例外。[67]

（五）兩種五帝說

中國所謂「帝系」，是講族源。後世講族源，一般是從父系追溯，但追到頭，往往是個女祖先。這種族源，很多都是血緣加地緣，比如上面說的「姬姜集團」、「祝融八姓」、「東夷集團」，就都是血緣加地緣，屬於地域聯盟。

帝系，戰國流行五帝說。

戰國時期的五帝說分兩大系統，一種是黃帝、顓頊、帝嚳、堯、舜，屬於西土系統的五帝說；一種是太昊、少昊、黃帝、炎帝、顓頊，屬於東土系統的五帝說。

西土五帝說是以黃帝為始祖，顓頊、帝嚳為黃帝下面的兩支，唐堯、虞舜為顓頊、帝嚳下面的兩支，夏、楚屬顓頊系，商、周屬帝嚳系，有點像昭穆制，一支分兩叉。

東土五帝說是以五帝配五方五色。黃帝十二姓，以姬姓為首，居四方之中，配黃色；太昊風姓，風姓古國在東方，配青色；少昊嬴姓，本出東夷，但嬴姓之後，秦為大，反而在西方，配白色；顓頊之後有祝融八姓，祝融八姓，昆吾為長，昆吾之虛在濮陽，屬北方，配黑色；炎帝姜姓，齊、許出申、呂，西周晚期，申、呂封於南方，配赤色。

兩種五帝說都屬於大地域的族群整合。

中國大一統是理想中的族群整合：一是華夏各族大聯合，二是華夏各族與蠻夷戎狄大聯合，裡三層，外三層，大圈套小圈。古人的「畿服圖」就是表達這種概念。

（六）五族共和的發明權

北京有個共和亭（在地壇公園內，現已不存），青海有個共和縣，來源是民國口號，「五族共和」。

「五族共和」，見一九一二年一月一日的《中華民國臨時大總統宣言書》，人多以為是民國的發明，不對。「五族共和」是來源於滿族的「五族大同」，而滿清的老師又是蒙元。[68]一九〇五年，同盟會的口號是「驅除韃虜，恢復中華。創立民國，平均地權」。這個口號是來源於南方會黨的反清復明思想，原本是朱元璋的口號。[69]孫中山是南方人，革命黨人多半是南方人，他們要從南方起義，興兵北伐，推翻滿清。歷史的慣性讓他們這樣想。

一九一一年，武昌首義，革命軍打出的鐵血十八星旗，旗以紅色為底，象徵鐵血，黑色九角代表華夏九州，黃色十八星代表內地十八省，不包括中國的東三省和四大藩部。這是個很大的錯誤。後來，孫中山才恍然大悟，驅滿則蒙離，蒙離則回、藏去，大半個中國，等於白白送給列強，無異自戕。「五族共和」是在這種背景下提出。

---

67 李濟研究中國人種史的結論是：「假如種族主義者仍然堅持還存在著純粹的中國血統，那我不妨引用魏敦瑞二十多年前的質疑來證明我的看法。他問道：『每一天創造出新的混血兒的個體是什麼人？』他自己的回答相當有名：在我們這個星球上，絕沒有任何『純種』。我認為，這一理論完全可以由中國人的種族歷史來加以證明。」參看氏著《中國民族的形成》，南京：江蘇教育出版社，二〇〇五年，三五四—三五五頁。

68 日本的亞細亞主義和大東亞共榮圈是受蒙元、滿清啟發，所以才有《田中奏摺》的「惟欲征服支那，必先征服滿蒙。如欲征服世界，必先征服支那」。

69 一三六八年，明太祖朱元璋在〈喻中原檄〉中提出「驅逐胡虜，恢復中華，立紀陳綱，救濟斯民」。

一九一二年三月十一日，《中華民國臨時約法》規定：「中華民國領土，為二十二行省，內外蒙古、西藏、青海。」[70]中華民國最初的國旗，五色旗，就是象徵五族共和。[71]

過去，我寫過一篇短文，說「五帝並祭」就是戰國時期的「五族共和」。[72]「五帝並祭」是一種變少數為多數、小國為大國的發明。周人，本來僻處雍州，也是個少數民族。武王克商是小邦周克大邑商，一姓何以服天下，只有一個辦法，就是把大家的祖宗都請出來，共享太平。

蒙元文字，雲台過街塔，梵、藏、八思巴、回鶻、西夏、漢六體並行。

滿清文字，《五體清文鑑》，漢、滿、蒙、維、藏五體並行。

現在的人民幣，上面印有五種文字：漢、壯、蒙、維、藏。

四海一家是典型的中國傳統。[73]

附論：中國與「現代民族國家」

「民族國家」是個十八、十九世紀的現代概念。我們這個世界，所有冠以「現代」二字的東西都帶有歐洲歷史的深刻烙印。歐洲歷史，小國寡民，一團混亂，有些族有國，有些族沒有國，有些族分屬不同的國。他們的「民族國家」是由戰爭催生，條約確認（如威斯特伐利亞體系、維也納體系），有些被強捏在一起，有些被硬拆開來，一切重組都取決於地緣政治的大國博弈。雖然，基於歐洲自身的自治傳統，它們的重組經常是以民族自決、民族自治為藉口，[74]有各種語言、宗教、文化上的理由。他們喜歡強調一族一國，但事實上，單一民族國家不過是神話，除了蕞爾小國，到處都行不通。

歐洲以外的所有國家，用這一標準衡量，當然都不夠格。首先，別的不說，所有大帝國都該解體。「民族國家」概念的推廣，只有一個作用，就是分裂解體、打亂重組。現在，越是古老文明，

---

70 一八九五年，台灣割讓日本。民國初年的二十二省缺少台灣省。

71 五色旗本為清朝的海軍軍旗，後來成為北洋政府和偽滿洲國的國旗，南京政府則以青天白日旗為國旗。

72 李零〈從「五族共和」想起的〉，收入《花間一壺酒》，北京：同心出版社，二〇〇五年，一四四—一五〇頁。

73 阿契美尼德王朝的波斯帝國也用這種統治術。他們的銘文，都是波斯文、埃蘭文、阿卡德文三體並用，埃及是上述三體加埃及文，小亞細亞半島則流行雙語銘文，如希臘語和呂底亞語、希臘語和呂西亞語、希臘語和阿拉米語。

74 分而治之一直是西方列強統治世界的基本手段。這也就難怪，落後國家為什麼總是把國家的獨立和統一作為反制措施。民族自決是一把雙刃劍，列寧、史達林曾以此瓦解英國為首的世界殖民體系，美國、北約也以此解體蘇聯、瓦解華約。普京反制美國、北約，也用這把劍。

越是災難深重，印巴衝突、兩伊衝突、以巴衝突……到處都是殖民時代的遺產，太多的國家都是人為製造，太多的邊界都是人為劃分，從《開羅宣言》、《德黑蘭宣言》到《雅爾達協定》和《波茨坦宣言》，二次大戰後的世界秩序仍然如此。

以小國之心度大國之腹。大，本身就是錯誤，拒絕變小就是更大的錯誤。俄國不用說，中國不用說，都犯了這種錯誤，只有美國、加拿大和澳大利亞不在此列。

中國很大，不是一時半會兒大，而是一直很大，特別是元代和清代，中國被北方少數民族統治時期，疆域尤其大。

中國是個多民族國家。這麼多的民族，一國一族，中國得分成五十六國。有個西方學者跟我說，鄂圖曼帝國不是解體了嗎？願意一起過，一起過，不願意一起過趁早分開，這不是很合理嗎？但就我所知，地緣政治的國家重組，幾乎到處都是大國博弈，特別是戰爭的結果，根本沒有這種自覺自願，包括鄂圖曼帝國的解體。

近代，中國被列強瓜分，情況也是如此。當年，法國有幅漫畫，大家都知道，列強圍坐一圈，中間擺個大披薩，披薩是中國。這個披薩太大，一口吃不下，他們得拿刀切著吃。

西方列強說，民族國家是現代概念，邊疆也是現代概念，他們打我們之前，這兩樣，我們都沒有，一切得推倒重來，這是強盜邏輯。近代，正是因為同他們打交道，我們才認識到主權獨立、國家統一有多重要。75

重整河山，並不是沒有河山，而是因為山河破碎。

民國，軍閥混戰，國家四分五裂，所有志士仁人都是為了再造中國才投入革命。我們的現代國家，是在一次次抵禦外侮、重整河山的過程中才得以確立。

從孫中山到蔣介石，從蔣介石到毛澤東，所有中國革命都是回應西方挑戰的結果。因此統統被扣上一頂民族主義的大帽子。

民族主義，在現代西方的語彙中可不是什麼好詞。

但沒有這種回應，就沒有現代中國。

⑮ 國家獨立和國家統一是現代國家的前提。這個前提，對資本主義的出現，比個人自由還重要。獨立統一的民族國家一直是現代政治的主體，國家利益有時比意識形態更強有力。第一次世界大戰導致第二國際解散，第二次世界大戰導致第三國際解散，美、英、蘇結盟，反德、意、日法西斯，然後陷入冷戰，都是很明顯的例子。

兩次大一統（下）

七、西周封建的意義

西周封建是三代之終結，中國是夏、商、周「三分歸一統」。

殷周相繼，因革損益，如何評估，這是歷史研究的大問題。

我們先談第一次大一統。

講這個問題，大家最好讀一下王國維的〈殷周制度論〉（一九一七年九月八日脫稿），[76]以及陳夢家對他的批評。[77]王氏是個文化保守主義者，保皇尊孔。我們要知道，他是有感於四分五裂的民初政治，才盛美西周大一統，就像孔子從東周的禮壞樂崩，遙想西周的輝煌，托夢於周公。這是他的「建國大綱」。幾千年來，儒家一直把西周盛世當「理想國」，王氏也如此。

什麼叫「西周封建」？

西周封建是一種小國變大國的方法。武王克商，在殷地封建過許多國家，從表面看，也是小國林立，但與歐洲封建不同。歐洲封建是羅馬帝國解體的產物，跟西晉八王之亂後的五胡十六國相似，背景是北方的草原部落和森林部落。這些部落背景的國家一直四分五裂，攏不到一塊兒。

有人說，西周是城邦制度，這就更加離譜。希臘城邦，小國寡民，一城一國，這是適應島國政治的特點。希臘多山多島，山河破碎，沒有大河，沒有大平原，不產糧食，主要產品是葡萄酒、橄欖油和彩陶，居民四出航海，拿這些玩意兒換吃喝，或在海上劫掠，類似草原部落。古典作家說，希臘好像池塘邊上蹲一圈蛤蟆（《斐多篇》）。這種制度跟西周毫無可比性。要比，也只能跟中國東南沿海的百越比。

西周封建是大國政治，是用小國拼湊大國的大國政治。小國之上有天下共主，當時叫天子，即使禮壞樂崩，也還有這麼個名義上的大家長，一直到戰國晚期，秦滅東西周之前，這個象徵性的符號都存在。

周本蕞爾小邦，和秦一樣，原先也僻處雍州。但它居然征服、佔領和馴服了一個比它大很多的國家，繼承和超越了它的前輩，商代和夏代，這是靠什麼方法？

第一是興滅繼絕。古人說，武王克商，封神農之後於焦，封黃帝之後於薊（或祝），封唐堯之後於黎，封虞舜之後於陳，封夏禹之後於杞，封成湯之後於宋，封比干之墓，釋箕子之囚，式商容之閭（見《禮記·樂記》、《呂氏春秋·慎大》、《史記·周本紀》和《史記·樂書》）。這一招很靈，孔子叫「興滅國，繼絕世，舉逸民」（《論語·堯曰》）。「興滅國」，就是把被滅的國家恢復起來，比如商滅了，還得立個宋，安撫商遺民；「繼絕世」，就是給斷了香火的國家續香火，比如把神農、黃帝、堯、舜、禹、湯的後代找出來，讓這些聖人之後也共襄盛舉；「舉逸民」，就是把前朝遺老舊王孫請出來做官，保持政權的合法性和連續性。劉邦取天下，也用這一招。[78]

---

[76] 收入《王國維遺書》，上海：上海古籍書店，一九八三年，第二冊，《觀堂集林》卷十，一頁正—一五頁背。

[77] 陳夢家《殷虛卜辭綜述》，北京：科學出版社，一九五六年，六二九—六三一頁。

[78] 漢高祖為秦始皇帝、秦皇帝（秦二世）、楚隱王（陳涉）、魏安釐王、魏信陵君、齊湣王、趙悼襄王置守塚，見《史記·高祖本紀》。

第二是封建親戚。古人說，武王克商，周公東征，有過兩次封建，他們在東方封了很多國家。「親」是周人的同姓，「戚」是與周人通婚的異姓。比如五大諸侯國，魯、晉、衛、燕是「親」，齊是「戚」。「侯」本指邊鎮，商代就有，漢代也有這類叫法（如甲渠侯官）。周人佔領東方，把東方劃分為若干佔領區。這些佔領區是派周王的親戚實行軍事管制。這五大諸侯既不同於商代的侯，也不同於後世的郡縣或邊鎮。後世的郡縣或邊鎮，首長是政府派駐的官員，而西周諸侯，都是周王的子弟甥舅。

第三是柔遠能邇。西周金文有這種說法，《詩》、《書》、《左傳》也有這種說法。「柔遠」是懷柔遠人，「能邇」是親善近鄰。西周封建有親疏遠近，近鄰是親戚朋友，遠人是蠻夷戎狄。中國歷代統治者都知道，如何令蠻夷戎狄降伏歸順，對國家安全至關重要，搞不好，馬上就完蛋。

周人與各佔領區的舊貴族和少數民族修好，主要靠兩條，一條是通婚，一條是會盟。這兩條都是部落政治的老辦法。

通婚，與異族通婚，是最簡單的辦法。兩家人，只要結了婚，馬上就成了兒女親家。他們背後各有一堆親戚，藤牽藤，蔓連蔓，一串就是一大片。草原部落，孤立分散，和親是化敵為友、聚小為大的好辦法。我在內蒙古，老鄉常說，「走胡地，順胡理」。漢胡和親就是順胡理。西方，亞歷山大征波斯，曾在蘇薩（Susa）搞萬人大婚禮，也是這個道理。歐洲中世紀，各國公主嫁來嫁去，還是這個道理。

會盟，原型也在草原上。盟主把各國首腦請來，商量政治格局、利益劃分，這種國際大會，不管是兵車之會，還是乘車之會，總要達成某種協議，最後殺牛宰羊，歃血為盟，指天發誓，把誓言埋在坑裡，說不如誓者，天誅地滅，不得好死云云。侯馬盟書、溫縣盟書就是這種東西。盟會誰參加？親戚要來，不是親戚，也要來。特別是搗亂分子，越是搗亂越要拉他入夥，讓它當「負責任的國家」，打「不負責任的國家」。不聽話了，也便於制裁。這也是化敵為友、聚小為大的好辦法。

這些舉措，必然引起大規模移民。一是組織周人到東方殖民，二是把東方的原住民遷來遷去，其中也包括後世習見的「徙豪強」。古代移民，範圍之大，超乎想像。不僅周人從西土搬到東方，其他各族，也被重新分配。每個地方的居民都是「三結合」：征服者、原住民和外來移民。很多部族都被搬離原住地，遷到很遠的地方。比如秦、趙之祖，就是從山東搬到甘肅。俗話說，「山不轉水轉」，「樹挪死，人挪活」，我們千萬不要低估了古人的能力。我們要知道，西周封建是一次人口重組，大分化、大改組、大融合。

「封建」本來是中國古書固有的詞彙，日本人用這個詞翻西方的feudalism，把我們的腦子搞亂。歐洲封建是中世紀封建。這種封建，雖然也是「裂土田而瓜分之」（柳宗元〈封建論〉），但沒有天下共主，和西周封建完全不一樣。

中國，治世大一統，亂世才割據。西周封建，從主流和大趨勢看，其實是大一統。古人說的「大一統」，本來就是西周大一統。這種大一統與歐洲封建完全不一樣。歐洲封建是「大一統」的對立面。

西周的問題是如何以小國戰勝大國，以少數統治多數。

這種問題在中國歷史上一再發生，特別是異族征服，全得重複這一過程。王國維肯定清楚，蒙人治漢，滿人治漢，他們也碰到過這類難題，他們也得學習這套統治術。

他這篇東西很有意思，不光考證古代制度，也寄託現代理想。他說，周克商，是有德勝無德，把西周制度說成道德化身，這是寄託他的理想。他的理想，是如何在歐風美雨和革命風潮下維持大清王朝於不墜。

他的想法，不是「走向共和」，而是「復辟帝制」。

在這篇文章中，他強調三大道德，親親—尊尊—賢賢。親親是講宗法，強調國家要以家為本，立嫡立長，父慈子孝，服制、廟制是它的延伸。尊尊是講君統，王位繼承，傳子不傳賢，封建子弟是這套東西的延伸。賢賢是講臣道，他說，臣道不能講血統論，一定要選賢舉能，東周世卿，大官都是貴族，這是亂之所起，官還是要賢人當。

周代的天下是「家天下」。俗話說，在家靠父母，在外靠朋友。父母的意思是親戚，親是父系，戚是母系。朋友的意思是非親非故，但桃園結義，可以模仿親戚，義結金蘭，跟他結成拜把子兄弟。王國維說，西周封建是靠這類辦法，沒錯。現在的民居，琉璃門面，上面寫的都是「家和萬事興」，還是強調家是一切的基礎。

儒家講文武周公之道，有個邏輯，修身齊家，治國平天下。這個邏輯的前提是，沒有小焉有大，事情都是從小到大，似乎很有道理。但這個理論不能作無限推廣。孔子推西周之道以言東周之世，王國維推西周之道以言民國之世，都是犯了不明時勢的錯誤。他們以為，當初好，現在壞，回到當初不就得了。事情沒這麼簡單。

西周制度是以宗法為本。

西周宗法是什麼？

第一，它是男本位，和馬蜂窩、螞蟻窩相反，不是以媽為本，而是以爸為本。天子是天下所有人的爸爸。動物界，男女早有分工。生育壓倒一切，媽是領導。打獵壓倒一切，爸是領導。比如狼群和猴群就是男本位。西方有個說法，女人是從金星上來的，男人是從火星上來的，火星是戰神，搞暴力活動，男人最擅長。人類成天打仗，男人是領導。男人說，俺是雄雞，「雄雞一唱天下白」，「牝雞司晨」絕對不允許。但如果母雞當了權，她會問，你們也會下蛋嗎？這就是「公說公有理，婆說婆有理」。中國的「婦姑勃谿」、「丈母娘疼女婿」，都是男本位作怪。其實，男人當領導，並非天經地義。

第二，同是男系繼承，有很多選擇。兄終弟及，還是父死子繼？王國維說，周制是父死子繼。立嫡立長，還是立愛立幼？王國維說，周制是立嫡立長。這是什麼道理？道理是垂直比平行安全。中國，為人君者，多妻多子。多妻是平行關係，有爭風吃醋問題；多子也是平行關係，有兄弟鬩牆問題。妻有先來後到，子有伯仲叔季，必須理出個頭緒。立嫡，就是立大老婆的孩子為後；立長，就是立大老婆的大孩子為後。這是樹幹。餘子，剩下的孩子，必須分家，另外立族。兄終弟及變父死子繼，就是把平行改成垂直。立嫡立長，也是為了防止老牛吃嫩草，要美人不要江山。俗話說，「天下老子愛小小」，他愛「小小」，是因為愛上小老婆。古人說，廢嫡立庶，廢幼立長，是亂之所起。

總之，男系繼承還是女系繼承，一定是男系繼承；父子繼承還是兄弟繼承，一定是父子繼承；嫡子繼承還是庶子繼承，一定是嫡子繼承；長子繼承還是幼子繼承，一定是長子繼承。[79]

王國維說，「有土之君不傳子，不立嫡，則無以弭天下之爭」。在他看來，君臣之道就是不一樣，絕不能平起平坐，公平競爭。這是死規矩，不容討論。

王國維認為，君統一定是血統論、貴族制，民主制（民主選舉）不行，禪讓制（主動讓賢）

---

79 陳夢家認為，王國維並沒講清殷周制度的真正區別，商人也有宗法。參看：陳夢家《殷虛卜辭綜述》，六二九—六三一頁。

也不行。爹就是爹，領導就是領導，不能七嘴八舌，挑挑揀揀。挑挑揀揀，勢必眾口難調。百姓議政，天下就亂了。要議，也是大臣在國君底下議，議完了，由國君裁決。他心裡的君臣之道，頂多是君主立憲。

中國古代，臣道舉賢，可能早就有，但不是常例，而是變例。王國維說，周初大臣，好多都不是周王子弟，歷代的執政大臣也不固定，當時沒有世卿制，世卿制是春秋才有，所以春秋很亂。這話有點誇大。先秦官爵，主體還是世官制。選賢舉能，舉賢不避親，要想制度化，談何容易。戰國時期，諸子奔走侯門，大講親賢任賢，甚至鼓吹禪讓，他們鬧什麼？主要就是鬧這件事。知識分子，不問出身，只問本事，直接從窮鄉僻壤脫穎而出，還得等很多年。中國選舉制的出現、發展和完善，還得等很多年。

中國的通婚制度和繼承制度比歐洲嚴密，漢族也比少數民族嚴密，不對比，不知道。女后，中國少，有之，多半有少數民族背景。中國對女后當政、外戚專權，都是極力防範。漢武帝「恐女主顓恣亂國家」，殺鈎弋夫人（《漢書・外戚世家》），就是典型。歷代統治者，懷柔遠人，搞和親，是投少數民族所好。少數民族，要適應漢族的制度，也搞妥協。比如北魏的「子貴母死」，就是為了適應漢族的統治方式。他們，殺雞留蛋，連心愛的女人都殺，我們覺得很殘酷，但政治家的第一考慮，不是感情，而是政治。

王國維盛稱的西周封建，基礎是宗法制。內服如此，外服也如此。周人裂土分封，建了一大批衛星國，每個衛星國都是複製這套制度，從道理上講，都是周這個大家族的分支。這是以小治大，以少治多，往往採取的辦法。它的特點是鬆散聯合。希臘、羅馬的海外殖民是這樣，現代的西方大國也是這樣。西方的大國都是這麼聯合。如不列顛王國叫United Kingdoms，美利堅合眾國叫United

States，它們都是從同一個模子扣出來的，然後United一下，拼起來的。他們特別強調複製。[80]

西周封建是孔子的政治理想，也是王國維的政治理想。我們要注意，其著眼點是周的開頭，而不是結尾。其實，對三代而言，西周是個句號，但對秦漢而言，它只是鋪墊。它的優點很明顯，缺點也很明顯。

西周制度的缺點，對比春秋戰國，才能看清楚。

先儒言，西周之盛在於「制禮作樂」，其亡在於「禮壞樂崩」。前者是建構過程，後者是解體過程，一治一亂，形成對照。

人，得意的地方，也多半是栽跟頭的地方。

第一，它窮兵黷武，疲於應付，顧了東頭顧不了西頭，西戎、淮夷交侵，把自己的老巢丟了，領土大了，都有這個問題。

第二，它搬到洛陽後，王畿裡面先亂。如鄭、虢爭政，罔顧天子，連天子都敢欺負。鄭本為王朝大臣，卻有如諸侯；周本為天下各國的大家長，卻淪為一個可憐的小國。

第三，諸侯失控，造成分裂割據，幾百年混戰。

第四，綱常倒轉，各國內部，卿大夫專了諸侯的政，陪臣專了卿大夫的政，繼承危機不斷。

這種局面，一言以蔽之，就是「亂」，天下大亂。

《左傳》就是講「亂」，其書兩載辛伯諫周桓公語，道破天機：

---

[80] 帝國的概念，從一開始就是一種世界化的概念。大一統的模式是古代的世界化，United的模式是現代的世界化。全球化只是一種新的帝國模式，它不僅延續了歐洲古典世界的帝國概念，也延續了以征服、傳教和貿易為主導的早期殖民主義和帝國主義。

并后、匹嫡、兩政、耦國，亂之本也。（《左傳》桓公十八年）

內寵並后，外寵二政，嬖子配適（嫡），大都耦國，亂之本也。（閔公二年）

這些問題，其實不自東周始，西周就已露頭。孔子認為，西周盛世是因為道德好，家管得好，東周衰敗是因為道德壞，家亂了套，這是沒有抓住問題的關鍵。

問題的關鍵是什麼？其實是血緣關係罩不住地緣關係，地緣關係大發展，家和國已經分離，家是家，國是國，必須有另一套管法。

八、秦漢大一統的意義

秦漢大一統包括制度大一統、學術大一統、宗教大一統。

周初封建，據說有七十一國，其中姬姓五十五國，異姓十六國。[81]春秋，主要有十四個國家。[82]戰國，經過兼併，剩下七個大國，[83]五百五十年的戰爭打下來，最後只剩一個國家。

這個國家就是秦。

孔子做周公之夢，他想不到，最後收拾天下的，竟會是這個國家。孟子也想不到，這個統一天下的國家是個以人頭求功名（「尚首功」）的虎狼之國。

孔夫子和秦始皇是一組對立的符號。他們象徵的政治勢力和意識形態曾惡鬥過一回。漢武帝繼承秦始皇，王莽繼承孔夫子，他們又惡鬥過一回。最後，光武中興，重建漢朝，老百姓精神空虛，還得折騰一回。釋之入、道之興，是又一場惡鬥。整個過程，一波三折，長達四百四十一年。

惡鬥是惡補。

這是一場大變革，好像火山爆發，伴隨大地震，噴完了，震完了，餘震不斷。制度的調適，總是反反覆覆，一定要折騰多少回，再大刀闊斧，快刀斬亂麻，也不可能一次到位。

（一）秦始皇的大一統，目標是三個大一統，但只完成了一半

讀歷史，很有趣，經常充滿悖論。周和秦，一個姬姓，一個嬴姓，一個是西方土著，一個是東方移民（商代的老移民），根本不是一家人，但周、秦卻有不解之緣。西周時代，它們是老鄰居。西周滅亡，周平王搬到洛陽，是由秦襄公護送，陝西的爛攤子是交給秦，讓秦去收拾。秦的地盤是繼承周，秦的文化和制度也是繼承周。它是從陝西出發，沿著周人東進的路線，再一次統一中國。

我們都知道，周人的祖先是陝西土著，他們奪取天下，是把周公的後代封在曲阜。孔子復興西周的理想就是寄託在周公身上。曲阜是什麼地方？大家都知道，那是孔子故里，卻很少注意，周公封魯前，那可是嬴姓的祖庭。你要知道，秦人的老家，原先就在這個地方。秦始皇挺進東方，最迷的就是山東半島。他回山東，是一次偉大的歷史回歸。秦才是西周的繼承人。秦對西周的繼承，文字最明顯。假如你學過小篆，你會有一種體會，西周銘文比戰國文字還好認，為什麼好認？因為兩者有明顯的繼承關係。

---

81 《荀子·儒效》：「（周公）兼制天下，立七十一國，姬姓獨居五十（三）〔五〕人。」

82 《史記·十二諸侯年表》是以周、魯紀年作參照系，所謂十二諸侯是齊、晉、秦、楚、宋、衛、陳、蔡、曹、鄭、燕、吳，如果加魯是十三國，如果加越是十四國。

83 《史記·六國年表》是以周、秦紀年作參照系，所謂六國是魏、韓、趙、楚、燕、齊，六國加秦即戰國七雄。

王國維寫〈殷周制度論〉，關注點是頭，是西周制度的輝煌，其實尾也一樣重要，周之衰，秦之興，周秦異同在哪裡，太重要。我們還該寫〈周秦制度論〉。

秦代周，秦始皇的心裡有三個大一統：制度大一統、學術大一統、宗教大一統。

廢井田、開阡陌，廢諸侯、設郡縣，統一文字，統一法律，統一度量衡，統一車軌，用龐大的文官隊伍執行，這些舉措，兩千年有目共睹，誰也推不倒抹不掉。這是他的第一個大一統。[84]

第二個大一統，結果是失敗的。「焚書坑儒」是漢代人罵秦代的話。其實，「焚書」、「坑儒」是兩碼事。「焚書」指禁止民間私藏六藝諸子之書，這是針對「文學士」，事在秦始皇三十三年（前二一四年）。「坑儒」指活埋了四百六十多個「諸生」，則是針對「方術士」，事在秦始皇三十五年（前二一二年）。「焚書」並不都是儒籍，還包括其他的諸子之書。「諸生」也不是儒生，反而是替他求仙訪藥的燕齊方士。這些方士，阿上所好，騙取了大筆經費，最後什麼也沒找到，無法結項。他們不但把錢捲走，溜之大吉，還罵領導專用獄吏，冷落文學博士，也不重用他們這批專家，什麼事都是他一人說了算，根本不配給他尋仙訪藥。秦始皇派御史查辦他們的貪污案，他們互相揭發，咬出四百六十多人，真正活埋，其實是這批人。現在，大家很能聯想，說秦始皇從骨子裡就仇視知識分子，所以迫害知識分子，根本不對。其實，知識分子，他何嘗不喜歡。秦併天下，山東的讀書人，儒生也好，方士也好，都往陝西跑，利之所在，祿之所在，趨之若鶩。他把山東的讀書人請到咸陽宮，讓他們共襄盛舉興太平，非常禮遇，和漢武帝並無不同。問題是，他從六國之亂剛剛走出，最怕亂。當時人們都認為，「百家爭鳴」是天下大亂之一象，根本不像現在的學術史，以為這是「中國學術的黃金時代」或什麼「知識分子的春天」。當時，光是知識分子爭寵就很難辦。周青臣和淳于越打起來，誰容得下誰？這種局面，秦始皇也不知該怎麼辦，交李斯處理。

李斯原本是讀書人，因而也最會收拾讀書人。他的想法很簡單，天下初定，統一思想最重要，與其讓他們亂說亂動，不如讓他們不說不動。衝突乃是始料不及。

秦始皇的第三個大一統，是統一宗教。他立過兩百二十七個國家級的壇廟，古人叫祠時，想把六國人民的信仰統一起來，但只做了一半。

這三個大一統，當時還很脆弱。秦始皇不放心，每隔兩三年就要出去轉悠一圈，像老虎巡視山林，當時叫「巡狩封禪」。最後，他是死在沙丘，從山東到河北的路上。想到他，你就會想到一個詞，累。他這一輩子，很累很累。

（二）秦始皇沒有做完的事，漢武帝接著做，他完成了三個大一統

漢代，老百姓飽受戰禍之苦（楚漢戰爭之苦），渴望休養生息，黄老流行過一陣兒。等大家緩過勁兒來，才想到搜書和整齊學術，把知識分子的「亂」收拾一下，讓這種「亂」處於可控狀態。

漢承秦制，在制度上還是秦始皇的一套，不用惡補。惡補是另外兩個大一統。

漢武帝獨尊儒術，知識分子交孔夫子管，是滿足知識分子的需要；興立祠時，老百姓交各種祠時管，是滿足老百姓的需要。前者是統一學術，後者是統一宗教，都是為了統一思想。

當時，人心渙散，怎麼收拾？一是讓六國人民出氣，把氣撒在秦始皇身上；二是讓知識分子出氣，氣也撒在秦始皇身上。

---

84 陳寅恪是個文化保守主義者。他竟然把秦併天下說成儒家的功勞：「李斯受荀卿之學，佐成秦制，秦之法制實儒家一派學說之所附係，《中庸》之『今天下車同軌，書同文，行同倫』（即太史公所謂『至始皇乃能並冠帶』之倫），為儒家理想之制度，而於秦始皇之身而得以實現之也。」見馮友蘭《中國哲學史》，北京：中華書局，一九六一年，下冊所附陳氏的〈審查報告三〉。

秦始皇是個出氣筒。

先秦學術，我們覺得特輝煌，漢代人可不這麼看。班固說，「戰國從（縱）衡，真偽紛爭，諸子之言紛然殽亂，至秦患之，乃燔滅文章，以愚黔首」（《漢書．藝文志》）。他是把「諸子之言」，視同諸侯力政，認為秦的「燔滅文章，以愚黔首」，是這種局面逼出來的。李斯禁書有句話，叫「別黑白而定一尊」（《史記．秦始皇本紀》），「一尊」是什麼？是政府規定的說法。秦始皇禁書，讓知識分子以吏為師，只學法律，只學抄文件，大家都是刀筆吏，大家都是刑名師爺，以為這樣，就能息天下爭。這個辦法太笨。漢武帝鬼得很，他的「一尊」是孔子，不是真實領導，而是虛擬領導。愚民，抬死人，壓活人，用虛擬領導代替真實領導（真實領導都活不長），效果更好。知識分子怎麼愚？得靠「精神領袖」。以前群龍無首，現在就立個首。王莽集團的崛起，就是乘了這個勢。它是更聰明的「焚書坑儒」，類似清代的「寓禁於征」，好像大禹治水，不是堵，而是導。從此，中國學術才有了大一統的格局。[85]

漢武帝興立祠畤，數倍於前。漢成帝時，達到六百八十三所，漢哀帝時，達到七百多所。這是繼承秦始皇。秦始皇的兩百二十七個祠畤，只是把各國的祠畤捏在一起，主次不分明，有點雜亂無章。漢武帝不一樣，他把首都長安的亳忌太一壇（祭太一）立為中心，有如太一，而以甘泉泰畤（祭太一）、汾陰后土祠（祭后土）和雍五畤（祭五帝）環繞之，有如三一，統領天下諸祠。

這是一種國家宗教，宗教大一統。

（三）王莽廢除了漢武帝的宗教大一統

史家都說，王莽是個「大壞蛋」。他背罵名，虛偽、殺人、拿活人做解剖，還不是主要原因。

歷史上的「大壞蛋」，大家都這麼罵。大家罵王莽，主要原因在於，他是外戚，亂了漢家的正統。

中國的強臣僭主，挾天子以令諸侯，都愛假扮周公（曹操也如此）。其實，撇開道德評價，要講秦漢大一統，這個人也很關鍵。

王莽是儒生，以古為新，很矛盾。他的新朝，其實是個復古的朝。

秦漢時期的創新，每次都引起儒家的反動。

儒家反對新制度，總是拿西周封建和周公之禮說事。主旋律不改，但每次都有變奏。

大家說，王莽是個迷信書本、充滿幻想的人，沒錯。但他也有他的實際考慮。

漢武帝，骨子裡是秦始皇，跟秦始皇一樣，活得很累很累。那麼大的國土，他也是兩三年一圈。況且，他還活得特別長（在位五十四年），真把天下折騰苦了。他死後，大家又想起秦始皇，哪兒哪兒都像。儒生，原來不敢講，現在都說，他的禮，制度不合，方位不合，處處不合儒經。

西漢晚期，武帝舊禮，時罷時復，時復時罷，最後，還是王莽出來，把它徹底廢了。從此，祭不出郊，要祭，也是在家門口擺幾個壇，像北京六壇那樣，不知省了多少錢。皇帝省事，大臣省事，老百姓也可喘口氣。

中國古代的郊祀，本來是小郊祀。漢武帝的地盤太大，為了控制領土，他的郊祀是大郊祀。王莽把大郊祀改成小郊祀，意義很大。後世都是小郊祀，這是他的遺產。

王莽的歷史遺產，對後世影響很大。大在哪裡？主要是他把官方宗教和民間宗教分了開來。天

---

85 馮友蘭也是個文化保守主義者。他說：「經學在以後歷史上中國思想中之地位，如君主立憲國之君主。君主固『萬世一系』，然其治國之政策，固常隨其內閣改變也。」見他的《中國哲學史》，北京：中華書局，一九六一年，上冊，四八九頁。

地祖宗，皇帝親祭，跟老百姓無關；天下山川，派員致祭，也跟老百姓無關。

漢武帝的宗教政策是「計畫經濟，一統即死」，王莽把它廢了，一風吹，就像中國改革開放初期，農村包產到戶，小商品經濟，放開就是，黃老之術，聽其自生自滅。但廢了也有廢了的問題。這事鬧到東漢，留下後遺症。中國的上層，皇上、儒生倒是高興了，但老百姓的信仰沒人管。國家不管，人家自己管。所以我們看到，東漢時期，很像二十世紀八〇年代的氣功熱，有個借術立教的高潮。

然後，大家都知道，還有一場惡補，是把小教納入大教。釋之入，道之興，就是乘虛而入，填補這個空白。佛教、道教是大教，對整合宗教有意義。但中國即使有了大教，也是二教並立，下面有各種小教，所有教都在官僚化的學者和學者化的官僚（即所謂「儒教」）控制之下。中國的宗教大一統是個打了折扣的大一統。

漢以後，中國的局面是什麼？

我們有國家大一統，有學術大一統，但沒有宗教大一統。中國的宗教，一直是多元化的格局，和西方正好相反。[86]

大一統當然專制。國家大一統是專制，宗教大一統也是專制。

現在，大家都說，民主好，專制壞，民主再不好，也是萬般無奈的最佳選擇，民主是個好東西。[87]其實，古人的感覺正好相反，他們說，專制才是萬般無奈的最佳選擇，專制才是好東西。現在的道理不能當過去的道理，過去的道理也不能當現在的道理。[88]

過去，專制可是個硬道理，硬到讓你絕望。

無可奈何的東西，為什麼還要反對？而且一代一代，總是有人反對。這是個很有意思的問題。

你只有理解歷史的漫長、宏大、沉重和壓迫感，你才能理解文學的力量。

九、中國人的精神世界

有「大一統」，就有挑戰「大一統」。

柳宗元寫過〈封建論〉，毛澤東非常欣賞。

西周封建和秦併天下，是中國的古典對立。歷史上，圍繞孔夫子和秦始皇的爭論，就是以此為背景。

秦始皇是政治上的勝利者，精神上的失敗者。孔夫子是政治上的失敗者，精神上的勝利者。

秦始皇，從「千古一帝」到「千古罪人」，他本人想不到。孔夫子從「喪家狗」到「大成至聖

---

[86] 西方，十八世紀，苦於宗教大一統和國家四分五裂，曾豔羨中國，用中國的這兩條批判他們的宗教專制和國家封建；十九世紀，隨著「西風壓倒東風」，他們又掉過頭來批中國，重返古典虛構，即上面說的「西方民主，東方專制」論。其實，分裂和統一，在歷史上一直是互為表裡，大有大的難處，小有小的苦惱，既不能以東西分，也不能以善惡分。此不可不察也。

[87] 民主是利益多元化的反映，專制是利益一元化的反映，都是代表利益，本無所謂好壞。

[88] 歐洲革命是以四分五裂的歐洲封建為背景。他們的革命，是先借專制反封建，奉中國為榜樣（十八世紀），再借民主反專制（十九世紀）。我們的革命（二十世紀的革命），背景不一樣，背景是兩千年的專制帝國，無封建可反（早就反完了）。我們是搭歐洲革命的快車，直接反專制。兩者是殊途同歸。中國所謂的「專制」一詞，據研究翻譯史的學者考證，其實是翻譯西人的 absolutism（今多譯為「絕對主義」）。這個詞，恰好是「封建」（feudalism）的對立面。中國的「封建專制」，猶言「分裂的統一」，實為不辭。

先師」，他本人也想不到。

歷史上，圍繞這組對立，有很多爭論，一直爭到現在。

這是一份精神遺產。

說到中國人的精神世界。有一點我想說明，政治家和老百姓，不讀書的人，或讀書不多的人，他們也有他們的精神世界。

知識分子，上有天，下有地。天是領導，地是群眾，他們是夾在中間。阮籍說，他是褲襠裡的蝨子。

知識分子是從事精神生產的，但中國人的精神世界，並不等於中國知識分子的世界。

我們要知道，「大一統」的「統」是統治者的「統」。統治者控制人民，頭一條就是控制知識分子的大腦。學術大一統，就是把知識分子的大腦統一起來，統一到尊孔—讀經—做官這條道上來。文官考試是中國的一大發明，很靈。只要上了這條道，就不會犯上作亂。這是一個精神世界。

還有一個精神世界是老百姓的精神世界。我們要知道，宗教多元化，同樣是為了控制老百姓。只要不造反，你愛信什麼信什麼。

其實，這兩條都是為了防止造反。

古人說，「撫我則后，虐我則讎」（《書・泰誓下》），[89]國君對我好，我拿他當國君，國君對我壞，我拿他當死敵。這是典型的中國傳統。

古人說，「君者，舟也。庶人者，水也。水則載舟，水則覆舟」（《荀子》的〈王制〉、〈哀公〉），[90]國君是船，百姓是水，水可以把船托起來，也可以把它翻個個兒。這也是中國的傳統。

中國的老百姓最有反抗精神。統治者除了怕天，最怕老百姓。

中國這條大船，歷史上，每個朝代都載一次又覆一次。載舟是民，覆舟也是民。古代貴民，就是承認老百姓有這個力量。「貴」從「怕」生，既怕沒有水，船就划不動，又怕水漲船高，最後把船給翻了。孔子如此，孟子如此，他們都怕老百姓。這不叫「民主」，這叫「怕民主」。❾¹

統治者都怕民主。

一部羅馬史，從頭看到尾，老百姓最最需要什麼？統治者說，麵包和馬戲。吃喝、娛樂之外，最後還得加一條，基督教。老百姓，沒飯吃，會造反；有勁兒沒處使，會造反。孤苦無告，也會造反。

麵包、馬戲加宗教是消解革命的好辦法。羅馬皇帝後來信了基督教。[92]有了基督教，才算齊活。但他們信教是為了安撫百姓，我們尊孔是為了安撫知識分子。

統治者的本事，全在消化造反。

知識分子，即使貴為「四民」之首，也還是民。只要不當官，就是民。更不用說被仕途拋棄的知識分子。

古代社會，知識分子的主要任務就是「愚民」，但「愚民」的「民」也包括知識分子。

[89]〈泰誓〉是《古文尚書》中的一篇，古人常引這話（如《貞觀政要》卷三）。

[90]這話兩見於《荀子》，據說是孔子聽什麼前輩講，不是魏徵的發明。

[91]民主制的對立面是貴族制。古典意義的民主，從一開始就是非貴族，反貴族。學者說，孔子、孟子倡民主，秦始皇反民主，根本不對。孔子、孟子是平民，他們反而熱衷於恢復貴族制。秦始皇是貴族出身，他卻以軍功立國，選官不問出身，徹底摧毀了貴族制的社會基礎（注意：是貴族制的社會基礎，而不是貴族王權）。

[92]阿育王皈依佛教是歷史上的類似事件。漢武帝獨尊儒術也有相似性，但儒學不同於佛教和基督教，它是知識分子的理想寄託，跟大眾信仰無關。

研究中國歷史，研究中國人的精神世界，魯迅說，讀經不如讀史，讀史不如讀野史，很有道理。我有一個建議，經常跟漢學家講，你要想了解中國人的精神世界，讀小說比讀古書更直截了當。小說是我的「四書五經」。我讀小說，不光當文學讀，還當思想讀。

小說的奧妙，是它最有反抗精神。

中國小說，傳統分三大類：英雄（屬「講史類」）、兒女（屬「人情類」）、神怪（也叫「神魔類」）。它對中國的大一統，特別是精神大一統，有很好的回答。

明代有四大奇書：《三國演義》、《水滸傳》、《西遊記》、《金瓶梅》，清代有兩大奇書：《儒林外史》、《紅樓夢》。除《儒林外史》，都可歸入這三大類。

這六本書是中國小說的經典，不可不讀。

《三國演義》：主題類型是「英雄」。「英雄」一詞，出自《太公》、《三略》（古代的陰謀書），三國那陣兒最流行。當時，「天下英雄誰敵手，曹劉，生子當如孫仲謀」（辛棄疾〈南鄉子·登京口北固亭有懷〉）。「英雄」是什麼人？政治家，陰謀詭計一大套，能掐。老百姓拿《三國演義》當兵法，跟諸葛亮學智慧，也是學掐。說起「英雄」，我們要注意，這個詞跟亂世直接有關，專門指的就是亂世英雄。亂世英雄，前因是「大一統」，後果也是「大一統」。破壞「大一統」，再造「大一統」，離了「英雄」不行。這書，開頭是「桃園結義」，結尾是「三分歸一統」。「一統」是司馬氏的天下，三家全白掐。這書，講忠義，關老爺是道德榜樣，但好人不得好報。關羽被害，張飛被害，諸葛亮也是「出師未捷身先死，長使英雄淚滿襟」（杜甫〈蜀相〉）。作者同情的蜀漢是以失敗而告終。這個結尾好。

《水滸傳》：主題類型也是「英雄」。這是另一類英雄，草莽英雄。「逼上梁山」，分兩種人：上等人，宋江為代表；下等人，李逵為代表。無論上下，層次都比《三國演義》低。他們一塊兒造反，想法不一樣。林沖夜奔，「手提著殺人刀，走一步，哭嚎啕」，「專心投水滸，回首望天朝」，這是不得已。宋江上山，也是不得已。他們都是「只反貪官，不反皇帝」（毛澤東語）。李逵造反，打打殺殺，沒有目標，就是幫宋大哥奪了鳥位，也不知道該幹什麼。宋江倒是有目標，「殺人放火受招安」，最高理想是招安。他們喝了朝廷的毒酒，下場很慘。英雄，越是含冤抱恨，百姓越心疼。這個結尾也好。

《西遊記》：主題類型是「神怪」。我說過，「神怪」類型的小說是中國古代的「科幻小說」（science fiction），[93]雖然這書，「幻」則有之，「科」則全無。盧梭講自由，說是生而自由，這是虛構。中國的自由也是虛構。孫悟空是中國的自由神。他的自由精神，給我留下深刻印象，一生抹不掉。但這種精神只在開頭。很長時間，我一直覺得，這書，也就前五回有勁，後面特沒勁。這也是個先造反後招安的故事，虎頭蛇尾，主要講蛇尾。孫悟空，「超出三界外，不在五行中」，特能搗亂，特能破壞，「大鬧天宮」，痛快。但這只是鋪墊。「西天取經」才是重頭戲，絕大部份是娛樂，近乎科幻的娛樂，好像抻長的電視劇，九九八十一難，回回差不多。結尾也庸俗，孫悟空給唐僧當保鏢，最後封了個「鬥戰勝佛」。當年他造反，是造玉皇大帝的反，不是造如來佛的反，但誰把他壓在五行山下？那可是如來。如來很鬼，懂得轉移法，你不是要打打殺殺嗎？好，咱們給你安排一下。擒妖打鬼，九九八十一難，一路打打殺殺，正好釋放他的暴力傾向。孫悟空，自從西天取經，前後判若兩猴，鞍前馬後，好像一條狗。這種結局，是造反者的宿命，和《水滸》差不多。

[93] 李零〈當代《封神榜》——機器人與人機器〉，收入他的《放虎歸山》，太原：山西人民出版社，二〇〇八年，五三一—六一頁。

《金瓶梅》：主題類型是「兒女」。「兒女」是男女關係。男女關係，場景有二，一是家庭，二是妓院，有皮肉爛淫，有兒女情長。這也是一大類型。此書寫一男三女，先宣淫，再戒淫，寓戒於宣，這是個講故事的套子。很多言情小說都有這個套子。學者說，這叫世情小說，不叫色情小說，甚至下定義，床上描寫，如果刪掉，不影響情節發展，叫世情小說；影響，叫色情小說。我不這麼看。色情、愛情，都是人情，都是世情，彼此不是水火關係。此書既寫色情，也寫世情，其實是一部敗家史。中國人寫家，總是陰盛陽衰，綱常倒轉，男人敗在女人和小孩的手裡。這有強烈的象徵意義。

《儒林外史》：專寫讀書人的命運，自成一類。讀書人，「自古華山一條路」，唯一出路是當官。馬二先生說，拆字、算命、教館、作幕都不是正路。只要不應試，不當官，就沒有出路。吳敬梓筆下，儒林枝頭，沒幾個好鳥。好人主要在一頭一尾。開頭，王冕不當官，靠什麼生活，一是賣卜測字，二是畫畫。他有個預言，自從有了八股取士，「貫索犯文昌，一代文人有厄」。結尾，「四大高士」，都是市井中人，琴、棋、書、畫各一位。它的開頭結尾都是讚美隱士。隱士精神，上承《論語·微子》，源遠流長，代表的是中國文人的「人文幻想」。我也有這種幻想，幻想有個上不仰領導鼻息，下不阿群眾所好，四壁圖書的「星級監獄」。他批判的不僅是八股取士的科舉制，而且是學術大一統和知識分子的宿命，了不起。[94]

《紅樓夢》：主題類型也是「兒女」，和《金瓶梅》一樣，也講敗家史。但講法不同，色情、愛情、人情、世情，啥都有，但主要不是色情。他借用了《金瓶梅》的概念，所謂「因空見色，由色生情，傳情入色，自色悟空」，最後是「悟空」。但這只是個講故事的俗套，並無深義，當時的言情小說，幾乎都這麼講。[95]賈寶玉，生於脂粉堆，長於脂粉堆，是個出類拔萃的「敗家子」，以賈政的觀點看，當然是「敗家子」。賈府，外面是男人當家，裡面是女人當家，陰盛陽衰，二爺的脾氣是這麼慣出來的。[96]他喜歡弱女子，討厭臭男人，男人的「正路」，他根本看不起。這是對「家」的叛逆。越劇《紅樓夢》有段唱詞，我喜歡。「看不盡滿園春色富貴花，聽不完獻媚殷勤奉承話，誰知園中另有人，偷灑珠淚葬落花。」他喜歡林妹妹，林妹妹也不合群。他們都是「家」的叛徒。這書，結局是什麼？只能是寶玉出走，離開這個「家」。這是用另一種方式寫「家」，滴水見太陽。《金瓶梅》的「家」寫什麼？《紅樓夢》的「家」寫什麼？它寫的是咱們這個中國，咱們這個大家呀。它象徵著明清社會，中國這個大家，大廈將傾，無可奈何。

中國的眾生相，從男到女，從家庭到社會，從社會精英到普羅大眾，從經濟、政治到宗教、文化，小說無所不包。中國近代文學，巴金的《家》，錢鍾書的《圍城》，很多小說，還有這個靈魂的影子。

病，有小病，有大病，有絕症。人患絕症，無藥可醫，總不會坐著等死。病篤才會亂投醫。西藥不靈，他會吃中藥；中醫不行，他會求巫醫。病人總是在這三者間轉磨磨。政治家也往往如此，傳統不靈，他會求現代，資本主義不靈，他會求社會主義，社會主義不靈，他會再求傳統，也是轉磨磨。誰都以為，世上一定有包治百病的藥，沒準兒藏在哪裡。

其實，生老病死，誰也躲不過，一勞永逸包治百病的藥，根本就沒有。

[94] 閱讀此書，可與《野叟曝言》比較。後書是正統儒家和迂腐書生的狂想曲。

[95] 浦安迪講明代「四大奇書」，特別強調「色空」，尤其是孫悟空對「空」的超越，但我以為，這不過是明代小說的一個套子。參看：〔美〕浦安迪《明代小說四大奇書》，沈亨壽譯，北京：生活．讀書．新知三聯書店，二〇〇六年。

[96] 中國的末代皇帝，也都是這麼慣出來的。

上述小說，大部份都無解，結尾很無奈。終極關懷，難免無奈，這是小說的深刻處。

「大一統」是個幾千年的大發明，是個幾千年都搬不動的大石頭。體系嚴密，有利也有弊，中國人該如何面對？

這是最重要的思想史。

讀小說，你會發現，中國人很滑，中國人也很活，讓你又恨又愛。

我對中國人是愛恨交織。

讀小說，你才知道，中國人的精神深處一直有一種挑戰精神，它對所有權威都是有限承認，儘管屢戰屢敗，它卻屢踣屢起。

它敢挑戰各種「天經地義」：挑戰鬼神，挑戰皇帝，挑戰禮法，挑戰規則，百折而不撓。

二〇〇九年十二月十六日在秦始皇帝陵博物院演講
二〇一〇年一月四日據演講稿改寫於北京藍旗營寓所
二〇一四年八月十七日再次修改
二〇一五年七月十五日定稿

（原載《東方早報·上海書評》，二〇一〇年四月十八日—六月十三日）

周原甲

兩周族姓考（上）

歷史都是倒追其事。中國的族源傳說之所以頭緒紛繁，每個帝都有很多出生地，每個帝都足跡遍天下，原因是各個族姓的子孫經常遷徙流動，「或在中國，或在蠻夷」（司馬遷常這樣說），每個國族都從自己的角度追溯，整個故事是一種晚期拼合版。

古人怎樣追溯自己的族源？主要靠兩周的族姓制度。

一、族姓制度

兩周首先是西周。東周是西周的延續。

西周在中國歷史上地位太重要。中國有哪些國、哪些族、哪些城、哪些邑，基本上是到這一段才看出點眉目。研究歷史地理，大家都能感受到這一點。

西周是儒家的「理想國」。孔子是魯國人，魯國以周公為祖。他的周公之夢是夢想恢復周公定鼎的天下，即西周大一統。王國維的〈殷周制度論〉就是描述這個夢。[97]

西周大一統，核心是什麼？是它的族姓制度。我們從銅器銘文看，商人用族徽別族，周人用族姓別族，確實不一樣。商人的族徽也有區別不同國族的功能，但他們沒有西周式的族姓制度。這種制度是以女姓（帶女字旁的姓）標識不同的國族。王國維說，女姓是周人的一大發明。[98]

族姓很重要。中國早期的歷史都是按「帝系」、「世本」，即貴族的族譜、家譜來寫。比如《史記》，它的框架，主幹是帝王的世系（即十二本紀），分支是諸侯卿大夫的世系（即三十世家），名人傳記（即七十列傳）是隸屬於這種世系。研究這一段，地緣和血緣分不開。

《堯典》有「百姓」。「百姓」一詞，不僅見於《詩》、《書》，也見於兩周銅器銘文，當時很流行。「百姓」，金文作「百生」，姓是表示「生」。人都是女人所生，生字加上女字旁就是「姓」，「百」只是極言其多。

娶妻避同姓。姓，不光為了別族，跟異姓聯姻，也被用來認同，看兩個不同的族氏是否有共同的祖先。周人，男稱氏，女稱姓。不管姓或氏，都可沿父系往上追，追到頭，一定有個男始祖。男始祖前面還有個女始祖。女始祖前面，只有神，沒有人。

姓是不同族氏間互相認同和識別的標誌。金文中的姓都是帶女字旁的姓，只冠於女人的名字前，只在女人的稱謂上才能看到，但男人的氏，後面照樣有姓。姓是男女共同的認同標誌和識別標誌。

古書中的姓，本來與氏有別，但戰國秦漢以來，血緣被地緣稀釋，姓與氏逐漸混融，很多人已分不清姓和氏，如司馬遷就經常以姓為氏，以氏為姓，需要甄別。

金文中的姓，全部都是帶女字旁的姓，但帶女字旁的字不一定全是姓，有些是人名，也需要甄別。

[97] 王國維〈殷周制度論〉，收入《王國維遺書》，上海：上海古籍書店，一九八三年，第二冊：《觀堂集林》卷十，一一—一五頁。案：此文不光是王氏的學術論文，也是他的政治宣言。他主張君必世襲，臣必選賢。學者對此文的批評往往集中在他是否誇大了殷周制度的差別，但他的根本用意卻在論定中國君主制的設計如何完美，如何優越。

[98] 〈殷周制度論〉，一二頁。

目前，兩周金文中的姓，與文獻對照，核實下來，大約只有十七個，加上文獻有而金文尚未發現的姓，總數在二十個左右（詳下附錄一）。

讀《世本》，我們不難發現，姓很少，氏很多。姓以下，分很多氏。他們跑來跑去，流動性很強，遷徙能力超出我們的想像。這些不同的氏，同出一族，相距遙遠，怎麼認同？不同的族，密邇相處，怎麼識別？全靠姓。國與國，族與族，家與家，不但靠姓來認同，來識別，還靠姓來通婚，來會盟，把不同的姓串連在一起。周人就是用這種辦法，聚少成多，變小為大，造就其「普天之下，莫非王土」（《詩經·小雅·北山》）。

古代世界，早期貴母重舅。貴母重舅是比較原始的習俗。

兩周計統是按父系，但母系也很重要。早期，婚姻關係是外交關係，媽媽是誰，舅舅是誰，非常重要。當時，娶媳婦，嫁閨女，女人的名字照例要冠姓，齊國的姑娘嫁到周，她的姓只有一個，但氏有兩個，既可以叫齊姜，也可以叫周姜，齊是母氏，周是夫氏，在婆婆家是一個叫法，在娘家是另一個叫法。

周代，男人只稱氏，不稱姓，與女人不同。但他們也有兩種身份。比如一個男孩，他爸爸是周人，媽媽是齊人，從爸爸這邊講，他叫周某，是周家的人，但若住在姥姥家，對舅舅而言，他叫齊甥，屬於姻親和外戚。《左傳》常見某甥，如莊公六年，楚文王伐申過鄧，他媽媽是鄧國的女兒，鄧國有三大夫，騅甥、聃甥、養甥，主張殺掉他。鄧祁侯不肯，說楚文王，「吾甥也」，我怎麼可以殺自己的外甥。這三個甥，杜預說「皆鄧甥，仕於舅氏」，為了區別其他鄧甥，才叫騅甥、聃甥、養甥。騅甥、聃甥、養甥是省稱，全稱應該是鄧騅甥、鄧聃甥、鄧養甥，比如桓公九年傳的「鄧養甥、聃甥」，就是這麼叫。這是他們在姥姥家的叫法。它是把母氏擱在上邊，父氏放在下邊。

這種甥，西周金文常見，已有學者收集有關辭例，做專門討論。[99]它分兩種，一種是「母氏＋生」，一種是「母氏＋父氏＋生」。[100]凡單稱「某生」者，一般都是從姥姥家講，哪國媽媽生的孩子就叫哪國之甥。

《左傳》，群公子爭立，失敗者逃亡，往往都是往姥姥家跑。不僅女人有娘家，男人也有娘家。男人和女人都有兩個家。歷史是男人、女人各一半。

二、西周世系

（一）男始祖

西周世系是男本位。周人的男始祖是棄。棄的意思是棄兒。棄兒的傳說很普遍，世界各國都有。[101]古人說，堯舉棄為農師，號曰后稷，是個管農業的官，后稷之興，在唐、虞、夏之際，其母姜嫄，相傳是有邰氏女，帝嚳元妃（《史記·周本紀》）。周人擅長農業，一度從農區跑到牧區，又從牧區返回農區。人類早期，定居生活和游牧生活往往交叉，彼此有過渡關係。

---

[99] 張亞初〈西周金文所見某生考〉，《考古與文物》一九八三年第五期，八三—八九頁。

[100] 前者，例子很多，不煩列舉。後者，如鄧柞生匜提到的「鄧柞生」，見中國社會科學院考古研究所編《殷周金文集成》（修訂增補本），北京：中華書局，二〇〇七年，第七冊，五五〇六頁：一〇二二八（原書稱「鄧公匜」）。

[101] 如猶太先知摩西、波斯的居魯士大帝，羅馬的羅慕路斯、雷穆斯。

（二）先周世系

棄—不窋—鞠—公劉—慶節—皇僕—差弗—毀隃—公非—高圉—亞圉—公叔祖類—古公亶父（太王）—季歷（公季、王季）—西伯昌（文王）

【案】見《史記·周本紀》。

周人的活動範圍主要在岐山南北、涇渭之間。據說，棄本居邰（在陝西武功），跟姜姓的有邰氏住在一起。不窋失官，奔戎狄之間，翻越岐山而遷居涇水上游。慶節都豳（在陝西旬邑），又跟姞姓的密須成為鄰居。古公亶父（太王）自豳遷岐（在陝西岐山），翻越岐山，定居周原，重返渭水流域，從此才叫周。狹義的周原在扶風、岐山，廣義的周原還包括武功、鳳翔。周人有三大都邑，曰岐周、宗周、成周，從西向東排列，每個都邑都是雙城。太王、王季居岐，住在岐山腳下的周原上，是為岐周。岐周旁邊有旁京。旁京，西周金文作蒡京，《詩·小雅·六月》作方。這是最西邊的都邑，有兩座城。[102]然後，周人東進，滅畢程氏（《逸周書·史記》），佔領渭水北岸，即秦都咸陽一帶。畢即畢原（咸陽北阪），附近有程。然後，繼續東進，滅豐、鎬二國，佔領渭水南岸。文王都豐，武王都鎬，是為宗周。豐京在灃水西，鎬京在灃水東，都在陝西西安市的長安區，也是兩座城。武王克商後，成王營建東都洛邑，王城在瀍水西，成周在瀍水東，還是兩座城。

（三）西周十二王

武王—成王—康王—昭王—穆王—共王—懿王—孝王—夷王—厲王—宣王—幽王

【案】見《史記·周本紀》。

三、通婚背景

周人早期住在陝西西部，主要與五個姓通婚，一是西方的姜姓，二是北方的姞姓，三是東方的任姓、姒姓和祁姓。

（一）女始祖

古人追溯族源，往往以母系的祖先為源頭，[103]周人的男始祖是棄，女始祖是姜嫄，姜嫄生棄，在棄之先。棄的配偶是姞姓。

【案】姜為羌姓，世代與姬姓通婚，估計是娶自申、呂。棄娶姞姓女，估計是娶自密須。《左傳》宣公三年：「石癸曰：『吾聞姬、姞耦，子孫必蕃。姞，吉人也，后稷之元妃也。』」王國維指出，戎狄亦有姓，姜姓是氐羌之姓，媿姓是鬼方之姓，允姓是玁狁之姓，[104]這是他的大貢獻，但他把鬼方與昆夷、玁狁視為一系卻不妥。陳夢家批評說：「王國維的〈鬼方考〉，對於鬼方一事的考

---

[102] 西周金文有斥邑。斥在眉縣，疑讀岸，指周原南坡。西周金文經常提到周王「館蒡京」，館字，原從食從宛，應讀館驛之館。蒡京似在以東，是周王往來於岐周、宗周之間，在路上歇腳的地方。

[103] 如夏的男祖先是禹，禹母脩己是己姓；商的男祖先是契，契母簡狄可能是媿姓。楚的男祖先是季連，季連之母為鬼方氏妹，曰女嬇，女嬇亦媿姓。

[104] 說見王國維〈鬼方昆夷玁狁考〉，收入《王國維遺書》，上海：上海古籍書店，一九八三年，第二冊，《觀堂集林》卷十三，一—一二頁。案：王氏所考，姜為氐羌之姓，媿為鬼方之姓，乃學界公認。仿此，玁狁即允姓之戎，也是合理推論。狄，字亦作翟。狄分赤狄、白狄，赤狄出自鬼方。古本《竹書紀年》：「武乙三十五年，周王季伐西落鬼戎，俘二十翟王。」「西落鬼戎」，他本又作「鬼侯國」，《戰國策．趙策三》有鬼侯、鄂侯、文王為紂三公說。西落鬼戎即鬼侯國，毫無疑問是鬼方。季歷伐之，既言俘二十翟王，可見翟與鬼方是一回事。

定，是有重大的貢獻的。但他其實受了〈五帝本紀〉索隱的暗示。索隱說『匈奴，別名也，唐虞已上曰山戎，亦曰薰粥，夏曰淳維，殷曰鬼方，周曰獫狁，漢曰匈奴』，此外他加入了混夷，以為凡此一切都是鬼方。這種混同，是不對的。獫狁是允姓之戎，和鬼方是不同的種族。《孟子．梁惠王下》『文王事昆夷……大王事獯鬻』，明二者非一。」[105]

（二）周室三母

太姜：太王妻。

【案】姬、姜通婚，主要是與申、呂通婚。

太任：王季妻。

【案】任，金文作妊，有女旁。太任即摯任，摯在河南平輿，為商代古國。

太姒：文王妻。

【案】姒為夏姓。太姒出自莘，莘在陝西合陽，離山西很近。

（三）周王十二后[106]

武王后：邑姜。

【案】邑姜見《左傳》昭公元年，杜預注：「邑姜，武王后，齊太公之女。」齊太公是封齊以後才有的稱謂，原名呂牙，字尚父，也叫呂尚。[107]

成王后：王姒。

康王后：王姜。

昭王后：王祁（房后）。

穆王后：王俎姜。

共王后：？

懿王后：王伯姜。

孝王后：？

夷王后：王姞。

厲王后：申姜。

宣王后：？

幽王后：申姜、褒姒。

【案】西周十二王的王后，除打問號的三王不詳，姜姓六位，姒姓兩位，祁姓、姞姓各一位。姜姓娶自申（初在陝西寶雞，後遷河南南陽）、呂（初在陝西寶雞，後遷河南南陽），姒姓娶自莘（在陝西合陽）、褒（在陝西漢中），祁姓娶自房（在河南遂平），姞姓可能娶自密須（在甘肅靈台）。周與姜姓聯姻，此其所以興，亦其所以亡。申姜是幽王元妃。幽王寵愛褒姒，廢申后，導致申、繒夥同犬戎攻滅西周。姒姓是夏遺民，本來住在山西、河南，後來擴散到陝西、山東，入陝西

105 陳夢家《殷墟卜辭綜述》，北京：科學出版社，一九五六年，二七五頁。案：清中葉以來，四裔之學興，清季尤為士子所重。王國維說的「五大發現」，有三大發現皆與西北史地有關。法國學者和日本學者之所以看重王國維，主要看重的是他的西北史地研究，而不是他的商周古史研究。〈鬼方昆夷玁狁考〉考匈奴起源，是其西北史地研究中涉及年代最早的一篇。

106 參看謝乃和〈金文中所見西周王后事蹟考〉，《華夏考古》二〇〇三年第三期，一四二—一五二頁。

107 邑，古文字與予、呂相似，所謂邑姜，也有可能是呂姜之訛。

者莘、褒，入山東者杞（初在河南杞縣，後遷山東新泰）、繒（字亦作鄫，初在河南方城，後遷山東蘭陵，與滅周之繒不是一回事）。姒姓的重要性僅次於姜姓。姬姜聯姻是為了其西境的安全，姬姞聯姻是為了其北境的安全，姬姒聯姻和姬祁聯姻則是為了向東擴展。

四、文武賢臣

周人打天下，首先靠的是自己身邊的小圈子，即一批可以信賴的賢臣和他們的族眾。他們多半是同姓或有通婚關係的異姓。

（一）文王賢臣

1. 文王四友

《書·君奭》：「惟文王尚克修和我有夏，亦惟有若虢叔，有若閎夭，有若散宜生，有若泰顛，有若南宮括。」

陳壽祺輯校《尚書大傳》卷二：「散宜生、閎夭、南宮适三子者，學乎太公。太公見三子，知為賢人，遂酌酒切脯，除為師學之禮，約為朋友。」「文王以閎夭、太公望、南宮括、散宜生為四友。」

《漢書·古今人表》上中仁人類有太顛、閎夭、散宜生、南宮括，顏師古注：「太顛以下，文王之四友也。」

【案】文王四友，說法不一。〈君奭〉的文王功臣是五人，有泰顛，無太公望，多虢叔。《尚書大傳》的文王四友，有太公望，無泰顛。〈古今人表〉的文王四友有太顛，無太公望。虢叔是文王弟。散宜生出散國，散國在寶雞。南宮括出虞國，虞國估計也在寶雞（詳下「八虞二虢」條）。泰顛，亦作太顛，或即下「二蔡」之一。[108] 閎夭，不詳所出。

2. 尹氏八士、太師三公

《逸周書・和寤解》：「厲翼于尹氏八士。」

《逸周書・武寤解》：「尹氏八士，太師三公，咸作有績，神無不饗。」

【案】「尹氏八士」，或說即下「周有八士」。「太師三公」，太師是師尚父，即太公呂尚，三公是周公、召公、畢公。

3. 周有八士

《論語・微子》：「周有八士：伯達、伯適、仲突、仲忽、叔夜、叔夏、季隨、季騧。」

【案】八士分兩支，伯仲叔季各一人。楊慎《升庵集》卷四九〈八士考〉疑此八人出自南宮氏，「伯達」、「仲忽」即《逸周書・克殷》之「南宮百達」、「南宮忽」，而「伯適」即《書・君奭》之南宮括。我懷疑，這裡的「周有八士」即下「八虞」。吳就是虞。「八虞」可能是太伯、仲雍之後的某一代，兩支各四子。南宮括就是第二支的老大。

---

[108] 蔡國的蔡字，古文字是借太字為之。太即釱之本字，古文字像人正面立，如大字形，而鉗其手足。當然，還有一個可能，太顛出自夨國。太與夨也字形相近。

4. 二虢、二蔡、八虞、辛甲、尹佚

《國語．晉語四》「文公問于胥臣」章，胥臣對曰：「……（文王）孝友二虢，而惠慈二蔡，刑（型）于大姒……于是乎用四方之賢良。及其即位也，詢于八虞，而諮于二虢，度于閎夭，而謀于南宮，諏于蔡、原，而訪于辛、尹，重之以周、邵、畢、榮，億寧百神，而柔和萬民。」

【案】「孝友二虢」，韋昭注：「文王弟虢仲、虢叔。」下文「二虢」含義同。「惠慈二蔡」，韋昭注：「文王子，管叔初亦為蔡。」似以「二蔡」為管叔鮮、蔡叔度，不知有何根據。王引之《經義述聞．國語下》疑之，謂蔡與祭通，以「二蔡」為祭公，似乎祭很早就有。但《左傳》僖公二十四年：「凡、蔣、邢、茅、胙、祭，周公之胤也。」祭是周公之後，不可能早到文王時。「刑（型）于太姒」，韋昭注：「文王妃。」即下武王「亂臣十人」中的文母。「八虞」，韋昭注引賈逵、唐固說，謂「周八士，皆在虞官，伯達、伯適、仲突、仲忽、叔夜、叔夏、季隨、季騧」，是以〈微子〉篇的「周有八士」為這裡的「八虞」，可能性很大，但「八虞」與「二虢」並列，恐怕不是八位虞官，而是虞國的八位賢臣。「度于閎夭，而謀于南宮」，韋昭注：「皆周賢臣。……南宮，南宮適。」「諏于蔡、原，而訪于辛、尹。」韋昭注：「蔡，蔡公。原，原公。辛，辛甲。尹，尹佚。皆周太史。」蔡公、原公為文王子，為姬姓。辛甲出自莘（在陝西合陽），為姒姓，可能與太姒為同族，韋昭以為周太史。尹佚即古書中的史佚、作冊佚，尹是作冊尹的省稱，作冊是史官之長。佚是私名，字亦作逸，此人既為史官之長，確實相當周太史。「重之以周、邵、畢、榮」，韋昭注：周，周文公。邵，邵康公，即召公奭。畢，畢公。榮，榮公。

5. 鬻熊

【案】周之與國，包括鄂西山區和江漢流域的國家，楚亦其中之一。《漢書・藝文志・諸子略》有《鬻子》二十二篇，班固自注：「名熊，為周師，自文王以下問焉，周封為楚祖。」

（二）武王賢臣

武王有「亂臣十人」，見《書・泰誓》和《論語・泰伯》，孔安國注：「十人也，謂周公旦、召公奭、太公望、畢公、榮公、太顛、閎夭、散宜生、南宮適也，其餘一人，謂文母也。」

【案】周公旦，據說是文王嫡子，武王的同母兄弟。召公奭，文王十六子中沒有這個人，不詳所出。相傳武王克商後，周、召二公為王朝卿士，分陝而治。陝即河南三門峽市陝縣境內的陝原。周公旦治陝原以東，負責前線軍務；召公奭治陝原以西，負責後勤補給。太公望是呂尚的號，意思是「吾太公望子久矣」（《史記・齊太公世家》），「太公」不是爵稱，「望」不是名字。他的名是牙，字是尚父。據《左傳》僖公四年引召康公（即召公奭）之命，太公封齊，「五侯九伯」都歸他管，權力很大。周武王娶太公女，太公是武王的岳父。畢公即畢公高。據清華楚簡〈耆夜〉篇，他是武王戡黎的大功臣，跟山西有不解之緣。其後裔畢萬是三晉魏國的始祖。橫水大墓，畢姬與赤狄中的馮氏通婚，讓人聯想，魏氏之名或即得自媿姓之地[109]。榮公，周厲王時有榮夷公，但西周金文只有榮伯。《書・賄肅慎之命》序：「成王既伐東夷，肅慎來賀，王俾榮伯作〈賄肅慎之命〉。」《逸周書・王會》有「榮氏」。榮氏封邑在陝西戶縣。太顛、閎夭、散宜生、南宮適，見上「文王四友」，武王時仍為王室重臣。文母即太姒，古代打天下，妻族很重要。

[109] 李零〈馮伯與畢姬——山西絳縣橫水西周墓M2和M1的墓主〉，《中國文物報》二〇〇六年十二月八日第七版。

五、滅商背景

其次，周人取天下，是依託自己周邊的國家和翦除商人周邊的國家。

（一）牧誓八國

庸：在湖北竹山。

蜀：在四川成都。

羌：在甘青地區。

髳：在四川漢源。

微：在四川眉山。

盧：在湖北南漳。

彭：在湖北房縣。

濮：在湖北西部。

【案】武王誓師牧野，八國與誓，見《書·牧誓》。孔傳：「八國皆蠻夷戎狄屬文王者國名。羌在西。蜀，叟。髳、微在巴蜀。彭、盧在西北。庸、濮在江漢之南。」[110]這八個國家，羌在甘青，蜀在四川成都，髳即犛牛羌，在四川漢源，微與眉古音相近，在四川眉山。這四支屬氐羌系，在周的西面或西南。其他四支偏東，與楚、鄧鄰近，可能屬百濮系。庸在湖北竹山，盧即盧戎，在湖北南漳，彭在湖北房縣，濮在江漢之間。[111]《華陽國志·巴志》：「周武王伐紂，實得巴、蜀之師，著乎《尚書》。巴師勇銳，歌舞以凌殷人，前徒倒戈，故世稱之曰『武王伐紂，前歌後舞』也。武王既克殷，以其宗姬封于巴，爵之以子。」《逸周書．王會》篇提到巴人以比翼鳥來會，在成王時。《後漢書．南蠻列傳》說巴郡閬中有板楯蠻，天性勁勇，能為武王伐紂之歌。但〈牧誓〉八國，只有濮，沒有巴。我懷疑，巴與濮鄰近，也許是濮人的一支，武王克商後始封。《左傳》昭公十三年提到楚共王妾曰「巴姬」。巴的統治者是姬姓，但民眾是當地土著。《國語．鄭語》說「楚蚡冒于是乎始啟濮」，楚之崛起是以開發濮地為背景。這八個國家與下文王伐九邦的九邦不同，不是周人伐滅的國家，而是周人依託的國家。巴蜀後來屬秦，鄂西後來屬楚，二者都是從陝西包抄中原的戰略要地。[112]

（二）文王伐九邦

上博楚簡《容成氏》提到文王伐九邦：豐、鎬、舟、石、于、鹿、耆、崇、密須。這九國是周人從寶雞地區東進，先後所滅所服。[113]

[110] 孔傳「彭、盧在西北」，承上文「巴蜀」，指巴蜀西北，孔疏釋為「在東蜀之西北也」。

[111] 參看顧頡剛〈牧誓八國〉，收入氏著《史林雜識初編》，北京：中華書局，一九六三年，二六—三三頁。案：八國舊說在巴蜀、鄂西。髳即犛牛羌，在四川漢源一帶，說出清張澍《蜀典》，微在眉山，說出清張龍甲、呂調陽《彭縣志》。顧氏不取，而謂髳即茅戎，在山西平陸，微即陝西眉縣，不如舊說合理。

[112] 清沈垚《落帆樓文集》卷二四〈庸蜀羌髳微盧彭濮考〉：「夫以關中東並者，西必兼巴蜀。惠王用兵金牛，通於五土。沛公得漢狼弧，定夫三秦。魏師入成都，而江陵不支。元兵取川蜀，而荊湖告急。井絡天彭，天下險阻。周武東伐，而以師來屬者有庸、蜀、羌、髳、微、盧、彭、濮八國，則已舉唐之山南、劍南二道及江南道之黔中地而盡屬周矣，又何待孟津魚躍、牧野鷹揚，而始歎師之無敵哉。」

[113] 馬承源主編《上海博物館藏戰國楚竹書》（二），上海：上海古籍出版社，二〇〇二年，二四七—二九三頁。

1. 西土三國

密須：在甘肅靈台。

豐：在陝西西安長安區灃河西。

鎬：在陝西西安長安區灃河東。

2. 東土六國

舟：在河南新鄭。《國語・鄭語》：「禿姓舟人，則周滅之矣。」

崇：即嵩高，在河南登封。

鹿：在河南嵩縣。

于：字亦作邘、盂，在河南沁陽。

耆：金文作楷，在山西長治和黎城、潞城一帶。

石：在河北鹿泉。

六、存亡繼絕

西周坐天下靠三大法寶：存滅繼絕、封建親戚、柔遠能邇。

存亡繼絕，語出《論語・堯曰》，原話是：「興滅國，繼絕世，舉逸民。」第一條是復興被滅亡的國家。第二條是不絕其後，務必把亡國之君的後代請出來，嗣續香火，維持原來的祀統，以安撫其族眾。第三條是舉用前朝的賢臣名士，請他們出來做官，維持行政管理的連續性。政權更迭，這三條最重要。

戰國和漢代的古書說，武王克商，未及下車，馬上褒封了一批古國之後：封神農之後於焦（姜姓），封黃帝之後於薊（可能是姞姓）或祝（任姓），封帝堯之後於黎（祁姓），封帝舜之後於陳（媯姓），封大禹之後於杞（姒姓），封成湯之後於宋（子姓）。[114]

姜姓，傳出神農。焦即譙縣，在安徽亳州。

姞姓，傳出黃帝。薊在北京西南，疑即姬姓封燕前姞姓南燕的故地。南燕是姞姓。

任姓，傳出黃帝。祝在山東寧陽。

祁姓，傳出唐堯。黎，古書或作耆，在山西黎城、潞城、長治一帶。據黎城塔坡墓地出土的銘文，金文作楷。[115]

媯姓，傳出虞舜。舜都蒲阪，在山西永濟，本來是姚姓。夏封舜子商均於商，在河南商丘附近的虞城。舜的後代主要在河南東部和山東。西周的虞，山西平陸的虞，是從西土遷來的姬姓之虞。[116]

---

[114] 見《禮記·樂記》、《呂氏春秋·慎大》、《史記·周本紀》和《史記·樂書》。「封神農之後於焦」見〈周本紀〉，〈樂記〉、〈慎大〉、〈樂書〉無。「封黃帝之後」和「封帝堯之後」句，〈樂記〉、〈樂書〉作「封黃帝之後於薊，封帝堯之後於祝」，〈慎大〉作「封黃帝之後於鑄，封帝堯之後於黎」，〈周本紀〉作「封黃帝之後於祝，封帝堯之後於薊」。薊在燕地，姬姓封燕前，燕可能是姞姓，姞姓是黃帝十二姓之一。鑄即祝，任姓，任姓也是黃帝十二姓之一。這裡兩存其說。堯是祁姓，黎在山西，可能最初是祁姓，祝、薊恐非堯後，〈慎大〉、〈周本紀〉誤。案：黃帝十二姓為姬、酉、祁、己、滕、箴、任、荀、僖、姞、儇、依，見《國語·晉語四》，其中姬、祁、己、任、姞是姓，己也有可能是巳之誤，讀為姒，酉可讀姚，可能也是姓，其他大概是氏。

[115] 中國國家文物局主編《二〇〇七中國重要考古發現》，北京：文物出版社，二〇〇八年，四〇—四五頁。

[116] 司馬遷說，太王三子，太伯、仲雍奔吳，以讓季歷。他說的吳，可能只是寶雞吳山附近的虞，並非江蘇之吳。我懷疑，南宮氏所出的八虞，也許是太伯、仲雍之後，與武王為平輩。周章封吳是封江蘇之吳，虞仲封虞是封平陸之虞，約在成、康之際。

兩者不是一回事。舜之後，陳為大，初在柘城，後遷淮陽。陳為媯姓，媯姓是從姚姓分出。西周金文，既有姚姓，也有媯姓。媯姓可能是姚姓的分支。

姒姓，傳出夏禹。杞在河南杞縣，後遷山東新泰。《詩・鄘風・桑中》：「美孟弋矣。」弋姓與魯通婚，估計也在山東。《左傳》襄公四年、定公十五年有「定姒」，為魯襄公母，《公羊》、《穀梁》二傳作「定弋」。弋姓可能是姒姓之別。杜預以定姒為杞女，但山東姒姓，除了杞，還有鄫，鄫在蘭陵，定弋也可能是鄫女。[117]舊說弋、姒音近為通假字。但弋姓，金文作，與姒是兩個不同的字。

子姓，傳出成湯。武王克商，封紂子祿父於殷，把殷地分為邶、鄘、衛，設管、蔡、霍三監鎮撫之。周公平定武庚三監之亂後，始封紂之庶兄微子啟於宋。金文沒有子姓，《春秋》始見子姓。

古人說：「天子建德，因生以賜姓，胙之土而命之氏。」（《左傳》隱公八年）周人賜姓命氏，是以姬、姜聯盟為核心，為樣板，向四外推廣的一套人為設計。姓是血緣關係，氏是地緣關係。地緣關係是罩在血緣關係之下。上面是姓，下面是氏，氏是姓的分支。

我們要知道，就現已發現的材料看，周代以前還沒有這套制度。古國，不管多古老，只要沒有後代，沒有周人的追賜，就沒有姓。只有留下後代，而且與周人聯姻或互通聘問的國家，周人才根據其族源，賜之姓，命之氏。

上述七姓，可能是利用原來的族氏。姜姓的姜是加了女字旁的羌，與族名有關。或說姜姓以姜水名，恐怕相反。祁姓源自伊祁氏，堯為伊祁氏，亦作伊耆氏，與氏名有關。舜居媯汭，媯姓得自水名。姒姓和子姓，《史記・五帝本紀》索隱引《禮緯》有一種解釋，「禹母脩己吞薏苢而生禹，因姓姒氏。而契姓子氏者，亦以其母吞鳦子而生」，不可信。姒（字或從司）在商代是女子的尊稱，本義是女姓之長。子在商代是男子的尊稱，本義是男性之長。這兩個字原來只是尊稱。[118]周人怎樣利用這類族名，加上女字旁，把它變成一套各族普遍適用的族姓制度，細節不盡可知。但周人是這套制度的發明者，還是可以肯定。

七、封建親戚

封建親戚，語出《左傳》僖公二十四年，原話是「周公弔二叔之不咸，故封建親戚以蕃屏周」。「親」是同姓，即姬姓國。「戚」是與周通婚的異姓，首先是姜姓。

《國語·晉語四》講黃帝十二姓，首姓是姬，其中沒有姜，姜姓屬於炎帝系統。黃、炎是兩個不同系統。

〈晉語四〉講這兩大系統，強調的是相反相成，相和相濟。它說：「黃帝以姬水成，炎帝以姜水成。成而異德，故黃帝為姬，炎帝為姜。二帝用師以相濟也，異德之故也。異姓則異德，異德則異類，異類雖近，男女相及，以生民也。同姓則同德，同德則同心，同心則同志，同志雖遠，男女不相及，畏黷故也。」這裡，每個族有每個族的「德」，「德」是與生俱來，與「生」有關，相當秉性。所以古人說，「天子建德，因生以賜姓」。

民國以來，漢族尊炎黃，其實尊的是姬姜聯盟。漢藏語系的存在，本身就可以證明，華夏與氐羌，關係最密切。

---

[117] 莒有嬴姓之莒、己姓之莒、曹姓之莒，姒姓之莒則未聞。何休以定弋為莒女，可能與《公羊傳》襄公五年「莒女有為鄫夫人者」這句話有關。王引之《經義述聞·春秋公羊傳》認為，此句有誤，原文當作「鄫女有為莒夫人者」。

[118] 裘錫圭〈說「婤」〉，《裘錫圭學術文集》甲骨文卷，上海：復旦大學出版社，二〇一二年，五二三—五二六頁。

（一）同姓

1. 文王十六子

(1)《左傳》僖公二十四年：「管、蔡、郕、霍、魯、衛、毛、聃、郜、雍、曹、滕、畢、原、酆、郇，文之昭也。」

(2)《左傳》昭公二十八年：「昔武王克商，光有天下。其兄弟之國者十有五人，姬姓之國者四十人，皆舉親也。」

【案】前說無武王，是否武王未即位，住在酆，酆就是指武王？後說是武王加武王兄弟十五人，為十六人。文王十六子，有魯無燕，魯指周公，但召公闕如，是否召公非文王子，只是同族？

2. 文王十子

《史記·管蔡世家》：「武王同母兄弟十人。母曰太姒，文王正妃也。其長子曰伯邑考，次曰武王發，次曰管叔鮮，次曰周公旦，次曰蔡叔度，次曰曹叔振鐸，次曰成叔武，次曰霍叔處，次曰康叔封，次曰冉季載。」

《左傳》定公四年：「武王之母弟八人，周公為太宰，康叔為司寇，聃季為司空，五叔無官。」

【案】上文王十六子，其實是嫡子八人，庶子八人，各一半。嫡子是太姒所生，庶子是其他女人所生。伯邑考早卒，[119] 文王死後，武王即位，不在「武王之母弟八人」中。如果加上這兩人，就是

「武王同母兄弟十人」。「武王母弟八人」是武王一母同胞的八個弟弟。他們，周公當過太宰，康叔當過司寇，聃季當過司空，皆王朝卿士。「五叔無官」是說其他五人沒有在王室任職。管、蔡、霍三叔是武王克商後設立的三監，三監都是侯，屬於外臣，不算官。郕、曹小伯，只有封邑，遠在王畿之外，也不算官。郕同成，聃同冉。

3. 武王四子

《左傳》僖公二十四年：「邘、晉、應、韓，武之穆也。」

4. 周公六子

《左傳》僖公二十四年：「凡、蔣、邢、茅、胙、祭，周公之胤也。」

5. 姬姓之國五十五

《荀子・儒效》：「（周公）兼制天下，立七十一國，姬姓獨居五十（三）〔五〕人。」[120]

【案】周初封建，包括武王封建和周公封建。這裡是講周公封建。周公平定武庚、三監之亂，武庚、管叔身死國除，剩下的國家和新封的國家，一共有七十一國。這七十一國，姬姓之國佔五十五個，異姓之國佔十六個。姬姓五十五國，首先應包括文王之子十六國，武王之子四國，周公

---

119 《史記・殷本紀》正義引《帝王世紀》，謂伯邑考質於殷，紂烹為羹，賜文王，文王食之，蓋小說家言。

120 據上引《左傳》昭公二十八年，原文「五十三」是「五十五」之誤，參看梁啟雄《荀子簡釋》，北京：中華書局，二〇〇九年，七八頁。

之子六國，其次可能包括西土東遷的虞、芮、虢，太伯之後的吳，召公之後的燕，漢陽諸姬的曾、唐，以及巴。[121]除去這些，其他小國，還應有二十一國。

（二）異姓

周公封建，異姓十六國可能包括三類，第一類是與周通婚的申、呂、齊、許（姜姓），第二類是武王褒封的焦（姜姓）、薊（姞姓？）、祝（任姓）、黎（祁姓？）、陳（嬀姓）、杞（姒姓）、宋（子姓），第三類是其他，如東方的薛（任姓）、郝（曹姓）、莒（己姓），西方的中潏氏（秦、趙之祖，嬴姓，國名不詳），南方的楚（羋姓）、鄧（曼姓）。[122]

八、柔遠能邇

柔遠能邇，語出《書·顧命》。「柔遠」是懷柔遠人，[123]「能邇」是親善近人。這樣的話也見於西周銅器大克鼎。[124]

古人把人分為兩種，一種住得比較遠，屬於所謂「蠻夷戎狄」；一種住得比較近，屬於所謂「中原諸夏」。中原諸夏有姓，蠻夷戎狄也有姓。

蠻夷戎狄，對華夏而言，當然是「他者」。他們的名字，加蟲旁，加犬旁，當然有歧視之義，但王國維以為，它們都是中原諸夏的叫法，非其本名，恐不盡然。

1. 東夷和南淮夷

夷本作人。東夷是住在東方的人，主要在山東；南淮夷是住在山東以南和淮水流域的人，主要在江蘇、安徽和河南。[125]用「某地之人」作族名，在世界上很普遍。東夷有風、嬴二姓，南淮夷和群舒有嬴、偃二姓。風姓，金文從女從凡，風、凡是通假字。嬴、偃可能只是夷字的對音。夷，字本作人。人，膠東讀yin。偃姓在金文中尚未發現。

2. 西戎

分姜姓之戎和允姓之戎。姜姓之戎也叫姜戎。姜姓是氐羌之姓。申、呂、齊、許是姜姓之戎入事於周的四支，他們的背景是氐羌。申，也叫申戎，與姜姓之戎關係更密切。允姓之戎，即獫狁或犬戎，他們可能與中亞印歐人即所謂塞種有密切關係。允姓並非祝融八姓的妘姓。這個姓在金文中

121 《左傳》襄公二十九年：「虞、虢、焦、滑、霍、楊、韓、魏，皆姬姓也。」其中霍已見上文王之昭十六國，楊、魏晚出。

122 西周末年，鄭桓公問史伯何所逃死，史伯對曰：「王室將卑，戎狄必昌，不可偪也。當成周者，南有荊蠻、申、呂、應、鄧、陳、蔡、隨、唐，北有衛、燕、狄、鮮虞、潞、洛、泉、徐、蒲，西有虞、虢、晉、隗、霍、楊、魏、芮，東有齊、魯、曹、宋、滕、薛、鄒、莒，是非王之支子母弟甥舅也，則皆蠻夷戎狄之人也。」（《國語・鄭語》）其中的異姓國家主要是南方的申、呂、楚、鄧、陳，東方的齊、宋、薛、鄒、莒，以及白狄鮮虞和若干赤狄國家，不包括秦、趙。可與此處對比。

123 中國的邊塞城市多以這類詞彙命名，如撫順、懷柔、順義、懷來、靖邊、定邊、武威、歸化、綏遠。北洋水師的軍艦也是以鎮遠、定遠一類名稱來命名。

124 《殷周金文集成》（修訂增補本），第二冊，一五一五頁：○二八三六。

125 南淮夷，也可以寫成淮南夷，是南夷和淮夷的合稱。

尚未發現。王國維懷疑，戎人稱戎，可能與兵戎有關，不一定，我們也不排除它是譯音的可能。

3. 南蠻

巴、濮、楚、鄧，當周之南，在長江流域的古國中，最接近中原。他們的背後，還有百濮、百越、廩君種、盤瓠種等等。楚、鄧與巴、濮為鄰，可能與百濮有關。蠻通曼，又通縻，古人或以簡慢、羈縻釋之，皆望文生義。《周禮·夏官·職方氏》有「四夷八蠻、七閩九貉、五戎六狄」之說，鄭玄注：「閩，蠻之別也。」蠻、閩是古人對南方民族的泛稱。楚是芈姓，鄧是曼姓，或即蠻、閩之對音。[126]

4. 北狄和北戎

狄亦作翟。狄分三系：赤狄、白狄、長狄，赤狄媿姓，白狄姬姓，長狄釐姓。媿姓是鬼方之姓，以族為姓，加女字旁。姬姓與周姓同。釐姓可能與萊夷有關，[127]亦以族為姓，但未加女字旁。赤狄，起源於南西伯利亞。其後裔有狄歷、丁零、敕勒、高車、鐵勒等不同名稱。他們是突厥系各族的前身。[128]狄可讀逖或逷。王國維懷疑，狄人稱狄，可能與逖遠之義有關，或指狄人住在遠方，或指把狄人趕到遠方，這是從漢字的字面含義理解。其實，中外學者多已指出，狄、狄歷、丁零、敕勒、鐵勒、突厥皆「Türk」一詞的不同譯音，[129]實與逖遠之義無關。北戎，從古人的描述看，活動中心相對偏東。他們可能是鮮卑—蒙古系各族的前身。北戎深入中原者可能是姞姓。[130]

戎狄頗有姬姓者，如陝西有驪戎（也叫麗土之狄），山西有大戎，河北有屬於白狄的鮮虞、肥、鼓、中山，它們都是姬姓的戎狄。周人本身，可能也是姬姓戎狄的一支。

西周之興，是靠戎狄打天下。西周之亡，也是亡於戎狄之手。可見華夏和戎狄是不打不成交，互為主客，根本分不開。

126 陳夢家《殷墟卜辭綜述》，二九九頁。

127 舒大剛已有此疑，見氏著《春秋少數民族分佈研究》，台北：文津出版社，一九九四年，五三頁。

128 關於鬼方、丁零、高車、鐵勒等族的源流和關係，可參看段連勤《丁零、高車與鐵勒》，桂林：廣西師範大學出版社，二〇〇六年，一—四二頁。

129 關於這些族名與Türk一詞的關係，可參看《丁零、高車與鐵勒》三四—三五頁引用中外學者的有關討論。

130 東夷、南蠻、西戎、北狄，古稱四裔。裔是邊緣，引申為邊疆。這四個詞雖有互借混用之例，如北可稱狄亦可稱戎，南可稱蠻亦可稱夷，但西只稱戎不稱狄，東只稱夷不稱蠻。俞偉超認為，早期中國確有這種四分的概念，並從考古角度總結出早期中國的四大集團：夏夷聯盟、商狄聯盟、周戎聯盟、楚越聯盟，每個集團都是中原諸夏與蠻夷戎狄的聯盟。參看氏著〈早期中國的四大聯盟集團〉一文（收入他的《古史的考古學探索》，北京：文物出版社，二〇〇二年，一二四—一三七頁）。案：商人的女始祖雖為簡狄，但夏與狄，商與夷，關係更密切。

兩周族姓考（中）

九、族姓分佈：雍梁區

西周列國，可大別為三種：一種是周王賜給內服王臣的采邑和封地，舊稱畿內封國；一種是周王封建的諸侯國，其實是周人的軍事佔領區和武裝殖民區；[131]一種是商代留下的古國或周人改姓易封的古國。

這三種國常被混淆。比如東周初年，鄭、虢為王朝卿士，他們的采邑和封地，跟諸侯國完全不同，跟商代留下的古國也不一樣，但在《左傳》的敘事結構中，三者的界限逐漸模糊。

這些國家，特點是夷夏雜處，夏含夷，夷含夏，與五胡十六國非常像。

夏起中原，《禹貢》九州是以冀州為中心，但周起西土，主要與《禹貢》的雍、梁二州有關。[132]這裡先講雍梁區，即中國的西部。

《禹貢》雍州大體相當陝甘寧。陝甘寧是周、秦和西戎的活動範圍；梁州大體相當秦嶺山區和川滇黔，則是巴、蜀和西南夷的活動範圍。雍州和梁州之間比鄰青海。青海與兩州都有關聯。

雍之西境在敦煌，西通新疆、中亞；北境在額濟納旗，北通蒙古高原。梁之西境在松潘黑水，東境在華山南麓，相當秦嶺山區加川滇黔。

（一）陝西

姬姓：周（周公采邑，舊說在岐山）、召（召公采邑，舊說在岐山）、畢（畢公采邑，舊說在咸陽畢原）、榮（榮伯采邑，舊說在戶縣）、虞（疑在寶雞、千陽一帶）、芮（疑在隴縣和甘肅華亭一帶）、虢（西虢，疑在寶雞、鳳翔一帶）、蔡（不詳）、酆（在西安市長安區）。

【案】周人自邰遷豳又自豳遷岐，活動範圍大體在旬邑、岐山之間。周人居豳，曾與密須為鄰。密須在甘肅靈台，與慶陽、平涼近，秦伐西戎，義渠為大，就是盤踞在這一帶。周人稱周，始自古公遷岐。舊說，周人之興是以文王「決虞芮之訟」為標誌。虞以吳山名，芮以芮水名。吳山在寶雞西北，是汧水流經的地方，又名岍山或汧山。芮水源自甘肅華亭的關山東麓，東流，經崇信，在涇川注入涇水。芮水不是這一帶的汭河，而是汭河南面的黑河。這裡的虢是西虢，有別於東遷的三虢。西虢在寶雞虢鎮，即舊寶雞縣，今陳倉區，但銅器銘文中有「鄭虢」，秦都雍城有大鄭宮，鄭在鳳翔原上。

姜姓：申（疑初在寶雞，後遷南陽）、呂（疑初在寶雞，後遷南陽）。

【案】姜姓之國，申、呂、齊、許最有名，號稱「四嶽之胤」。四嶽有二說，一說吳山（在陝西寶雞），一說霍山（在山西洪洞）。吳山也叫吳岳、岳山，在陝西。霍山也叫太岳山，在山西。姜姓之戎歸附周，與周聯姻，最初只有申、呂二國。齊、許是從呂分出，[133]武王克商後才封於東方。

[131] 凡稱某侯，即使很小，也帶有軍事性質。

[132] 《左傳》昭公九年，詹桓伯有言：「我自夏以后稷，魏、邰、芮、岐、畢，吾西土也。」春秋晚期，魏在山西芮城，芮在陝西大荔，畢在陝西咸陽，邰在陝西武功，岐在陝西岐山，大體在渭水、南河一線。

[133] 齊出於呂，眾所周知。許出於呂，見清華楚簡《封許之命》。參看李學勤主編《清華大學藏戰國竹簡》（五），上海：中西書局，二〇一五年，下冊，一一七—一二三頁。

舊說呂在山西，與霍山或呂梁山有關，申在陝北，與《山海經．西次四經》的申山、上申之山、申首之山和申水有關，不僅離姜戎故地太遠，與岐周也有相當距離，恐怕不是最初所在。顧頡剛說，五嶽起於四嶽，四嶽起於吳山，吳山一帶才是申、呂故地，很有道理。[134]我懷疑，申、呂初在寶雞。申近關山驛路，與隴西的西戎更近。呂則可能在清姜河上，離岐周更近。

嬴姓：秦（在寶雞）、梁（在韓城）。

【案】嬴姓本是魯地土著。《史記．秦本紀》有嬴姓十四氏，徐、郯、莒、終黎、運奄、菟裘、將梁、黃、江、脩魚、白冥、蜚廉、秦、趙。徐國在江蘇泗洪。郯國在山東郯城。莒國，分曹姓、嬴姓、己姓。曹姓之莒見《國語．鄭語》，年代最早。嬴姓之莒在山東膠州，年代次之。己姓之莒在山東莒縣，年代最晚。《左傳》隱公二年疏引《世本》，謂莒，己姓，紀公以下為己姓，不知誰賜之姓。張澍輯本疑為宋衷注。莒紀公見《左傳》文公十八年、《國語．魯語上》，可見前六〇九年後，莒國為己姓。終黎即鐘離國，在安徽鳳陽。運奄氏可能是奄人的一支。奄為商邑，也叫商奄或商蓋。商奄是嬴姓祖庭，魯都曲阜就是建在商奄故地。或說運即鄆。鄆為魯邑，西鄆在鄆城，東鄆在沂水。菟裘亦魯邑，在山東新泰。將梁疑即少梁。少梁嬴姓，在陝西韓城。[135]黃國在河南潢川。江國在河南正陽。脩魚即修魚，韓邑，在河南原陽。白冥不詳。蜚廉為秦、趙二國之祖。蜚廉之後，秦國在陝西寶雞，趙國在山西洪洞。嬴姓西遷，分四支，趙在霍山腳下，梁在龍門口上，大駱之族在隴山西側，秦在隴山東側。秦從大駱分出，大駱之族被滅後，秦代替了大駱之族。

祁姓：杜（在西安）。

【案】唐為商邑，相傳是帝堯之都。舊說在臨汾西南，學者或以襄汾陶寺遺址為唐國的中心。成湯也叫成唐，其都曰亳。武王滅唐，周封叔虞於唐，遷其民於杜，杜在西安三兆村南，也叫唐杜、蕩杜和亳。

姒姓：莘（即有莘，在合陽）、褒（在漢中）。

【案】姒姓來自山西、河南。莘是太姒所出，褒是褒姒所出。辛甲出於莘。據叔向父簋，莘國之莘，金文從女從辛。[136]

姬姓之狄：驪戎（在臨潼）。

【案】驪戎姬姓，可能是白狄的一支。[137]《國語·晉語四》：「公說，乃行賂於草中之戎與麗土之狄，以啟東道。」韋昭注：「二邑戎狄，間在晉東。」「草中之戎」，疑指茅戎。「麗土之狄」，《呂氏春秋·不廣》作「驪土之翟」，應即驪戎。驪戎以驪山名。驪山在陝西臨潼。臨潼有驪山、戲水。驪山也叫戲山。[138]

考古發現：夨（在寶雞）、散（在寶雞）、𢐗（在寶雞）、井（在寶雞）。

【案】夨，有關發現主要在隴縣、千陽和寶雞市區的汧水兩岸，夨王簋蓋出土於寶雞賈村原，可能是夨的中心。[139]散，據散氏盤，與夨有土地糾紛，地土相鄰。[140]寶雞西南有大散關。散季簋「散

---

[134] 顧頡剛〈「四嶽」與「五嶽」〉，收入氏著《史林雜識初編》，三四—四五頁。

[135] 漢有將梁侯，國在河北清苑，不是這個將梁。

[136] 《殷周金文集成》（修訂增補本），第三冊，二〇五七—二〇六二頁：〇三八四九—〇三八五五。

[137] 或說驪戎是犬戎之一支，見舒大剛《春秋少數民族分佈研究》，一九二—一九五頁。案：犬戎非姬姓之戎。《六韜》等書所謂「犬戎之文馬」，《史記·周本紀》作「驪戎之文馬」，未必可靠。我懷疑，司馬遷可能是以「文馬」為「麗馬」，「麗馬」為「驪馬」，未必可當驪戎即犬戎的證據。

[138] 《史記·秦本紀》提到秦武公元年伐彭戲氏。正義說彭戲氏為「戎號也，蓋同州彭衙故城是也」，彭衙在陝西白水縣。驪戎或與彭戲氏有關。

[139] 《殷周金文集成》（修訂增補本），第三冊，二〇七四頁：〇三八七一。

[140] 《殷周金文集成》（修訂增補本），第七冊，五四八六頁：一〇一七六。

季肇作朕王母叔姜寶簋」，[141]散季的祖母既然是姜姓，可見散絕非姜姓。散與夨互相通婚。散伯簋「散伯作夨姬寶簋」，[142]似應理解為散伯嫁女於夨，散是姬姓。同樣，夨王簋蓋「夨王作鄭姜尊簋」，也應理解為夨王嫁女於鄭，夨是姜姓。[143]張政烺先生指出，散是姬姓，夨是姜姓，[144]很正確。散即散宜生之散，與周同族。夨王則可能是姜戎之王或呂王。𢐗，有三處發現。紙坊頭墓地在渭河以北、金陵河以西，約在武、成之際。[145]竹園溝墓地在渭河以南、清姜河東岸，約在康、昭之際。[146]茹家莊墓地也在渭河以南、清姜河東岸，約在穆、共之際。[147]據茹家莊墓地的出土銘文，𢐗伯與井姬是夫婦，[148]可見𢐗非姬姓，很可能是姜姓。[149]井分鄭井、豐井，這裡的井是鄭井。鄭井在鳳翔（鄭是地名），豐井在西安市長安區的灃河西岸。鄭井、豐井是西土之邢，東封之邢在河北邢台。另外，寶雞過去發現的鬥雞台墓地和最近發現的石鼓山墓地，隔河相望，出土器物十分相似，[150]學者推測，可能也是姜姓的墓地。申、呂在哪裡，一直是個謎。姬姜通婚，早期主要是申、呂。早期的申、呂不可能在南陽，應與周人鄰近。南陽的申、呂是後遷。

（二）甘肅、寧夏

嬴姓：大駱之族（在甘肅禮縣）。

【案】司馬遷說，秦、趙皆出中潏，中潏之父為戎胥軒，母為酈山之女，是申侯的女祖先，中潏「在西戎，保西垂」，早在商代就已住在隴山西側（《史記·秦本紀》）。中潏生蜚廉，蜚廉有二子，惡來一支是秦所出，季勝一支是趙所出。惡來生女防，女防生旁皋，旁皋生太幾，太幾生大駱。大駱有二子，成與非子。成是申侯之女所生，為嫡子，繼承大駱，周封非子於汧渭之會，是為秦。但清華楚簡《繫年》有不同記載，謂秦人這一支（即大駱這一支）是成王平定武庚三監之叛，伐商蓋（曲阜），殺蜚廉，遷商蓋之民於朱圉山才有。[151]

姞姓：密須（在甘肅靈台）。

【案】密須姞姓，也可單稱密。[152]后稷的配偶是姞姓，估計就是娶自密須。不窋以下的十二位先公全都住在豳，也一定與密須通婚。但文王伐九邦，其中有密須，密須是被周人滅掉。武王克商後

---

[141] 《嘯堂集古錄》，五二頁，見《宋人著錄金文叢刊初編》，北京：中華書局，二〇〇五年，六七一頁。

[142] 《殷周金文集成》（修訂增補本），第三冊，二〇〇四—二〇〇七頁：〇三七七—〇三七八〇。案：散伯匜見第四冊，五四九三頁：一〇一九三，與此同組；散姬方鼎見第二冊，一〇九〇頁：〇二〇二九，為劉體智舊藏，散、姬二字寫法怪異，疑偽。

[143] 清沈垚《落帆樓文集》卷二四〈庸蜀羌髳微盧彭濮考〉：「夫以關中東並者，西必兼巴蜀。惠王用兵金牛，通於五土。沛公得漢狼弧，定夫三秦。魏師入成都，而江陵不支。元兵取川蜀，而荊湖告急。井絡天彭，天下險阻。周武東伐，而以師來屬者有庸、蜀、羌、髳、微、盧、彭、濮八國，則已舉唐之山南、劍南二道及江南道之黔中地而盡屬周矣，又何待孟津魚躍、牧野鷹揚，而始歎師之無敵哉。」

[144] 張政烺〈夨王簋蓋跋〉，《古文字研究》第十三輯，北京：中華書局，一九八六年，一七四—一八〇頁。

[145] 胡智生等〈寶雞紙坊頭西周墓〉，《文物》一九八八年第三期，二〇—二七頁；寶雞市考古研究所〈陝西寶雞紙坊頭西周早期墓葬清理簡報〉，《文物》二〇〇七年第八期，二八—四七頁。

[146] 盧連成、胡智生《寶雞𢐗國墓地》，北京：文物出版社，一九八八年。

[147] 盧連成、胡智生《寶雞𢐗國墓地》，北京：文物出版社，一九八八年。

[148] 《殷周金文集成》（修訂增補本），第五冊，三六四六頁：〇五九一三。

[149] 學者指出，這三批墓葬有蜀文化的因素。其實，蜀人本身就屬於氐羌系。

[150] 任雪莉《寶雞戴家灣商周銅器群的整理與研究》，北京：線裝書局，二〇一二年；石鼓山考古隊〈陝西寶雞石鼓山西周墓葬發掘簡報〉，《文物》二〇一三年第二期，四—五四頁；陝西省考古研究院等《周野鹿鳴——寶雞石鼓山西周貴族墓出土青銅器》，上海：上海書畫出版社，二〇一四年。

[151] 李學勤主編《清華大學藏戰國竹簡》（貳），上海：中西書局，二〇一一年，下冊，一四一—一四三頁。

[152] 鳳雛甲骨提到「密」（字從宀從雙戈，無山旁），即密須。參看曹瑋《周原甲骨文》，北京：世界圖書出版公司，二〇〇二年，九〇頁：H11:136。

的密須是姬姓。但就連這個密須，後來也被周恭王滅掉。《國語·周語上》：「恭王游于涇上，密康公從，有三女奔之。其母曰：必致之于王。……康公不獻。一年，王滅密。」韋昭注：「康公，密國之君，姬姓也。」這以後，河南新密又有個密，也是姬姓。新密是對舊密而言。甘肅靈台白草坡出土過一批西周銅器，銘文有潶（？）伯、⿰阝𢀩伯等字樣。[153]我懷疑，這批東西不大可能屬於姞姓密須。因為西周只有姬姓密須，沒有姞姓密須，姞姓密須已經滅亡。當然，僅憑現有材料，我們也不能肯定靈台白草坡的墓地就是屬於姬姓密須，因為銘文證據還不夠。我懷疑，⿰阝𢀩字的聲旁乃亂字所從，可能是阮國之阮。亂是來母元部字，阮是疑母元部字，古音相近。《詩·大雅·皇矣》：「密人不恭，敢拒大邦。侵阮徂共，王赫斯怒。」阮、共在甘肅涇川，是密須旁邊的小國。文王伐密須，藉口就是它侵略了這兩個小國。《竹書紀年》記載過這一事件。

姜姓之戎：氐羌（主要在青海、甘肅）。

允姓之戎：獯鬻、獫狁、犬戎（主要在河西走廊和隴山兩側）。

【案】西戎分兩大系統：一個系統是姜姓之戎，來源是青藏高原的氐羌；一個系統是允姓之戎，來源是新疆、中亞的塞種（Saka，屬印歐人），[154]或塞種與北亞人種的混合種。據《史記·秦本紀》、《後漢書·西羌列傳》，秦滅西戎的西戎主要分佈在陝甘寧三省：亳戎、彭戲、小虢、大荔在陝西，邽戎、冀戎、綿諸、緄戎、翟戎、獂戎、義渠在甘肅，烏氏、朐衍在寧夏。秦滅西戎，其結果，上述西戎不是被同化，就是被驅離或遷置，從此銷聲匿跡。漢以來，西戎的概念被西羌代替，《後漢書·西羌列傳》的西羌主要指青海的河湟諸羌。

（三）青海

《書・禹貢》提到「三苗」：崑崙、析支（亦名賜支）、渠搜（亦名渠叟）。崑崙主要活動於河首，即巴顏喀喇山一帶。析支主要活動於賜支河曲，即阿尼瑪卿山一帶。渠搜主要活動於湟中一帶。

【案】《禹貢》「三苗」屬於氐羌，與苗瑤無關。據《後漢書・西羌傳》，秦漢羌戎出自無弋爰劍種。氐、羌，古書往往並稱，當作一個詞，但兩者仍有區別。《逸周書・王會》提到「氐羌以鸞鳥」，孔晁注：「氐地之羌不同，故謂之氐羌，今謂之氐矣。」童恩正的解釋很有意思，他說「氐地之羌」是「低地之羌」。[155]氐是低地之羌，鄰於漢區或移居漢區，與漢民雜處，主要分佈在甘肅東南，還有一部份遷居川滇黔，成為各種西南夷。羌是高地之羌，遠離漢區，以游牧為主，主要在青藏高原，特別是河湟地區。今之羌為古之氐，今之藏為古之羌。王明珂說的「羌在漢、藏之間」，[156]其實以古代的概念講，是「氐在漢、羌之間」。

（四）四川、雲南、貴州

巴、蜀、西南夷主要活動於川滇黔。

【案】巴、蜀常並舉，但巴近湖北而蜀近甘青。巴出廩君種，與百濮關係近，屬南蠻系。蜀出

---

[153] 甘肅省博物館文物工作隊〈甘肅靈台白草坡西周墓〉，《考古學報》一九七七年第二期，九九—一三〇頁。

[154] 希臘人叫斯基泰人（Scythians，希臘語作 Σκύθαι）。

[155] 童恩正《古代的巴蜀》，成都：四川人民出版社，一九七九年，五六—五七頁。

[156] 王明珂《羌在漢藏之間——川西羌族的歷史人類學研究》，北京：中華書局，二〇〇八年。

叟族，與西戎關係近，屬氐羌系。巴、蜀都包括很多族。[157]秦滅巴、蜀，設為巴、蜀二郡，巴、蜀被同化。《史記》、《漢書》只有〈西南夷列傳〉，所謂西南夷，不包括巴、蜀。《後漢書‧南蠻西南夷列傳》分南蠻和西南夷。西南夷，概念同西漢，主要指蜀郡的徼外蠻，即白馬氐、冉駹、徙、僰、邛都、筰都、夜郎、滇、昆明、嶲、哀牢夷。南蠻主要指武陵郡、長沙國、零陵郡的盤瓠種（如武陵蠻、長沙蠻、零陵蠻），巴郡的廩君種和板楯蠻，以及今越南境內的徼外蠻。漢代所謂西南夷，與今白、彝等族有關；所謂盤瓠種，與今苗、瑤等族有關；所謂廩君種和板楯蠻，可能與今佤、布朗、德昂等族有關；越南境內的徼外蠻，則與今壯、侗等族有關。

十、族姓分佈：冀豫兗區

《禹貢》的冀、豫、兗三州是夏、商二國的核心地區。武王克商後，周人的統治中心和它的北土主要在這一範圍。周的北境比較模糊，但至少可達河北北部、山西北部和遼東半島。

（一）山西南部

姬姓：唐—晉（初封唐，後封晉，晉在翼城、曲沃、侯馬一帶）、霍（在霍州）、楊（在洪洞）、賈（在襄汾）、北虢（即下陽，在平陸）、虞（在平陸）、芮（初都芮城，後遷陝西大荔）、魏（初都芮城，後遷夏縣）、冀（在河津）、耿（在河津）、韓（初都河津，後遷臨汾）、荀（在新絳）、郇（在臨猗）、黎（在黎城、潞城、長治一帶）。

【案】晉在洛陽北。大同到洛陽，是自古胡騎南下的大通道。平王東遷，「晉、鄭是依」

（《國語．周語中》）。晉據夏地，與戎狄雜處，是拱衛洛邑的戰略要地。唐叔虞先封唐，後封晉，類似衛康叔先封康丘，後封衛。《史記．鄭世家》「遷實沈于大夏」，索隱引服虔說：「大夏在汾、澮之間。」《史記．晉世家》：「唐在河、汾之東，方百里，故曰唐叔虞。」叔虞封唐的唐，有人認為是唐地，有人認為是唐邑，尚無定論。晉為什麼叫晉也不太清楚。晉都最初在翼，曲沃桓叔代翼，遷曲沃。二邑在翼城、曲沃一帶。獻公遷絳，絳可能在絳山北麓、澮水南岸，與曲沃隔河相望。景公遷新田，則在侯馬。晉國的核心區是建在唐地，大致在澮水兩岸和澮水西流注入汾水處。它的周圍分佈著一批姬姓小國。霍、楊、賈在其北，虢、虞、芮、魏在其南，冀、耿、韓、郇在其西，荀在西南而黎在東北。霍、冀、耿、黎是商代古國，武王克商，改封姬姓。霍當霍山，守著臨汾盆地的北口；冀、耿、韓當龍門，守著河津渡；虢、虞、芮、魏當三門峽，守著茅津渡、大禹渡、風陵渡和蒲津渡；黎當滏口陘，守著上黨到邯鄲、安陽的通道，皆戰略要衝。霍出霍叔度。楊是周宣王封其子。[158]賈是唐叔虞封其子。虢、虞、芮則是從西土遷來。虢是虢叔、虢仲之後，北虢在山西平陸，南虢在河南三門峽，隔河相望，東虢在河南滎陽。這裡的虢是北虢。虞是仲雍之後，在平陸，與虢為鄰。司馬遷說，太伯、仲雍為季歷兄。太伯無子，仲雍有之。周武王克商，求太伯、仲雍之後，得周章。周章為仲雍曾孫。周章封吳，其弟封虞，是為虞仲（《史記．吳太伯世家》），可見虞、吳二國俱出西土之虞，都是仲雍之後。晉滅霍、魏、耿，趙夙禦戎，畢萬

---

157 如宗婦諸器，傳出戶縣。銘文所謂「宗婦」，娉姓，是鄁女嫁於秦者。鄁即鄁，在四川廣元寶輪鎮，是苴族之國，位於漢中入蜀的交通要道上。

158 《新唐書．宰相世系表》：「楊氏出於姬姓，周宣王子尚父封為楊侯。」周宣王四十二年逑鼎：「余肇建長父侯于楊。」董珊認為長父即尚父。參看氏著〈略論西周單氏家族窖藏青銅器銘文〉，《中國歷史文物》二〇〇三年第四期，四〇—五〇頁。

為右，有大功，晉獻公以耿封趙夙，以魏封畢萬，使趙夙召霍君於齊，復其國，仍奉霍太山之祀。趙，初封趙城，在洪洞趙城，與霍有密切關係。郇是文王子，與六卿之荀有別。晉六卿，除范氏祁姓，趙氏嬴姓，餘皆姬姓。智氏、中行氏出荀氏，荀氏出原黯。韓分兩支，西周韓侯為武王後，初封河津韓原，後遷河北固安，滅於晉；戰國韓侯，出韓武子，韓武子是曲沃桓叔之後，晉獻公封之於河津韓原，後遷臨汾和河南宜陽、禹州、新鄭。魏出畢萬，畢萬是畢公之後，初封芮城，後遷夏縣、開封。

祁姓：隨（在介休一帶）。

【案】范氏出自唐杜氏，舊稱士氏，封於隨，又稱隨氏。隨在介休。

嬴姓：趙（在洪洞趙城鎮）。

【案】趙是嬴姓十四氏之一。嬴姓西遷，何時進山西，並不清楚，但據《史記．秦本紀》，似在商周之際，至少不晚於西周早期，趙封趙城也不晚於穆王時。洪洞趙城有坊堆遺址和永凝堡遺址，時間跨度從西周早期到春秋早期，或說為楊國遺址，但楊是宣王子，幽王始封，年代不合。這些遺址也可能與霍、趙有關。

姞姓：偪（地點不詳）。

【案】《左傳》文公六年有「偪姞」，為晉襄公母。

姬姓之戎：大戎（在交城）。

【案】晉與大戎、小戎通婚。《左傳》莊公二十八年：「（晉獻公）又娶二女于戎。大戎狐姬生重耳，小戎子生夷吾。」杜預注：「大戎，唐叔子孫別在戎狄者。」「小戎，允姓之戎。子，女也。」《國語．晉語四》：「狐氏出自唐叔。狐姬，伯行之子也，實生重耳。」

允姓之戎：小戎（不詳）。

【案】《左傳》莊公二十八年杜預注以小戎為允姓之戎，但《史記．晉世家》「夷吾母，重耳母女弟也」，以小戎子為狐姬妹。學者以小戎為姬姓，恐怕不對。因為小戎子與狐姬若為姊妹，則小戎子屬大戎，不應稱小戎子。

姜姓之戎：姜戎（在晉都南鄙）。

【案】姜戎初居敦煌，秦穆公迫逐之。前六三八年，晉惠公遷姜戎於晉都南鄙。

媿姓之狄：馮氏（在芮城、平陸一帶）、東山皋落氏（在垣曲皋落鄉）、潞氏（在潞城潞河古城）、甲氏（在武鄉故城鎮）、留吁（在屯留古城村）、鐸辰（在長治市）、徐吾（在屯留徐吾鎮）、茅戎（在平陸茅津渡）、蒲戎（在隰縣）、廧咎如（在太原）。

【案】媿姓是鬼方之姓。鬼方南下，從河套地區，順黃河進入陝西、山西。叔虞封唐有所謂「懷姓九宗」。懷姓，古書有隗、歸、媿等不同寫法，金文作媿。媿姓有許多分支。馮氏即《世本》鄘氏，西周金文作倗氏。馮氏傳為河伯馮夷之後，也叫河宗氏，《路史．國名紀六》引《姓纂》：「出自伯綮，國在虞、芮間。」絳縣橫水西周大墓M2、M1即馮伯、畢姬的大墓。[159]翼城大河口霸國墓地，學者推測，可能也是狄人的墓地。[160]東山皋落氏，東山疑指太行山，《水經注．河水》有皋落城，在垣曲東南皋落鄉，服虔稱之為「赤狄之都」。洛陽出土過十一年咎茖戈，[161]銘文「咎茖」即皋落。晉滅潞氏、甲氏、留吁、鐸辰，見《春秋》宣公十五年、十六年。潞氏在潞城東

[159] 山西省考古研究所等〈山西絳縣橫水西周墓發掘簡報〉，《文物》二〇〇六年第八期，四—一八頁。

[160] 山西省考古研究所大河口墓地聯合考古隊〈山西翼城縣大河口西周墓地〉，《考古》二〇一一年第七期，九—一八頁。

[161] 蔡運章、楊海欽〈十一年皋落戈及其相關問題〉，《考古》一九九一年第八期，四一三頁。

北潞河古城。甲氏以甲水名，甲水即涅水，涅水在古涅縣，涅縣在武鄉故城鎮。留吁在屯留東南古城村。清華楚簡《繫年》第四章有「赤翟王留吁起師伐衛」。[162]可見留吁得自赤狄王之名。鐸辰在今長治市。徐吾出自商代的余無之戎，余無之戎出自漢北的余無之水。《山海經．北山經》：「北鮮之山，是多馬，鮮水出焉，而西北流，注于涂吾之水。」涂吾之水，《史記．匈奴列傳》作余吾水。余吾水是今蒙古國的圖拉河，位置在蒙古國中北部。古本《竹書紀年》：「太丁四年，周人伐余無之戎，克之。」徐吾在屯留徐吾鎮。[163]今屯留縣是由漢屯留縣和徐吾縣合併而成，屯留縣在絳河以南，徐吾縣在絳河以北。春秋徐吾是茅戎的一支。茅戎在茅津渡。《左傳》成公元年載，劉康公伐茅戎，敗績於徐吾氏。杜預注：「徐吾氏，茅戎之別也。」孔穎達疏：「敗於徐吾之地也。茅戎已是戎內之別，徐吾又是茅戎之內聚落之名。王師與茅戎戰之處。」《國語．鄭語》，史伯講西周末年形勢，成周以北有「衛、燕、狄、鮮虞、潞、洛、泉、徐、蒲」，韋昭注：「潞、洛、泉、徐、蒲皆赤狄，隗姓也。」潞即潞氏，洛即皋落，泉即泉戎，徐即徐吾，蒲即蒲戎。泉戎，詳下河南節。蒲戎居蒲邑，蒲邑在隰縣。廧咎如，舊說在太原。《左傳》僖公二十三年：「狄人伐廧咎如，獲其二女叔隗、季隗，納諸公子。」廧咎如也是赤狄。

可能與赤狄、白狄有關的戎：條戎（在晉南）、奔戎（在晉南）、厹由（在盂縣）。

【案】條戎是以鳴條崗而名。鳴條崗東起夏縣，西延臨猗。今本《竹書紀年》：「（周紀．宣王）三十八年，王師及晉穆侯伐條戎、奔戎，王師敗逋。」《後漢書．西羌傳》略同。《左傳》桓公二年：「晉穆侯之夫人姜氏，以條之役生太子。」厹由，亦名仇猶、仇繇，見《戰國策．西周策》，高誘注說厹由是「狄國」。

（二）河北北部（含京津地區）、山西北部和遼東半島

姬姓：燕（北京房山琉璃河）、邢（在邢台）、軝（在元氏）。

【案】燕，也叫北燕，有別於南燕。北燕姬姓，是召公之後。南燕姞姓，可能是燕地土著，召公封燕後南遷。武王克商後，封黃帝之後於薊（在北京廣安門一帶），可能就是指姞姓的燕國。[164]邢是周公之後。[165]

姬姓之狄：鮮虞（初在山西五台，後遷河北正定、唐縣）、肥（初在山西昔陽，後遷河北藁城）、鼓（初在山西昔陽，後遷河北晉州）、中山（初在河北定州，後遷河北平山）。

【案】白狄姬姓。[166]《左傳》僖公三十三年：「狄伐晉，及箕。八月，戊子，晉侯敗狄于箕，郤

---

[162] 參看李學勤主編《清華大學藏戰國竹簡》（貳），上海：中西書局，二〇一一年，下冊，一四四頁。案：此句「留」字，下省田，「吁」字從虎從口，楚簡多用為呼或乎字。呼、吁兩字是通假字。得此可知，《左傳》閔公二年「狄人伐衛」，其實是赤狄伐衛。

[163] 參看山西省考古研究所編著《屯留余吾墓地》，太原：三晉出版社，二〇一二年。案：墓地出土陶器，一件鈐有「余市」印（一七〇頁，圖一八二，四），一件鈐有「屯市」印（一七四頁，圖一八六），報告未釋。「余」即余吾，「屯」即屯留。

[164] 一八九〇年，河北淶水出土北伯器，王國維謂北伯之北或即邶、鄘、衛之邶，並以邶為燕，鄘為魯。此說不可信，但北伯是否與召公封燕以前的北燕有關則值得考慮。見氏著〈北伯鼎跋〉，收入《王國維遺書》，第三冊：《觀堂集林》，卷十八，二頁。

[165] 任亞珊等〈一九九三—一九九七年邢台葛家莊先商墓地考古工作的主要收穫〉，收入《三代文明研究》，北京：科學出版社，一九九九年，七—二五頁。

[166] 白狄姬姓說見杜預《春秋釋例》和范寧《穀梁傳》昭公十二年注。王符《潛夫論·志氏姓》有「姮姓白狄」說，姮是姬之訛。姮，明程榮《漢魏叢書》本作「媨」，則據黃帝十二姓之酉姓改字。參看汪繼培《潛夫論箋》，北京：中華書局，一九七九年，四五六—四五八頁。又《風俗通義·姓氏篇》佚文：「鮮于氏，武王封箕子於朝鮮，其子食采於朝鮮，因氏焉。」或說鮮虞為子姓，這也是附會。

缺獲白狄子。」杜預注：「白狄，狄別種也。故西河郡有白部胡。」白狄初在山西，後遷河北。鮮虞、肥、鼓、中山皆白狄國，主要分佈在滹沱河流域。

北戎：燕京之戎（在秦皇島—北京—大同一線）、無終（在薊縣）、令支（在遷安）、孤竹（在盧龍）、林胡（在晉、燕之北）、婁煩（在晉、燕之北）、代（在河北蔚縣）。

【案】以上各支皆屬北戎。北戎也叫山戎，主要活動於燕山山脈—太行山北端—管涔山一帶。《左傳》昭公九年詹桓伯有言：「肅慎、燕、亳，吾北土也。」當時的肅慎，勢力可達遼東半島，與京津地區鄰近。燕亳即燕京。燕京是今燕山山脈以南地，其名應與燕京之戎的活動範圍有關。古本《竹書紀年》記太丁二年，周季歷伐燕京之戎。燕京之戎是得名於燕京山。燕京山即管涔山，在山西西北，但燕京之戎的活動範圍並不限於山西北部，還包括河北北部。同樣，無終、令支、孤竹等族，他們的活動範圍也不限於河北北部，還包括山西北部。今秦皇島—北京—大同一線是秦右北平、漁陽、上谷、代、雁門五郡，五代以來叫燕雲十六州，自古為兵家必爭之地。林胡，又稱林人、儋林，為林中胡人之簡稱，大概來自東北林區。燕京之戎也許是姞姓。

（三）河南

姬姓：康—衛（康在禹州，衛在淇縣，後遷滑縣、濮陽、沁陽）、凡（在輝縣）、胙（在延津）、雍（在焦作）、邘（在沁陽）、原（在濟源）、南虢（即上陽，在三門峽）、焦（在陝縣）、管（在鄭州）、鄭（在新鄭）、東虢（在滎陽）、祭（在滎陽）、密（在新密）、毛（在宜陽）、應（在平頂山）、滑（在睢縣）、蔣（初在尉氏，後遷淮濱）、胡（在郾城）、頓（在商水）、蔡（初在上蔡，後遷新蔡和安徽鳳台）、聃（在平輿）、沈（在平輿）、息（在息縣）。

【案】衛康叔封，據銅器銘文，初封於康，稱康侯豐，[167]後封於衛，始稱衛侯。清華楚簡《繫年》第四章述衛之封，曰「乃先建衛叔封于庚丘，以侯殷之餘民。衛人自庚丘遷于淇衛」。[168]「庚丘」即康，在禹州。「淇衛」即朝歌，在淇縣。西周銅器提到「王來伐商邑，誕命康侯圖于衛」。[169]衛同鄘，乃殷之別名。祭，見西周金文，字作，像手執箭頭朝下的雙矢，可能與射字有關，後來寫成祭。上述二十三國，東虢、南虢是遷自西土。管、蔡、衛、毛、聃、雍、原為文王之子；邘、應為武王之子；凡、蔣、胙、祭是周公之子，這是一批。另一批是密、胡、頓、沈、息。《左傳》僖公十七年有密姬，娶自河南之密。齊有胡姬，見《左傳》哀公八年。姬姓頓子國，見《漢書・地理志上》汝南郡南頓縣。沈為姬姓，見《史記・陳杞世家》索隱引《世本》。息為姬姓，見《左傳》隱公十一年疏引《世本》。

姜姓：申（南申，在南陽）、呂（南呂，在南陽）、許（初在許昌，後遷葉縣）。

子姓：殷（在安陽）、宋（在商丘）、空桐（在虞城）、邶（在湯陰）。

【案】殷王畿在河內之地，即太行山和黃河故道的夾角內，相當安陽—湯陰—鶴壁—淇縣—衛輝—新鄉一線。武王克商，封紂子武庚於殷，三分其地為邶、鄘、衛。衛在淇縣，邶在衛北，舊說在湯陰，鄘在衛東，舊說在新鄉。武王卒，武庚三監作亂，周公東征平定之，封康叔於衛，封微子啟於宋，遷殷頑民於洛，分殷民六族於魯，分殷民七族於衛，有些留在當地。故殷遺有很多分支，如《左傳》隱公元年疏引《世本》有子姓九氏，曰殷、時、來、宋、空同、黎、比髦（北髦之

[167]《殷周金文集成》（修訂增補本），第二冊，一一二七頁：〇二一五三。
[168]《清華大學藏戰國竹簡》（貳），下冊，一一四頁。
[169]《殷周金文集成》（修訂增補本），第三冊，二二三一頁：〇四〇五九。

誤）、自夷（目夷之誤）、蕭。《史記．殷本紀》有殷、來、宋、空桐、稚、北殷、目夷七氏，缺時、蕭。[170]殷，指安陽，字亦作郼。時，不詳。來，即萊。宋在商丘，是商湯的舊都。北殷、北髦，疑即邶。空桐，相當空同，也叫桐，在河南虞城。稚，不詳。目夷，宋司馬子魚名目夷。目夷氏居山東滕州，滕州木石鎮有目夷亭。蕭，在安徽蕭縣。

嬴姓：江（在正陽）、黃（在潢川）、修魚（在原陽）、葛（在寧陵）、樊（在信陽）、養（在沈丘）。

【案】嬴姓十四氏有江、黃、修魚，無葛、樊、養。葛為嬴姓，見《左傳》僖公十七年，傳文「葛嬴」為齊桓公夫人。樊、養為嬴姓是據出土銅器。[171]江、黃、樊在淮水沿岸，屬於南淮夷。

己姓：蘇（初在濟源，後遷溫縣，也叫溫）、番（在信陽一帶）。

【案】己姓是祝融八姓之一。《國語．鄭語》列舉的己姓國，昆吾、顧、董都是夏代古國，武王克商前早已滅亡。西周還在只有蘇。番，文獻缺略，主要靠考古資料，才知道其族姓地望。[172]

妘姓：鄶（在新密）、鄢（在鄢陵，一作鄔）。

【案】妘姓是祝融八姓之一，金文作娟。鄶為妘姓，見會娟鼎。[173]

祁姓：房（在遂平）。

【案】《國語．周語上》：「昔昭王娶于房，曰房後，實有爽德，協于丹朱，丹朱憑身以儀之，生穆王焉。」[174]

姒姓：杞（初在杞縣，後遷山東新泰）。

【案】武王克商，求夏禹之後東樓公，封於杞，以奉夏祀。《史記．夏本紀》有姒姓十二氏：夏后、有扈、有男、斟尋、彤城、褒、費、杞、繒、辛、冥、斟戈。夏后氏是夏遺民，主要在晉南豫西。有扈在陝西戶縣。有男即有南，在湖北荊州。斟尋在河南偃師。彤城在陝西華縣。褒在陝西漢中。費在山東魚台。杞初在杞縣，後遷山東新泰。繒在山東蘭陵。辛即莘，在陝西合陽。冥即鄍，在山西平陸。斟戈即斟灌，在山東壽光。

嬀姓：陳（初在柘城，後遷淮陽）。

【案】嬀為舜姓。武王封虞舜之後於陳。

任姓：謝（在南陽）。

【案】《國語·晉語四》之黃帝十二姓，其中有任姓。任姓，金文作妊。《左傳》隱公十一年疏引《世本》：「任姓，謝、章、薛、舒、呂、祝、終、泉、畢、過。」其中有謝。

姞姓：南燕（在延津）。

【案】姞姓之國，除密須，還有南燕。據《左傳》宣公四年，南燕之祖為伯儵，鄭文公有賤妾曰燕姞，就是娶自南燕。南燕是對北燕而言。北燕是武王克商後，封召公次子於燕亳故地。我懷疑，南燕出自北戎中的燕京之戎，舊居後來的北燕之地，召公封於北燕之地後，南遷到延津，始分南北燕。《續漢書·郡國志三》謂南燕國「有胙城，古胙國」。《通志·都邑略》說「南燕都胙」。南燕與胙在一地。

---

[170] 《左傳》定公四年記成王分殷民六族於魯，曰條氏、徐氏、蕭氏、索氏、長勺氏、尾勺氏；分殷民七族於衛，曰陶氏、施氏、繁氏、錡氏、樊氏、飢氏、終葵氏。這十三族，除蕭氏，皆在《世本》九氏外。魯地有長勺，在山東萊蕪。

[171] 《殷周金文集成》（修訂增補本），第一冊，六〇二頁：〇〇六二六；第四冊，二九六七—二九六八頁：〇四五九九。

[172] 徐少華《周代南土歷史地理與文化》，武漢：武漢大學出版社，一九九四年，一二三—一三八頁。

[173] 《殷周金文集成》（修訂增補本），第二冊，一二六七頁：〇二五一六。

[174] 今本《竹書紀年》「命世子釗如房逆女，房伯祈（祁）歸於宗周」，則以娶房女者為康王，繫年於周成王三十三年。

允姓：鄀（在淅川）。

【案】允姓十分罕見。《春秋釋例》卷七引《世本》以鄀為允姓之國。

允姓之戎：陸渾之戎（在嵩縣）。

【案】舊居瓜州，秦晉遷之於伊川，也叫陰戎。晉滅陸渾之戎，其餘眾歸附晉國，編為九州，號九州之戎。九州的州是州縣之州，與《禹貢》九州無關。

雒姓之戎：伊雒之戎（在伊水、洛水上）。

【案】《左傳》僖公十一年：「夏，揚、拒、泉、皋伊雒之戎同伐京師，入王城，焚其門。」杜預注：「揚、拒、泉、皋皆戎邑及諸雜戎居伊水、雒水之間者。今伊闕北有泉亭。」伊雒之戎在洛陽南，可能有姜姓、允姓、媿姓很多種，揚、拒、泉、皋四邑是其所居，杜預只注泉邑，以伊闕北泉亭當之。伊闕在洛陽南。泉邑或即《國語·鄭語》提到的赤狄之泉。

可能與曼姓有關的戎：戎蠻（在河南襄城）。

【案】戎蠻，蠻與曼通，《左傳》昭公十六年「楚子誘戎蠻子，殺之」，《公羊傳》「蠻」作「曼」。戎蠻故邑，即漢新城縣鄤聚（在河南襄城），也叫蠻中。

十一、族姓分佈：青徐區

青徐區包括山東半島和淮河下游。山東半島的大國是齊、魯、莒三國，淮河下游的大國是徐國，這是周的東土。

（一）山東

姜姓：齊（在臨淄）、紀（在壽光）、州（即淳于，在安丘）、向（在莒南）、逢（在臨朐）。

【案】齊建於蒲姑（亦作薄姑）舊地。「逄」，金文作「夆」，為逄伯陵之後。

姬姓：魯（在曲阜）、郕（亦作成、盛，在寧陽）、滕（在滕州）、曹（在定陶）、郜（在成武）、茅（在金鄉）、極（在金鄉）。

【案】魯、郕、曹是文王嫡子所封，滕、郜是文王庶子所封，茅是周公之子所封。魯建於商奄（或商蓋）故地。郜，後為齊邑，字亦作禚。《春秋》莊公二年「夫人姜氏會齊侯于禚」，《公羊傳》「禚」作「郜」。《春秋》隱公二年記魯無駭帥師入極。《穀梁傳》：「極，國也。……不稱氏者，滅同姓，貶也。」可見極是姬姓。

風姓：任（在濟寧）、宿（在東平）、須句（在東平）、顓臾（在平邑）。

【案】風姓是魯地土著，金文從女從凡。任是有仍氏之後，字亦作仍。

嬴姓：莒（初在膠州，後遷莒縣）、郯（在郯城）。

【案】嬴姓十四氏有莒、郯，莒在第二，郯在第三，僅次於徐。莒在魯東，夾處於齊、魯之間，曾是山東半島的大國。郯在魯東南，鄰近江蘇。《春秋》隱公二年「莒人入向」，孔穎達疏：「《世本》：『莒，己姓。』……《譜》云：『莒，嬴姓，少昊之後，周武王封茲與於莒，初都計，後徙莒，今城陽莒縣是也。』《世本》：『自紀公以下為己姓。』不知誰賜之姓者。十一世，茲丕公方見《春秋》。共公以下，微弱不復見，四世楚滅之。」

己姓：莒（在莒縣）、顧（在鄄城）。

【案】己姓之莒在嬴姓之莒後。

曹姓：莒（不詳）、邾（在滕州）、郳（小邾，在棗莊）、牟（即根牟，在安丘）。

【案】祝融八姓有曹姓之莒。邾，秦漢稱鄒。郳是從邾國分出的附庸國。

任姓：章（在東平）、薛（在棗莊市薛城區）、祝（在寧陽）、過（在萊州）。

【案】章、薛、祝、過在任姓十國中。章，字亦作鄣，是紀國的附庸。薛是夏車正奚仲之後。奚仲居薛，後遷上邳，湯相仲虺居之。出土銅器有邳伯缶，一九五四年發現於舊嶧縣，即今棗莊市嶧城區。過是夏商古國，西周仍在。西周銅器有過伯簋，記過伯從昭王南征。[175]祝，《呂氏春秋・慎大》、《史記・周本紀》說武王封黃帝之後於祝。

姒姓：杞（在新泰）、繒（在蘭陵，字亦作鄫）。

妘姓：偪陽（在棗莊）、鄅（在臨沂）、夷（在即墨）。

【案】偪陽為妘姓，見《國語・鄭語》。鄅為妘姓，見《左傳》昭公十八年疏引《世本》。夷為妘姓，見《左傳》隱公元年疏引《世本》。

嬀姓：邿（在長青）。

【案】邿為嬀姓，見山東長青萬德鎮石都莊一號墓出土的邿仲瑚。[176]

鼇姓之狄：鄋瞞。

【案】鄋瞞，也叫長狄或大人，據說個子很高。《國語・魯語下》載孔子答客問。客問「何骨為大」，孔子說：「丘聞之，昔禹致群神于會稽之山。防風氏後至，禹殺而戮之，其骨節專車，此為大矣。」客問「防風何守」，孔子說：「汪芒氏之君也，守封嵎之山者也，為漆姓。在虞、夏、商為汪芒氏，于周為長狄，今為大人。」這是講鄋瞞的來源。另一條材料，《左傳》文公十一年載，鄋瞞渠帥有緣斯、僑如、榮如、簡如、焚如，先後敗於宋、齊、衛、魯、晉，或見殺，或被俘，經此數役，鄋瞞遂亡，則是講鄋瞞的下落。[177]封嵎之山，舊說在浙江德清，離紹興近，當是為了牽合禹殺防風氏於會稽之說，不可信。有學者論證，鄋瞞可能來自東北。[178]第一，鄋瞞號長狄、大人，可見其民身材高大，很符合東北亞人種的體型特徵。第二，《山海經·大荒北經》有「大人之國，釐姓」，敘在「肅慎氏之國」後，說明大人之國與肅慎為鄰。第三，封嵎之山應即遼寧的醫巫閭山，《山海經》作附禺之山或鮒魚之山，其名可能與扶餘有關。第四，〈魯語下〉說汪芒氏之君為「漆姓」，前人指出，漆字是淶字之誤，《史記·孔子世家》的引文作「釐姓」，而萊夷之萊，金文正作「釐」（以族為姓，沒有女字旁），與長狄之姓同。這些都不能不使人懷疑，鄋瞞與萊夷有關。我懷疑，長狄南下，很可能是從遼東半島，經長島島鏈，從蓬萊登陸，一路奔萊州，一路奔煙台、威海、榮成，主要分佈在膠東半島的北岸。他們應與萊夷、嵎夷有關。萊夷的活動中心是龍口萊山，秦漢有月主祠。嵎夷的活動中心是榮成成山，秦漢有日主祠。鄋瞞侵齊、魯，犯宋、衛，

---

[175] 《殷周金文集成》（修訂增補本），第三冊，二一〇六頁：〇三九〇七。

[176] 昌芳〈山東長青石都莊出土周代銅器〉，《文物》二〇〇三年第四期，八五—九一頁。

[177] 緣斯敗於宋，在宋武公時（前七六五—前七四八年）；僑如敗於魯，在魯文公十一年（前六一六年）；榮如、簡如敗於齊、衛，在齊惠公二年（前六〇七年）；焚如敗於晉，在魯宣公十五年（前五九四年）。《左傳》文公十一年記錄這些事件，稱榮如、簡如、焚如為僑如弟，學者以為不可能，原因是榮如、簡如敗於齊，《左傳》繫於「齊襄公二年」（前六九六年），年代比僑如敗於魯還早八十年。但據《史記·十二諸侯年表》和〈魯世家〉、〈齊世家〉，「襄公二年」是「惠公二年」之誤。如改為「惠公二年」，並無矛盾。《左傳》四兄弟，《公》、《穀》二傳簡化為三兄弟。所謂三兄弟，據《穀梁傳》說，「一者之齊，一者之魯，一者之晉」。「之齊」指榮如、簡如，「之魯」指僑如，「之晉」指焚如，不及緣斯。

[178] 《春秋少數民族分佈研究》，四六—五六頁和三〇四—三〇九頁。

最後逃到晉，都是以這一地區為出發點。

（二）江蘇北部

嬴姓：徐（在泗洪）。

【案】嬴姓十四氏，徐居其首。徐國最初可能在山東曲阜到郯城一帶，後遷江蘇、安徽，率南淮夷，與周對抗。周伐南淮夷，徐勢力衰微。春秋時期，又被宋、齊、吳、楚等國擠壓，逐漸向江西安義、靖安、高安一帶轉移。春秋晚期，這一帶出土過不少徐國青銅器。[179]

（三）安徽

嬴姓：鐘離（在鳳陽）。

【案】嬴姓十四氏有鐘離。鐘離古城在鳳陽東北的淮河南岸。古城附近有兩座鐘離國君墓，一座是鳳陽卞莊一號墓（鐘離君康墓）。[180]一座是蚌埠雙墩一號墓（鐘離君柏墓）。[181]

偃姓：六（在六安）、巢（在巢湖）、桐（在桐城）、宗（在桐城）、舒（在廬江）、舒庸（在舒城）、舒蓼（在舒城）、舒鳩（在舒城）、舒龍（即龍舒城，在舒城）、舒鮑（在舒城）、舒龔（不詳）。

【案】安徽地處吳、楚之間，是南淮夷的主要分佈區。南淮夷以嬴姓和偃姓為主。偃姓為群舒之姓。群舒在淮河以南。《左傳》文公十二年疏引《世本》：「偃姓，舒庸、舒蓼、舒鳩、舒龍、舒鮑、舒龔。」

姜姓：焦（在亳州）。

【案】武王封神農之後於焦，即秦漢以來的譙縣。

媿姓之狄：胡（在阜陽）。[182]

【案】《世本》媿姓有胡國，是赤狄分佈最南者。胡見西周金文，從害從夫，確為媿姓。[183]漢代所謂胡，從古從月，主要指匈奴，則是另一概念的胡。

十二、族姓分佈：揚荊區

揚荊區是長江中下游，其南境比較模糊，但至少可達湖南、江西。楚國當周之南，是這一地區的大國。吳、越在其東，[184]巴、蜀在其西。

---

[179] 參看徐長青、劉新宇《湮沒的王國——靖安李洲坳大墓探秘》，南昌：江西人民出版社，二〇一二年；孫偉龍《徐國銅器銘文研究》，新北：花木蘭文化出版社，二〇一四年。

[180] 安徽省文物考古研究所、鳳陽縣文物管理所編著《鳳陽大東關與卞莊》，北京：科學出版社，二〇一〇年。

[181] 安徽省文物考古研究所、蚌埠市博物館編著《鐘離國君柏墓》，北京：文物出版社，二〇一三年。

[182] 裘錫圭〈說㦰的兩個地名——棫林和胡〉認為，春秋初年的胡應在河南郾城而不在安徽阜陽。參看氏著《古文字論集》，北京：中華書局，一九九二年，三八六—三九二頁。

[183] 《殷周金文集成》（修訂增補本），第三冊，二二三三—二二四一頁：〇四〇六二—〇四〇六七。

[184] 商周青銅器在長江流域多有發現，發現地點橫跨四川、湖北、湖南、江西等省，如三星堆、金沙、盤龍城、黃材、大洋洲等遺址，皆著名例子。這些銅器雖有地方特色，仍與北方各省的青銅器有共性，東周以來，受北方影響而又帶有南方特點的青銅文化更進一步被推廣到福建、兩廣、雲南、貴州。

（一）江蘇南部

姬姓：吳（初在丹陽葛城，後遷無錫闔閭城、蘇州姑蘇城）。

【案】吳是周章之後，出於西土之虞。吳有三都，從西北到東南，三都在一條線上。

（二）浙江

族姓不詳：越（在紹興）。

【案】越都會稽。傳說大禹治水，計功會稽，葬於會稽。《史記·越世家》說「越王句踐，其先禹之苗裔，而夏后帝少康之庶子也，封于會稽」，因此有姒姓說。另一說是芈姓說，《國語·鄭語》講祝融八姓，有所謂「芈姓夔越」，芈姓說蓋出於此。二說都不可靠。

（三）江西

位於楚越之間。江西的安義、靖安、高安出土過不少徐器，上已言之。

（四）湖北

芈姓：楚（在荊州）、夔（在秭歸）、羅（在宜城）。

曼姓：鄧（在襄陽）、鄾（在襄陽）。

【案】楚為芈姓，金文作嬭，熊為其氏，金文作酓。夔是楚熊摯之後。《左傳》桓公十二年疏引《世本》謂「羅，熊姓」。熊為楚氏，應亦芈姓。鄧、鄾曼姓，曼與蠻通（參上戎蠻條）。《左傳》昭公九年：「巴、濮、楚、鄧，吾南土也。」周地到楚地，自古有兩條道，一條從西安出發，走商洛古道，穿藍田、商洛、淅川到南陽，從南陽南下；一條從洛陽出發，走宛洛古道，翻外方山、伏牛山到南陽，從南陽南下。南陽到襄陽，走宛襄古道。襄陽到荊州，走荊襄古道，襄陽到武漢，走隨棗走廊。杜甫有詩，「劍外忽傳收薊北，初聞涕淚滿衣裳。卻看妻子愁何在，漫卷詩書喜欲狂。白日放歌須縱酒，青春作伴好還鄉。即從巴峽穿巫峽，便下襄陽向洛陽」（〈聞官軍收河南河北〉），是講從四川到湖北、從湖北到河南的必經之路。從四川到湖北，秭歸是樞紐，乃夔之所在。從河南到湖北，襄陽是樞紐，乃鄧、鄾、樊所在。荊州在荊襄古道和長江航道的交會處，則是楚之所在。羅在荊襄古道上，也非常重要。

嬀姓：廬（在襄陽）。

【案】《國語・周語中》：「廬由荊嬀。」廬也在荊襄古道上。

姬姓：曾（在隨州）、唐（在隨州，或說在河南唐河）。

【案】曾，《左傳》作隨。山西有隨，在介休。曾國的考古遺址，西周早期以隨州葉家山墓地為代表，西周晚期和春秋早期以棗陽郭家廟墓地和京山蘇家壟墓地為代表，春秋中期到戰國中期以隨州義地崗墓地和擂鼓墩墓地為代表。[185]據文峰塔M1出土的編鐘銘文，姬姓曾國是南宮括之後。[186]上文說，南宮括是八虞之一。武王克商，封仲雍之後於東方，一為虞，一為吳，都是西土之虞的後代。其實，曾國也是西土之虞的後代。

姜姓：厲（在隨州）。

---

[185] 方勤〈曾國歷史的考古學觀察〉，《江漢考古》二〇一四年第四期，一〇九—一一五頁。

[186] 湖北省文物考古研究所、隨州市博物館〈隨州文峰塔M1（曾侯與墓）、M2發掘簡報〉，《江漢考古》二〇一四年第四期，三—五一頁。

【案】厲，相傳為神農厲山氏之後。

姞姓：鄂（初在隨州，後遷南陽）。

【案】鄂是商周古國。《戰國策．趙策三》有鬼侯、鄂侯、文王為紂三公說。鬼侯媿姓，鄂侯姞姓，文王姬姓。媿姓是赤狄之姓，姞姓與北戎有關，姬姓是白狄之姓。這三個姓都是北方戎狄的姓。北方戎狄南下，山西是大通道。商代，鄂在山西。山西鄉寧古稱鄂。西周時，鄂南遷湖北。湖北的簡稱就是來自鄂。據禹鼎銘文，夷王時，鄂侯馭方率南淮夷、東夷叛周，夷王起西六師、殷八師伐鄂，生擒鄂侯馭方，鄂因此滅亡。《史記．楚世家》載，楚王熊渠「興兵伐庸、揚越，至于鄂」，立其「中子紅為鄂王」，就是利用這一時機。考古發現，湖北隨州羊子山墓地是西周早期的鄂國墓地。[187]河南南陽新區新店鄉夏響鋪墓地是西周晚期至春秋早期的墓地。[188]以上五國皆在隨棗走廊上，戰略地位十分重要。

偃姓：英（在英縣）、軫（在應城）。

【案】二國為淮夷。

（五）湖南

湖南多商周銅器，往往體形碩大，作各種動物造型，並且時有中原式銘文發現，寧鄉的發現最著名。東周以來，湖南屬於楚地。

---

[187] 張昌平〈論隨州羊子山新出噩國青銅器〉，《文物》二〇一一年第十一期，八七—九四頁。

[188] 崔本信等〈河南南陽夏響鋪周代鄂國貴族墓地〉，中國國家文物局主編《二〇一二中國重要考古發現》，北京：文物出版社，二〇一三年，六〇—六三頁。

兩周族姓考（下）

十三、西周的遺產

西周滅亡，周室東遷，周人把西土留給秦，從此降居小國之列。

西周給中國留下了什麼？留下的是一個四分五裂的局面，春秋有十幾個國家，戰國也有十幾個國家。

（一）春秋十二諸侯

春秋時期，哪些國家最重要？司馬遷總結，主要是十四個國家。他據《春秋》經傳、《國語》和《春秋歷譜牒》等書，給我們做過一個年表，《史記·十二諸侯年表》。這個表，起共和元年，止周敬王崩，當公元前八四一至前四七七年，表中明明有十四國，為什麼叫十二諸侯？過去有各種猜測。其實，它是以周年和魯年作全表的參照系，周、魯不在十二諸侯之列。十二諸侯指齊、晉、秦、楚、宋、衛、陳、蔡、曹、鄭、燕、吳。[189]

[189] 瀧川資言、水澤利忠《史記會注考證附校補》，上海：上海古籍出版社，一九八六年，三五一頁。

這個表有吳沒有越。三家分晉前，晉、楚、齊、越才是名副其實的四大國，為什麼沒有越？原因是句踐滅吳，已接近戰國，句踐之前，越史是空白，沒法往裡排。

上述十四國，如果去周加越，仍是十四個國家。這十四個國家，可以分為三組，五個一組加五個一組再加四個一組，非常好記。

1. 中原五大國（齊、魯、晉、衛、燕）。

西周金文有「殷東國五侯」（見保尊、保卣）。[190]《左傳》僖公四年，管仲說：「昔召康公命我先君太公曰：『五侯九伯，女（汝）實征之，以夾輔周室！』」其中也有「五侯」。「五侯」是哪五侯？學者有各種猜測，我懷疑，即齊、魯、晉、衛、燕。這五國，皆以侯稱，相當周在東方的五大軍區，同時又是五大佔領區。晉佔領夏，衛佔領殷，燕佔領北燕（所以禦北戎），齊、魯佔領蒲姑、商奄之地（所以禦東夷）。這五大國，周初最重要，後來也非常重要。

2. 中原五小國（曹、宋、鄭、陳、蔡）。

「五侯九伯」，「九伯」是哪九伯，不好說，也許是虛指，並非實數，但春秋十四國，除上述五大國，確實還有九個國家比較重要。首先是曹、宋、鄭、陳、蔡。宋稱公，屬於周人褒封的古國。曹、鄭稱伯，屬於封建親戚。陳、蔡稱侯，只是兩個小侯，帶有軍事性質，類似現在的軍分區。這五個國家很好記，它們是孔子周遊列國，從衛國南下路過的國家。孔子是魯人，早年去過齊，晚年去過衛，但從未去過晉、燕。中原五大國，春秋晚期，晉、楚最強。他去衛國，是奔這兩個大國，第一目標是晉，第二目標是楚，衛國只是中轉站。他去晉國，被子路攔阻，只好南下，正好路過這五個國家；去楚國，被葉公謝絕，他只到過楚國的邊邑。

3. 周邊四大國（秦、楚、吳、越）。

這四個國家，除吳是姬姓，都是異姓。秦僻處雍州，自稱為公，與西戎雜處，說是列為諸侯，其實比較獨立。楚當周之南，自封為王，為群蠻之首，夙懷問鼎之心，被中原諸夏視為最大威脅。吳、越僻處東南，也自封為王。吳通上國，越盟諸夏，很晚，長時間裡，也不與中原通聘問，非常邊緣。

上述十四國，曹滅於宋（前四八七年），陳滅於楚（前四七八年），吳滅於越（前四七三年），終春秋之世，還剩十一國。

（二）戰國七雄

《史記·六國年表》起周元王元年，止秦二世自殺，當公元前四七六至前二〇七年，體例同〈十二諸侯年表〉，說是六國，其實列有八國，只不過參照系不同，從周、魯換成周、秦，六國指魏、韓、趙、楚、燕、齊。司馬遷的參考書主要是《秦紀》，他用的周年和秦年估計是利用這部書。

戰國時期，晉國一分為三，增加兩國，加上春秋留下的十一國，加上鮮虞之後異軍突起的中山，仍有十四國。這十四國，蔡滅於楚（前四四七年），鄭滅於韓（前三七五年），越滅於楚（前

---

⑲⁰《殷周金文集成》（修訂增補本），第四冊，三三八七—三三八八頁：〇五四一五；第五冊，三六九三頁：〇六〇〇三。

三〇六年），[191]中山滅於趙（前二九三年），宋滅於齊（前二八六年），魯滅於楚（前二五六年），衛滅於魏（前二五四年），[192]最後只剩七大國。這七大國，齊在東，秦在西，楚在南，燕在北，三晉在中央，包裹著兩周。三晉兩周是眾矢之的。

戰國七雄，最後一統於秦：前二五六年，秦滅西周；前二四九年，秦滅東周；前二三〇年，秦滅韓；前二二五年，秦滅魏；前二二三年，秦滅楚；前二二二年，秦滅燕、趙；前二二一年，秦滅齊。

當年，周室東遷，左膀右臂是虢、鄭，背後靠山是晉。鄭武公、鄭莊公為平王卿士，地位比虢公更顯赫。一百三十五年過去，富辰回憶此事，仍然說：「我周之東遷，晉、鄭是依。」（《國語·周語中》）。但東虢滅於鄭，南北虢滅於晉，鄭滅於韓，周淪為韓的國中之國。

韓所在的位置是本來意義上的中國，韓亡則六國滅。

秦滅六國是再造大一統，嬴姓大一統代替姬姓大一統。

周是由秦送到東方，也是由秦滅於東方。

秦是西周的遺屬繼承人。

十四、總結

最後，讓我們做一點總結。

(1) 兩周史，西周是天下一統，東周是禮壞樂崩，形成對照。天下大勢，合久必分，分久必合，乃歷史常態，但國家形態演進，總趨勢是由小到大，由分到合，不能倒過來講。我們不能認為，只有分裂才是常態，統一反而是變態。

(2) 中國是個高度統一而且連續性很強的大國。蘇秉琦的古國—王國—帝國模式是對中國歷史經驗的總結，他說的「古國」是指三代以前，「王國」是指三代，「帝國」是指秦漢以來的中華帝國。這種進化很正常，它對校正歐洲歷史是必要的參考。

(3) 中國有兩次大一統，西周是第一次大一統，秦漢是第二次大一統。沒有第一次大一統，就沒有第二次大一統。西周，上承龍山文化和二里頭文化的兩次整合，下啟編戶齊民的秦漢帝國，在中國歷史上很重要。

(4) 王國維托夢周公，主張君必世襲，臣必選賢。〈殷周制度論〉是他的政治宣言。學者對他的批評多集中在他是否誇大了殷周制度的差異而忽視了兩者的連續性。其實，他的用意並不在此，他想論證的是中國傳統的優越性。

(5) 王國維美化中國傳統，固有誇大之處，但他說族姓制度是周人的一大發明，中原諸夏有姓，蠻夷戎狄也有姓，完全可以成立，至今仍有啟發性。兩周二十姓不僅是解讀兩周歷史的鑰匙，也是解讀兩周銅器銘文的鑰匙。

(6) 與西洋史對照：馬其頓帝國是接收和模仿波斯帝國，曇花一現。歐洲大一統的榜樣是羅馬帝國。羅馬帝國崩潰後，歐洲只有宗教大一統，沒有國家大一統。文藝復興，歐洲認祖歸宗，推崇希臘，希臘城邦的特點是小國寡民，古典作家比之為「池塘邊的蛤蟆」。

---

191 楚滅越，比較複雜。楚威王殺越王無彊，越因此破散，在前三三三年。楚懷王亡越而郡江東，在前三〇六年。嚴格講，秦併天下，越王無諸廢為君長，才是越的最後滅亡。參看李學勤〈關於楚滅越的年代〉，《江漢考古》一九八五年第七期，五六—五八頁。

192 衛滅國後，先附魏，後附秦，並未絕嗣。秦二世元年（前二〇九年），衛始絕嗣。

(7) 文藝復興以來，人們往往把希臘與波斯的古典對立描寫成民主與專制的對立，以為小必民主，大必專制，對大帝國死活看不慣，但大帝國代表世界化，在國家形態的進化譜系上明顯處於高端，不是代表落後，而是代表先進。

(8) 漢學家或把西周比作「瑞士奶酪」（本來就不大，上面還有很多窟窿）。但出土兩周銅器，覆蓋面極廣，幾乎遍佈清代的內地十八省，甚至連周邊地區都有發現，銘文所見國族姓氏與文獻記載高度吻合，可見當時確有某種看似鬆散卻初具規模的「大一統」。

(9) 子曰：「夷狄之有君，不如諸夏之亡也。」（《論語．八佾》）漢族常以不立君長，分種為酋豪，描述草原部落。草原帝國雖有君長，但多半以部落為基礎，鬆散聯合。這對理解希臘城邦倒是很好的參考，雖然他們不是坐在船上，而是騎在馬上。

(10) 西周有天下共主。杜正勝寫過兩本書，《周代城邦》、《編戶齊民》。西周是城邦制度嗎？我看不是。我們的判斷是，它既不是希臘式的城邦國家，也不是秦漢式的大帝國。要說接近，肯定也是後者。它是後者的必要準備。

附錄一：兩周二十姓

表一：古國六姓

姓	國族	族源	有關記載和說明
姜姓 	安徽：焦。 陝西：申、呂、夨。 河南：申、呂、許。 山東：齊、紀、州、向、逄。	焦傳出神農。 申、呂、齊、許，號稱四岳之後。	武王封神農之後於焦。 《國語·卷二·周語中》：「齊、許、申、呂由太姜。」韋昭注：「皆姜四國。姜，太王之妃，王季之母姓，四岳之後，太姜之家也。」 齊、許分自呂。
姞姓 	北京：薊。 山西：偪。 甘肅：密須。 河南：南燕。 湖北：鄂。	傳出黃帝。	武王封黃帝之後於薊。 《國語·晉語四》：「凡黃帝之子二十五宗，其得姓者十四人，為十二姓，姬、酉、祁、己、滕、箴、任、（荀）〔茍〕、僖、姞、儇、依是也。」
任姓 	河南：謝。 山東：章、薛、祝、過。	傳出黃帝。	武王封黃帝之後於祝。 《左傳》隱公十一年疏引《世本》：「任姓：謝、章、薛、舒、（呂）〔昌〕、祝、終、泉、畢、過。」
祁姓 	山西：唐、黎、隨。 陝西：杜。 河南：房。	傳出黃帝－帝嚳。唐堯為祁姓。	武王封唐堯之後於黎。 唐都平陽。叔虞封唐後，唐遷於杜。晉之隨氏出自杜。
姚姓 	金文有姚姓。	傳出黃帝－顓頊。虞舜為姚姓。	舜都蒲阪，本來在山西。禹遷舜子商均於商（河南虞城）。平陸之虞是姬姓，遷自西土。
媯姓 	河南：陳。 山東：鄁。 湖北：盧。	媯姓是姚姓的分支。	武王封虞舜之後於陳。

表二：夏人的姓[193]

姓	國族	族源	有關記載和說明
姒姓 	山西：夏。 陝西：莘、褒。 山東：杞、繒。	傳出黃帝—顓頊。夏禹為姒姓。	武王封夏禹之後於杞。 《史記．夏本紀》：「太史公曰：禹為姒姓，其後分封，用國為姓，故有夏后氏、有扈氏、有男氏（南氏）、斟尋氏、彤城氏、褒氏、費氏、杞氏、繒氏、辛氏、冥氏、斟戈氏（斟灌氏）。」
弋姓 		弋姓可能是姒姓的分支。	《詩．鄘風．桑中》：「美孟弋矣。」魯襄公母，《左傳》襄公四年和定公十五年作「定姒」，《公羊》、《穀梁》二傳作「定弋」。

表三：商人的姓

姓	國族	族源	有關記載和說明
子姓	河南：殷、宋等。	傳出黃帝—帝嚳。商卨（契）為子姓，金文未見。	武王封武庚於殷，封微子啟於宋。 《左傳》隱公元年疏引《世本》：「子姓：殷、時、來、宋、空同、黎、（比）〔北〕髦、（自）〔目〕夷、蕭。」 《史記．殷本紀》：「太史公曰：……契為子姓，其後分封，以國為姓，有殷氏、來氏、宋氏、空桐氏、稚氏、北殷氏、目夷氏。」

[193] 褒，金文作孚，參看趙平安〈迄今所見最早的褒國青銅器〉，收入氏著《金文釋讀與文明探索》，上海：上海古籍出版社，二〇一一年，一六九至一七四頁。

表四：周人的姓

姓	國族	族源	有關記載和說明
姬姓 	陝西：周、召、畢、榮、虞、芮、虢、蔡、散、井、酆。 山西：唐-晉、霍、楊、賈、北虢、虞、芮、魏、冀、耿、韓、荀、郇、黎。 北京：燕。 河北：韓、邢。 河南：管、蔡、康-衛、毛、聃、雍、原、邘、應、凡、蔣、胙、祭、南虢、焦、滑、鄭、東虢、密、胡、頓、沈、息。 山東：魯、郕、滕、曹、郜、茅、極。 江蘇：吳。 湖北：曾、唐。 重慶：巴。	周人傳出黃帝一帝嚳。周棄為姬姓。 吳，傳出太伯。 虢，傳出王季。 管、蔡、郕、霍、魯、衛、毛、聃、郜、雍、曹、滕、畢、原、酆、郇，文王之後。 邘、晉、應、韓，武王之後。 凡、蔣、邢、茅、胙、祭，周公之後。 燕，召公之後。 鄭，厲王之後。 楊，宣王之後。	《左傳》僖公二十四年：「管、蔡、郕、霍、魯、衛、毛、聃、郜、雍、曹、滕、畢、原、酆、郇，文之昭也。邘、晉、應、韓，武之穆也。凡、蔣、邢、茅、胙、祭，周公之胤也。」 《左傳》襄公二十九年：「虞、虢、焦、滑、霍、楊、韓、魏，皆姬姓也。」 《左傳》昭公二十八年：「昔武王克商，光有天下。其兄弟之國者十有五人，姬姓之國者四十人。皆舉親也。」 《荀子．儒效》：「（周公）兼制天下，立七十一國，姬姓獨居五十（三）〔五〕人。」

表五：西戎之姓[194]

姓	國族	族源	有關記載和說明
姜姓	山西：姜姓之戎。 餘同表一。	姜姓是氐羌之姓，傳出炎帝。	《左傳》僖公三十三年：「夏四月辛巳，晉人及姜戎敗秦師于殽。」杜預注：「姜戎，姜姓之戎，居晉南鄙。戎子駒支之先也。」戎子駒支見《左傳》襄公十四年，范宣子數之，謂秦逐其先吾離於瓜州，來歸晉獻公。

[194] 秦滅西戎後，姜姓之戎和獫狁之戎退出歷史舞台。《史記》、《漢書》沒有為西戎立傳，《後漢書》有〈西羌列傳〉，只講青海的河湟諸羌。

允姓	甘肅：陸渾戎，後遷河南。 陝西：鄀。 山西：小戎。	允姓是獫狁之姓，金文未見。	《左傳》莊公二十八年：「小戎子生夷吾。」杜預注：「小戎，允姓之戎。」 《左傳》僖公二十二年：「秋，秦、晉遷陸渾之戎于伊川。」杜預注：「允姓之戎，居陸渾，在秦、晉西北。」 荀濟〈論佛教表〉引《漢書・西域傳》謂：「塞種本允姓之戎，世居敦煌，為月氏所迫逐，遂往蔥嶺南奔。」

表六：北狄和北戎之姓[195]

姓	國族	族源	有關記載和說明
媿姓 	山西：馮氏、東山皋落氏、潞氏、甲氏、留吁、鐸辰、茅戎（草中之戎）、徐吾、廧咎如、蒲戎。 河南：泉戎。 安徽：胡。	赤狄媿姓。	馮氏即《世本》鄘氏，也叫河宗氏。晉伐東山皋落氏、潞氏、甲氏、留吁、鐸辰、茅戎、徐吾氏、廧咎如，見《左傳》閔公二年、宣公十五、十六年、成公元年、三年。 《國語・鄭語》：「北有衛、燕、狄、鮮虞、潞、洛、泉、徐、蒲。」韋昭注：「潞、洛、泉、徐、蒲，皆赤狄隗姓也」。徐即徐吾。
姬姓	河北：鮮虞、肥、鼓、中山。	白狄姬姓。	姬姓戎狄還有陝西的驪戎（麗土之狄）、山西的大戎。周人可能是姬姓戎狄的一支。
姞姓	同上表一。		姞姓四國主要活動於河北北部、山西和甘肅，疑屬北戎。

[195] 中國北方，鬼方、北狄、北戎之名出現較早，匈奴出現較晚。晉滅赤狄，趙滅白狄，戰國以後，中原不聞有狄。戰國晚期，匈奴崛起於大漠南北，漢地呼之為胡。《史記》、《漢書》皆為匈奴立傳。東漢，北匈奴西遷，《後漢書》只有〈南匈奴列傳〉。

表七：東夷和南淮夷之姓[196]

姓	國族	族源	有關記載和說明
風姓 	山東：任、宿、須句、顓臾。	風姓是東夷之姓，傳出太昊。	《左傳》僖公二十一年：「任、宿、須句、顓臾，風姓也，實司太皞與有濟之祀，以服事諸夏。」
嬴姓 	山東：莒、郯。 江蘇：徐。 安徽：鐘離。 河南：江、黃、修魚、樊、養。 山西：趙。 陝西：梁、秦。 甘肅：大駱之族。	嬴姓是東夷和淮夷之姓，傳出少昊。	《史記·秦本紀》：「太史公曰：秦之先為嬴姓，以國為姓，有徐氏、郯氏、莒氏、終黎氏（鐘離氏）、運奄氏、菟裘氏、將梁氏、黃氏、江氏、脩魚氏、白冥氏、蜚廉氏、秦氏。然秦以其先造父封趙城，為趙氏。」
偃姓	安徽：六、巢、桐、宗、舒、舒庸、舒蓼、舒鳩、舒龍、舒鮑、舒龔。 湖北：英、軫。	偃姓是群舒之姓，傳出皋陶，金文未見。	偃姓，金文未見。《左傳》文公十二年疏引《世本》：「偃姓，舒庸、舒蓼、舒鳩、舒龍、舒鮑、舒龔。」

[196] 夷本指山東半島的東夷和淮水流域的淮夷。兩周以降，東夷、淮夷逐漸被同化，夷的概念發生變化，主要指朝鮮和日本。《史記》有〈朝鮮列傳〉，《漢書》有〈朝鮮傳〉，《後漢書》有〈東夷列傳〉，《三國志·魏書》有〈東夷傳〉，都是以朝鮮為主，兼及日本。

表八：祝融八姓和南蠻之姓[197]

姓	國族	族源	有關記載和說明
己姓 	河南：蘇、番。 山東：莒。	傳出顓頊—祝融。祝融八姓的前五種只有己姓是姓，董、彭、禿、斟四姓都是氏，武王克商前就滅國。當時還沒有姓。	《世本》：「其一曰樊，是為昆吾，衛是也。二曰惠連，是為參胡。參胡者，韓是也。三曰籛鏗，是為彭祖，彭城是也。斟姓無後。」 《國語．鄭語》：「己姓昆吾、蘇、顧、溫、董。董姓鬷夷、豢龍，則夏滅之矣。彭姓彭祖、豕韋、諸稽，則商滅之矣。禿姓舟人，則周滅之矣。」
妘姓 	河南：鄢、鄶。 山東：偪陽、郿、夷。	傳出顓頊—祝融。	《世本》：「四曰求言，是為鄶人，鄭是也。」 《國語．鄭語》：「妘姓鄔、鄶、路、偪陽。」（鄔，字同鄢）
曹姓 	山東：邾、莒、郳、牟。	傳出顓頊—祝融。	《世本》：「五曰安，是為曹姓，邾是也。」 《國語．鄭語》：「曹姓鄒、莒，皆為采衛，或在王室，或在夷狄，莫之數也，而又無令聞，必不興矣。斟姓無後。」
羋姓 	湖北：楚、夔、羅。	傳出顓頊—祝融。	《世本》：「六曰季連，是為羋姓，楚是也。」 《國語．鄭語》：「融之興者，其在羋姓乎？羋姓夔越，不足命也。蠻羋蠻矣，惟荊實有昭德，若周衰，其必興矣。」
曼姓 	湖北：鄧、鄾。		鄧近楚。鄧為曼姓，字與蠻通。

[197] 陸終六子分屬己、董、彭、妘、曹、羋六姓，見《史記．楚世家》集解、索隱引《世本》。《大戴禮．帝繫系》、《史記．楚世家》同。陸終見邾國銅器，終作融。陸終猶言六融，陸終六子是祝融氏的六個分支。祝融八姓是己、董、彭、禿、妘、曹、斟、羋八姓，見《國語．鄭語》，比前說多禿、斟二姓。所謂八姓，其實是四姓。古人所謂南蠻，多指吳、楚以南的百濮、百越等族。楚國當周之南，在長江流域的古國中離洛陽最近，開化最早，最發達，但被中原視為荊蠻。《史記》有〈南越列傳〉、〈東越列傳〉，《漢書》有〈南粵傳〉、〈閩粵傳〉，都是講廣東、福建的越人。《後漢書．南蠻列傳》的「南蠻」則指武陵、長沙、零陵三郡的武陵蠻、長沙蠻、零陵蠻（在湖南），交趾、九真、日南三郡的徼外蠻（在越南），以及巴郡、南郡的板楯蠻（在重慶市和鄂西）。

附錄二：中國古代的少數民族

中國古代的少數民族，從地理分佈看，似可分為六大塊。

（一）東北

1. 肅慎

主要分佈在東三省，商周時期，一度接近燕地。肅慎的後裔，兩漢叫挹婁，南北朝叫勿吉，隋唐叫靺鞨。靺鞨建渤海國。女真出黑水靺鞨，建金。滿族出建州女真，建清。這一系的民族，語言屬阿爾泰語系通古斯語族。

2. 濊貊

由濊、貊兩支組成，主要分佈在吉林和與吉林鄰近的朝鮮北部。扶餘出濊貊，發展為朝鮮族。朝鮮語與阿爾泰語系有關，並受日語和漢語影響，其系屬存在爭論。

3. 長狄

長狄（鳌姓），即鄋瞞，因為身材高大，也叫長人、大人。他們可能出自東北，從遼東半島南下，定居膠東半島，與萊夷、嵎夷有關。

【案】東北各族，古人叫東北夷。東北與山東，自古有密切關係。古之所謂夷，本來多指山東半島的東夷和淮水流域的南淮夷。兩周以降，這批夷人逐漸被同化，東夷的概念發生變化，變成專指東北夷，特別是濊貊系。如《史記》、《漢書》有〈朝鮮傳〉，《三國志》、《後漢書》有〈東夷傳〉，〈朝鮮傳〉也好，〈東夷傳〉也好，都是以講朝鮮半島的居民為主，兼及與之鄰近的中國東北人和倭人。

（二）北方

1. 東胡

主要分佈在東北西部和內蒙古東部。漢初，東胡被匈奴擊破，東逃，分為烏桓、鮮卑兩支。[198]鮮卑活躍於魏晉南北朝時期，從東向西發展，取代匈奴，成為中國北方勢力最大的游牧集團。東部鮮卑有宇文氏、段氏、慕容氏，中部鮮卑有拓拔氏，西部鮮卑有禿髮氏、乞伏氏。宇文氏建北周，慕容氏建五燕中的前燕、西燕、後燕、南燕，拓跋氏建代、北魏，禿髮氏建五涼中的南涼，乞伏氏建西秦。柔然出郁久閭氏，居大漠南北，也與鮮卑有關。吐谷渾出慕容氏，西遷甘青。此外，東部鮮卑還有庫莫奚、契丹和室韋。契丹建遼。蒙古出蒙兀室韋，建元。這一系的民族，語言屬阿爾泰語系蒙古語族。

2. 北狄

(1) 赤狄（媿姓）：出自鬼方。鬼方可能來自南西伯利亞。商周時期，他們自蒙古高原南下，曾活躍於內蒙古河套地區，並順黃河南下，進入陝西、山西。入陝西者，主要活動於圁、洛之間，即無定河和洛水之間。入山西者，有所謂「懷姓九宗」（即媿姓九支），最初在晉南，後來在晉東南，春秋以來叫赤狄。赤狄之後，戰國秦漢有丁零，魏晉南北朝有敕勒和高車丁零。隋唐有鐵勒、突厥，也是赤狄的後裔，取代匈奴、鮮卑，雄踞大漠南北。突厥黠戛斯部出漢代堅昆，是柯爾克孜人或吉爾吉斯人的前身。突厥袁紇部即回紇或回鶻。[199]回鶻是維吾爾人的祖先。五胡十六國，翟氏建翟魏、馮氏建北燕，二氏皆赤狄後裔。這一系的民族，語言屬阿爾泰語系突厥語族。

(2) 白狄（姬姓）：春秋有肥、鼓、鮮虞，戰國有中山。四國是從山西北部，沿滹沱河進入河北中部。漢以來的鮮于氏是白狄的後裔。

3. 北戎

東周時期，今山西北部和河北北部有山戎、無終戎、林胡、婁煩等部。他們主要活躍於河北北部和山西北部，被稱為北戎。河南的南燕、山西的偪、甘肅的密須、湖北的鄂，可能與北戎有關。四國都是姞姓。

4. 匈奴

戰國晚期，匈奴崛起於蒙古高原，地盤很大。漢代，中原多稱匈奴為胡。匈奴和胡是譯音，西人稱Hun。司馬遷作《史記·匈奴列傳》，有兩點值得注意。一是說匈奴為夏后氏之苗裔，始祖

---

[198]《後漢書》有〈烏桓鮮卑列傳〉，《三國志·魏書》有〈烏丸傳〉、〈鮮卑傳〉。

[199] 袁可讀圜（皆匣母元部字），與回（匣母微部字）讀音相近。

叫淳維；二是把西北戎狄全都混在一起，擱在匈奴名下而述之。這兩點雖然都有問題，但至少反映出兩點。第一，中國早期，狄人和夏人確實住在一起，叔虞封唐時，情況仍如此。第二，匈奴稱雄草原，成份複雜，既可能包含源出鬼方系的赤狄，也可能包含東胡系的北戎，甚至西戎系的獫狁，確實很難分辨。司馬遷當時都分不清，焉能苛求後人。如王國維〈鬼方昆夷獫狁考〉就以鬼方、混夷、獫狁、戎狄為匈奴的早期名稱。匈奴種屬有三種可能，赤狄可能是主體。《周書·突厥傳》說「突厥者，蓋匈奴之別種，姓阿史那氏，別為部落」。《魏書·高車傳》說高車語「略與匈奴同，而時有小異，或云其先匈奴甥也」。突厥出自鬼方，但赤狄媿姓，獫狁允姓，不容混為一談。秦皇漢武北逐匈奴，匈奴之境日蹙。降及東漢，匈奴分裂為北匈奴、南匈奴，北匈奴西遷歐洲，南匈奴入居塞內，從此一蹶不振。[200]五胡十六國時期，南匈奴與匈奴屠各部建漢—前趙（冒姓劉），盧水胡建北涼，鐵弗匈奴建夏，據說出自匈奴別部的羯族建後趙（姓石），則可能來自中亞，這是匈奴的尾聲。

【案】蒙古高原一直是由東胡、赤狄兩大系統輪流控制，東胡—鮮卑—柔然—蒙古系偏東，與東北各族有關；赤狄—丁零—敕勒—突厥系偏西，與西戎各族有關。北戎可能近於前者，匈奴可能近於後者。白狄的來源還有待研究。

（三）西北

1. 獫狁（允姓）

西周有獫狁，即犬戎。東周有允姓之戎。允姓之戎舊居敦煌，也叫陸渾戎，後沿河西走廊東進，翻越隴山，進入陝西。秦滅西戎後，陝甘地區的陸渾戎，不是向新疆、中亞方向逃遁，就是被秦、晉遷置於河南嵩縣一帶。

2. 月氏

舊居河西走廊，後分二支，大月氏西遷中亞，小月氏留居甘青。《後漢書・西羌傳》有湟中月氏胡，與羌雜處，「被服飲食言語略與羌同」。

3. 烏孫

舊居河西走廊，後西遷中亞。《漢書・西域傳下》有烏孫國，顏師古注：「烏孫於西域諸戎，其形最異，今之胡人青眼赤須狀類彌猴者，本其種也。」外貌特徵接近歐洲人。

【案】西北諸戎可能與早期活躍於中亞的塞種有關，但不一定就是塞種，而是印歐人與北亞人種混合的族群。

（四）西南

1. 氐羌（姜姓）

氐、羌是同一民族的兩種稱謂。氐是低地之羌，以定居農業為主，有別於在高原游牧的羌人，

200 《史記》有〈匈奴列傳〉，《漢書》有〈匈奴傳〉，但《後漢書》只有〈南匈奴列傳〉，《三國志》無傳。

跟華夏更接近。[201]五胡十六國有成漢（姓李）、前秦（姓苻）、後涼（姓呂），皆出氐人。南北朝以後，氐人融入漢族，不再聽說，只有羌族之名沿用至今。氐羌是今羌、藏二族的共同祖先，與周人通婚，互為姻婭。西周有申、呂、齊、許，皆姜姓之國，東周有姜姓之戎，秦漢有西羌，五胡十六國有後秦（姓姚），唐有吐蕃，宋有党項，[202]皆出氐羌。氐羌與中原諸夏關係最密切，與巴、蜀、西南夷關係最密切。這一系的民族，語言屬漢藏語系藏緬語族的羌語支和藏語支。

2. 巴（國君為姬姓）

主要分佈在嘉陵江流域和重慶地區，並包括秦嶺山區的東部和湘鄂兩省的西部，西近蜀地而東鄰楚、鄧。[203]《後漢書・南蠻列傳》說巴郡、南郡有巴、樊、瞫、相、鄭五姓蠻，皆出武落鐘離山（在湖北長陽），巴氏為大，號廩君種，又有板楯蠻。巴與百濮雜居，其君為姬姓，族眾可能屬於百濮系。

3. 蜀

主要分佈在四川的岷江流域和成都平原，並包括秦嶺山區西部、湖南西部和滇黔兩省北部。《尚書》「牧誓八國」有蜀，孔傳稱「蜀叟」，孔疏：「叟者，蜀夷之別名。」《後漢書・劉焉傳》：「漢世謂蜀為叟。」蜀是漢化之叟，叟是蜀夷泛稱，族源是氐羌。[204]

4. 西南夷

主要分佈在川滇黔，並包括四川與甘肅交界處。《史記》、《漢書》、《後漢書》的「西南夷」既不包括巴，也不包括蜀。秦併巴、蜀後，設巴、蜀二郡，巴、蜀被漢化，不在西南夷之列。西南夷有很多支：白馬在甘肅甘南和四川綿陽之間，冉、駹在四川阿壩一帶，徙、筰都在四川雅安一帶，邛都在四川西昌一帶，滇在雲南昆明一帶，昆明和巂在雲南大理和大理以西，[205]夜郎主要在貴州。諸夷，或稱僰，[206]或稱昆，或稱叟。[207]僰有很多種，西僰在四川宜賓一帶，邛僰即邛都之僰，滇僰即滇國之僰。[208]滇僰的後裔是白蠻。白蠻是白族。昆、叟的後裔是烏蠻。烏蠻是彝族。此外，摩沙（摩些）的後裔是納西族，和蠻的後裔是哈尼族，還有今傈僳、拉祜、苦聰、基諾等族，也都屬於這一系。這一系的民族，語言多屬漢藏語系藏緬語族中與羌語支相近的彝語支，分佈範圍偏於南中國的西部。而雲南景頗、阿昌、怒、獨龍等族，語言屬漢藏語系藏緬語族的緬語支，則與東南亞的緬甸語有關。

【案】雲南、廣西與東南亞比鄰，多跨境民族，跨境語言。緬甸語屬漢藏語系藏緬語族緬語支，泰語屬漢藏語系侗台語族傣語支，老撾語和越南北部的岱依語、儂語屬漢藏語系侗台語族侗台

---

[201] 童恩正《古代的巴蜀》，成都：四川人民出版社，一九七九年，五六—五七頁。

[202] 西夏的族眾是党項，統治者是拓拔氏。拓拔氏是吐谷渾的後裔（姓李）。

[203] 《左傳》昭公十年：「巴、濮、楚、鄧，吾南土也。」

[204] 叟，可能與《禹貢》西戎三支中的渠搜有關。

[205] 徙、巂，或與《禹貢》西戎三支中的析支有關。案：徙是心母支部字，巂是匣母支部字，析是心母錫部字，古音相近。析支亦作賜支，這支羌人曾駐牧於青海賜支河，故也叫河曲羌。昆明，可能與《禹貢》西戎三支中的崑崙有關。崑崙為河首，《山海經·海內西經》說崑崙有開明獸。蜀君亦有開明氏。這支羌人曾駐牧於青海的黃河源頭。

[206] 僰，今讀。《說文解字·人部》對僰字的解釋是：「犍為蠻夷，從人棘聲。」《禮記·王制》：「屏之遠方，西方曰僰，東方曰寄。」鄭玄注：「僰當為棘，棘之言逼，使之逼寄於夷戎。」《文選》卷四四〈檄吳將部曲文〉提到「湟中羌僰」，看來這支羌人來自青海。

[207] 《華陽國志·南中志》：「夷人大種曰昆，小種曰叟。」

[208] 《水經注·江水》：「（僰道）縣本僰人居之，《地理風俗記》：『夷中最仁，有仁道，故字從人。』」

語支，柬埔寨語屬南亞語系孟—高棉語族高棉語支。它們，除最後這種，皆屬漢藏語系。

（五）南方

1. 百濮

早期活躍於鄂西山區和江漢平原，與楚、鄧為鄰，後來不斷向南退縮。濮人的來龍去脈是個謎。今佤、布朗、德昂（崩龍）等族出自漢代閩濮、南詔朴子蠻和元以後的蒲人，據說是百濮的後裔。但這一系的民族，語言屬南亞語系孟—高棉語族佤—德昂語支，分佈範圍主要在中國雲南和緬甸一帶。

2. 盤瓠種

早期活躍於湖南。《後漢書．南蠻傳列》說盤瓠之後有長沙、武陵諸蠻，光武中興以來大寇郡縣。長沙蠻在長沙郡，武陵蠻在武陵郡，零陵蠻在零陵郡，大體在湖南境內。其後裔是苗族、瑤族、佘族，語言屬漢藏語系苗瑤語族。

【案】百濮和盤瓠種，活動範圍相對居中，早期偏北，後來偏南，大體在百越和西南夷之間。

（六）東南

百越

主要分佈在中國的東南沿海和越南北部。邗越在江蘇（以揚州為中心），於越在浙江北部（以紹興為中心），揚越在江西，[209]甌越在浙江南部（以台州為中心），閩越在福建（以福州為中心），南越在廣東東部（以廣州為中心），西甌、駱越在廣東西部、廣西大部和越南北部（以廣西桂平為中心）。邗越滅於吳，於越、揚越滅於楚，甌越、閩越、南越、西甌、駱越滅於秦。[210]其後裔為壯、侗、水、傣、布依、仡佬等族，語言屬漢藏語系侗台語族。海南黎族也屬這一系。今越南語以京族為主體，京語為國語，京語屬漢藏語系侗台語族還是南亞語系孟—高棉語族，有爭論，但越南北部的岱依人和儂人，他們的語言屬侗台語族。

【案】越人以舟為車，以楫為馬，擅長航海。與百濮相比，其活動範圍相對偏東。中國沿海島嶼與太平洋諸島有歷史淵源，侗台語族與南島語系有關。

二〇一五年七月一日寫於北京藍旗營寓所

---

[209] 舊說揚越之揚指九州之揚州，揚越為揚州之越的泛稱，或以揚越為南越。舒大剛以為揚越即越章，越章即豫章，範圍在長江以北、大別山以南，並以揚越為陽越，在江之北，於越（于越，會稽之越）為陰越，在江之南。參看氏著《春秋少數民族分佈研究》，二八〇—二八七頁。案：舒說很有啟發性，但陽越、陰越之說比較勉強。《史記·楚世家》載，熊渠伐庸、揚粵，至於鄂，立其三子為句亶王、鄂王、越章王。庸在竹山，位於楚之西北，即句亶王所封；鄂在隨州，位於楚之東北，即鄂王所封；揚越在楚東，即豫章王所封。豫章在哪裡，舊說紛紜，估計在湖北黃梅和江西九江一帶，相當《禹貢》荊、揚二州交界處。其地與揚州比鄰，可能仍與揚州有關。楚伐揚越，應指長江下游（即揚子江）之越。

[210] 秦始皇攻取越地，設會稽、閩中、南海、桂林、象五郡。漢武帝伐滅南越、東越，設會稽、南海、蒼梧、合浦、鬱林、交趾、九真、日南八郡。《史記》有〈南越列傳〉、〈東越列傳〉，《漢書》有〈南粵傳〉、〈東粵傳〉，東越指閩越和東甌。東甌即甌越。《後漢書》只有交趾、九真、日南、象林徼外蠻，不及其他。

𩰫公盨

論燹公盨發現的意義

最近，保利藝術博物館新收了一件非常重要的銅器，即燹公盨。承蔣迎春館長不棄，以銘文拓本寄示，囑為考釋，並送原器至寓所，供作檢驗，使我先睹為快，大飽眼福。特別是器物送上海博物館去鏽後，蔣館長還將新攝器形照片和口沿花紋拓本遣人送來學校，為我提供充分的研究便利，尤其令人感動。今不揣淺陋，草記印象，和大家一起討論。

一、器形、紋飾和字體

此器失蓋，胎壁較薄，除鏽前，器身和器底滿布黃泥和鏽斑，器身上的泥，上面印有席紋，清晰可辨。器形，四隅雖是圓角，但器壁較直，作橢方形，兩側有獸首鋬一對，器底有跗足四個（四面正中有⌒形開口，類似瑚的器足）。紋飾，口沿為對稱的長尾鳳鳥紋（寬面左右各兩對，窄面左右各一對），器腹為三道瓦棱，瓦棱下有一道突起的弦紋。這是它的基本特徵。

案盨在銅器發展上非常重要。它的功能與盂、簋相似，也是盛食器，但來源不同，它不是從盂、簋派生，而是從西周中期的附耳方鼎發展而來，[211]在當時是一種新型的盛食器。附耳方鼎，西

[211]《保利藏金》，廣州：嶺南美術出版社，一九九九年，九六頁：王世民文。

周早期就有，器的高寬比例近似，給人感覺好像比較高，紋飾多作饕餮紋；西周中期以來，高度降低，寬度增加，給人感覺是器形變矮，紋飾也有變化，多半是以顧首夔龍或長尾鳳鳥裝飾口沿，瓦紋裝飾器腹。例如一九七五年陝西扶風莊白出土的兩件㦸方鼎就是這一時期最典型的附耳方鼎。[212]早期的盨，估計就是脫胎於這種形式的附耳方鼎。最初，它的器形不太固定，器紐、器足和器耳有多種形式。紐，除矩形紐，還有環紐，或作捉手蓋，類似於簋。足，除柱足，還有圈足和跗足，或在圈足、跗足下加環紐或短柱式小足。耳，除附耳，還有獸耳和獸首銜環。但在後來的發展中，風格逐漸統一。其原始形式，應是保持附耳方鼎的樣子，器耳為附耳，器足為柱足，器蓋上有矩形紐，即類似一九八三年陝西寶雞賈村出土的夨賸盨（雖然該器年代略晚）。[213]但新趨勢是易附耳為獸首鋬，易柱足為圈足或跗足，與鼎告別，向簋靠攏。它和西周晚期斂口帶蓋、腹飾瓦紋的簋有類化趨勢（影響恐怕是相互都有），二者的器名常互相借用或連稱（但盨可稱「簋」或「盨簋」，簋卻從不稱「盨」或「簋盨」），以至宋以來，很長一段時間裡，所有金石學家都分不清簋、盨，一直拿「簋」當盨的器名，反而以「彝」、「敦」二名分別稱呼真正的簋（以「彝」稱無蓋敞口的簋，以「敦」稱帶蓋斂口的簋和「西瓜鼎」式的敦）。比如一九三七年，羅振玉編《三代吉金文存》，他還是這樣分類。[214]直到一九四一年，容庚先生才把二者分清。[215]現在，大家熟悉的盨，其實是西周晚期流行的盨，即圈足（或跗足）獸首鋬，蓋飾矩形紐，腹飾瓦紋的盨，但它的形成，背景很複雜。對判斷這件盨的年代，早期背景是必要參考。

另外，研究盨的年代，其晚期發展和使用下限也值得考慮。盨的流行，時間很短，主要是西周中晚期。但盨的出現在銅器發展上是標誌性事件，不僅對西周晚期簋的發展和瑚的出現有很大影響，而且還預示了整個東周時期的變化趨勢，即器物普遍配置帶紐的蓋（除矩形紐，還流行環紐和獸紐），可以卻置，器形趨於雙合化和盒形化，器耳流行獸首銜環。如果歸納盨的發展，我們可以說，它是出現於西周中期，盛行於西周晚期，東周以來逐漸消亡（不像瑚，一直流行於春秋戰國）。但這只是比較籠統的說法。實際上，西周以後，盨並不是一下子就沒有了，或絕對沒有了。我們只能說，它的使用已不太普遍，其實還是有一些偶然的發現。如春秋中期，甘肅禮縣的趙坪墓地還有盨；[216]春秋晚期，淮水流域也發現過蟠虺紋（類似秦器的花紋）的盨（原藏安徽省博物館，現存中國歷史博物館）；[217]戰國時期，仍有貌似方鼎的盨發現。[218]此外，燕下都十六號墓還出土過模仿西周晚期風格的仿銅陶盨，年代也在戰國時期。[219]

現已發現的盨，我的印象，主要是穆、共二王以後的盨。[220]西周中期的盨（懿、孝時期的盨），是形成中的盨。西周晚期的盨（厲王和厲王以後的盨），是典型的盨。𤕌公盨，從基本特點看，屬於前者。它與最近上海博物館《晉國奇珍》展展出的四件一套的晉侯對盨比較接近，[221]並與保利藝

---

212 北京大學考古文博學院等編《吉金鑄國史》，北京：文物出版社，二〇〇二年，圖版四〇、四一。案：上引王文提到年代最早的盨是「晉侯墓地中相當於穆王前後的第一組十三號墓所出」，「因尚待修復，形制、紋飾不詳」，最近，我和王先生一起在山西省考古研究所侯馬工作站參觀庫房，得見原器，器形是由兩件附耳方鼎扣合而成，蓋是口大底小，器是口小底大，和目前看到的盨差距較大。

213 高次若〈寶雞賈村再次發現矢國銅器〉，《考古與文物》一九八四年第四期，一〇七轉九四頁。

214 羅振玉《三代吉金文存》，一九三七年（有中華書局一九八三年重印本），卷前總目。

215 容庚《商周彝器通考》，北京：哈佛燕京學社，一九四一年，上冊，一九—二七頁。

216 趙坪墓地的銅器曾在北京大學賽克勒考古與藝術博物館展出（二〇〇一年四—五月）。

217 安徽省博物館編《安徽青銅器》（明信片），上海：上海人民美術出版社，一九八七年。

218 《商周彝器通考》，下冊，圖一四四。

219 《考古學報》一九六五年第二期，九三頁：圖一六，三、四。

220 參看：王世民、陳公柔、張長壽《西周青銅器分期斷代研究》，北京：文物出版社，一九九九年，一〇二—一〇九頁。

221 上海博物館編《晉國奇珍》，上海：上海人民美術出版社，二〇〇二年，七八—八四頁。

術博物館收藏的白敢𢍰盨有相近之處（兩者口沿上的夔龍紋很相似）。[222]上博展出的四件一套的晉侯對盨是流散文物，器形都是橢方形。它包括上博收藏的三件和范季融先生收藏的一件，推測可能是出於晉侯墓地的二號墓，即晉侯對夫人的墓。[223]它們和推測出於一號墓的另外四件晉侯對盨不同。後者，上博只展出了一件，即上博收藏的一件。[224]它的器形是橢圓形。上博展出的橢方形盨，也是薄胎，也有獸首鋬和三道瓦棱，大形和這件盨比較接近。但不同點，它們都是圈足，器蓋、器底都有環紐，而此器是跗足，因失蓋，蓋紐形制不詳。口沿的紋飾也不一樣，晉侯對盨是顧首夔龍，它是長尾鳳鳥。

說到晉侯對器，其年代值得討論。現在，學者有不同意見，主流看法是「鼇侯說」（李學勤、李伯謙、黃錫全、馮時、朱鳳瀚，夏商周斷代工程是採用這種意見），年代約當共和時期和宣王初年。[225]另外一種意見是「靖侯說」（孫華、張長壽），年代約當厲王晚年。[226]此外，還有年代略早的「或厲侯或靖侯說」（裘錫圭）和年代更晚的「穆侯說」（盧連成）。[227]我的感覺是，上面討論的晉侯對盨，它們的圈足雖為重環紋，給人印象稍晚，但器形還是屬於「形成中的盨」，而不屬於「典型的盨」。特別是其口沿上的顧首夔龍，與𢦚方鼎基本一樣（保利博物館的白敢𢍰盨的花紋也基本一樣）。而𢦚方鼎，同出的同人之器𢦚簋，主題花紋是陳公柔、張長壽先生定為所謂「大鳥紋」的Ⅱ7式；白𢦚飲壺，主題花紋是陳公柔、張長壽先生定為所謂「長尾鳥紋」的Ⅲ3式。[228]一般看法，白𢦚諸器是西周中期的銅器，這兩種鳥紋也是西周中期的花紋。我感覺，這四件盨，它們的年代可能晚一點，但不會太晚。

現在討論的𩞁公盨，它口沿的鳳鳥紋，仍比較接近陳公柔、張長壽先生定為所謂「長尾鳥紋」的Ⅲ5式，即穆王時期的鳥紋，[229]給人的印象比較早。器形，則大體接近上面討論的四件晉侯對盨。

這四件盨，即使採用年代較早的靖侯說，也晚於穆、共二王。它的銘文，字體與史牆盤接近。史牆盤，學者多定為共王時器，即使晚一點，也在懿、孝之際。㉚這是我們的主要參考依據。

綜合上述考慮，我的印象是，這件盨的年代，似以定在西周中期偏晚比較合適。

二、銘文考釋

釋文：

天令（命）禹尃（敷）土，隓（隨）山濬（浚）川，乃1

𢍉（別）方埶（設）征。陸（?）民監（鑑）德，乃自2

㉒《保利藏金》，九一—九六頁。

㉓《晉國奇珍》七八—八四頁。案：這一推測主要是以墓中出土銅器的碎片為依據。

㉔《晉國奇珍》七六—七七頁。案：這一推測主要是以墓中出土銅器的碎片為依據。

㉕《史記．晉世家》說「釐侯十四年，周宣王初立。十八年，釐侯卒，子獻侯籍立」，據《世本》和譙周《古史考》，「籍」是「蘇」之誤，可見釐侯的年代是在共和時期和宣王初年，即前八四〇至前八二三年。

㉖《史記．晉世家》說「靖侯十七年，周厲王迷惑暴虐，國人作亂，厲王出奔於彘，大臣行政，故曰『共和』」，可見靖侯的年代應在厲王在位的最後十七年，即前八五八—前八四一年。

㉗徐天進〈晉侯墓地的發現及研究現狀〉，收入上海博物館編《晉侯墓地出土青銅器國際學術討論會論文集》，上海：上海書畫出版社，二〇〇二年，五一七—五二九頁。

㉘《吉金鑄國史》，圖版四二、四三；《西周青銅器分期斷代研究》附錄一：陳公柔、張長壽〈殷周青銅器上鳥紋的斷代研究〉。

㉙《西周青銅器分期斷代研究》附錄一：陳公柔、張長壽〈殷周青銅器上鳥紋的斷代研究〉。

㉚參看：李零〈重讀史牆盤〉，收入《吉金鑄國史》，四二—五七頁。

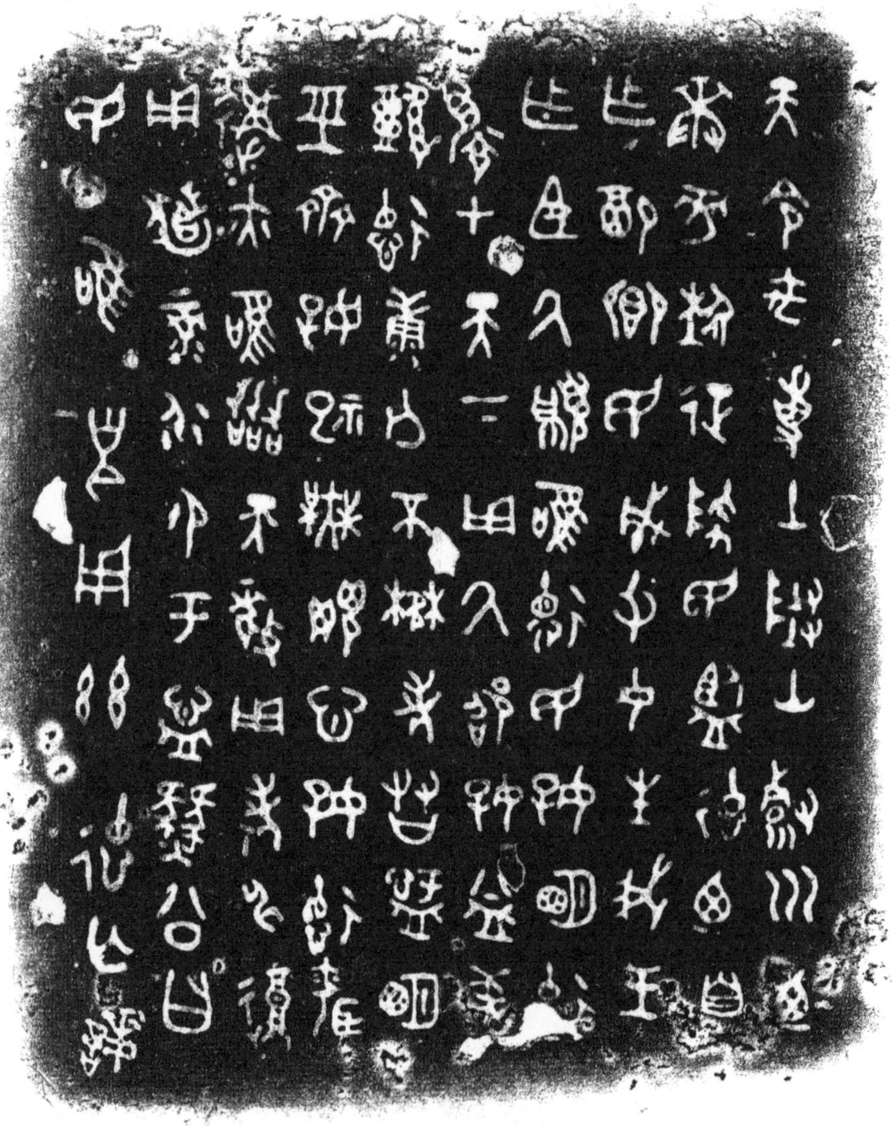

豳公盨銘文

乍（作）配鄉（饗）。民成父母，生我王 3
乍（作）臣，氒顋（沬）唯德。民好明德，4
憂（擾）才（在）天下，用氒卲（詔）好益（謚），美 5
歆（懿）德，康亡不楙（懋），考（孝）㕛（友）㤔（訏）明，6
巠（經）齊（濟）好祀無䀌（期）。心好德，聞（婚）7
遘（媾）亦唯𢆶（協）。天𠩺（厘）用考，申（神）復（復）8
用猶（祓）錄（祿），永厄（定）于寍（寧）。豳公曰：9
民唯克用茲德亡誨（悔）。10

考釋：

天令禹尃土，隓山𣶏川，乃𢍜方埶征。

參看《書·禹貢》。《禹貢》曰：「禹敷土，隨山刊木，奠高山大川。」《禹貢》序曰：「禹別九州，隨山浚川，任土作貢。」又《詩·商頌·長發》「禹敷下土方」。此銘與《禹貢》、〈長發〉語句相似。

「天令禹尃土」，「令」讀「命」，「尃土」即「敷土」，銘文合於《禹貢》所說「禹敷土」。案《禹貢》「敷土」《史記·夏本紀》作「傅土」，「傅」與「敷」通。古人對「敷土」有三種解釋，一曰分土（《史記集解》引馬融說），二曰布土（《禹貢》鄭玄注），三曰治土（《孟子·滕文公上》趙岐注）。此外，《詩·商頌·長發》鄭玄箋、《周禮·春官·大司樂》鄭玄注，還有以「敷」為「溥」，釋為廣大之義者，說詳孫星衍《尚書今古文注疏》卷三。這裡應以「布土」說最為合理。全句的意思是說，上天授命禹，讓他來規劃天下的土地分佈。孫星衍曰：「《說文》云『尃，布也。』『敷，㪃也。』書傳以『敷』為『尃』，音相近，假借字。」銘文「敷」正作「尃」。

「隓山濬川」，讀「隨山浚川」，是順應山勢，疏浚河川之義。「隓」，從雙左，但𠂇作又，反正無別。《史記·夏本紀》是以「行山表木」語譯《禹貢》的「隨山刊木」，但《禹貢》鄭玄注是以「刊木」為斬除之義。銘文無「刊木」。「浚」，原從川從叡。

「乃□方埶征」，第二字，上從求，並非「𠦪」字（但與通常所見象裘皮的「求」字不同，參看拙作《郭店楚簡校讀記》，北京大學出版社，二〇〇二年，七六—七七頁），下從𠬞（與廾有別），疑是「拜」字的異寫（「拜」字從手與從𠬞同），這裡讀為「別」（「別」是並母月部字，「拜」是幫母月部字，讀音相近）。「埶」，古書多用為「設」。「別方設征」，與「禹別九州，……任土作貢」含義相似。

陮（？）民監德，乃自乍配鄉。

「陮（？）民監德」，「陮（？）民」，疑相當古書中的「黎民」、「烝民」、「庶民」等詞。上字左半為阜旁，右半難以隸定，從字形看，似從雙蟲，也有可能讀為「流民」〔參看拙作〈古文字雜識（二則）〉，收入張光裕等編《第三屆國際中國古文字學研討會論文集》（香港：問學社有限公司，一九九七年），七五七—七六二頁〕，但不能肯定；「監德」，讀「鑑德」，指心明其德而感念之。

「乃自乍配鄉」，讀「乃自作配饗」，疑指民戴禹德，以之配饗上帝。

民成父母，生我王乍臣，氒顯唯德。

「民成父母」，指民成婚配。

「生我王乍臣」，指生下我輩，為王作臣。中方鼎「易（賜）于武王乍（作）臣」是類似的辭例。

「氒顯唯德」，讀作「氒昧唯德」。銘文是說，我輩為王作臣，他們最不明白的地方恰好就是「德」。「氒」同「厥」，下同。此字，一般多理解為：「他（或她、它）的」或「他（或她、它）們的」，但這裡和下文的「氒」字卻相當於「他（或她、它）」或「他（或她、它）們」。「顯」，即《說文》卷九上頁部釋為「昧前也」並且「讀若昧」的「顯」字，這裡讀為「昧」。

民好明德，𩟍才天下，用氒邵好益，美欲德，康亡不楙，考吝㥶明，巠齊好祀無𠙽。

「民好明德」，「明德」，是針對上文「氒昧唯德」而講，「昧」和「明」含義正好相反。

「𩟍才天下」，「𩟍」，從食從憂省，這裡讀為「擾」。「擾」有柔順、馴化等義。《周禮．夏官．服不氏》「掌養猛獸而教擾之」，鄭玄注：「擾，馴也。教習使之馴服。」《周禮．夏官．職方氏》把馬、牛、羊、豕、犬、雞稱為「六擾」，就是指馴養的動物。典籍「柔遠能邇」，西周金文有之（如晉姜鼎、大克鼎、番生簋），其相當於「柔」的字，是從憂得聲，也是類似含義。「才」讀「在」。這裡是說民好明德，則天下歸心，無不馴服。

「用氒邵好益，美欲德」，讀「用氒詔好謚，美懿德」。「邵」，從邑不從卩，此即《周禮．

春官》所謂的「詔號」之「詔」（〈大宗伯〉、〈小宗伯〉、〈職喪〉），是宣告之義。「詔好謚」與「美懿德」，乃互文見義，指用有道德寓意的詞彙作人的善謚，加以宣告，彰顯其德行。「康亡不楙」，讀「康亡不懋」，意思是安於享樂者無不自勉自勵。「康」是逸樂之義，「懋」是勉勵之義。《書·康誥》兩言「懋不懋」，「康」即「不懋」，不懋當懋之，故曰「康無不懋」。

「考各⿰忄盂明」，疑讀「孝友訏明」，指孝友之道大明。「孝友」，《詩·小雅·六月》「張仲孝友」，毛傳：「善父母為孝，善兄弟為友。」「⿰忄盂」，從心從盂，疑讀「訏」，古書多訓「訏」為「大」（參《爾雅·釋詁上》、《方言》卷一）。「訏明」，即大明。此亦明德之義。

「巠齊好祀無⿰其丮」，疑讀「經濟好祀無期」，指維持禋祀不絕。「經濟」，有經營操辦之義。「好祀」，指美好的祭祀。「無⿰其丮」，下字似從其從丮，這裡讀為「期」。

心好德，⿰耳昏遘亦唯𢆶。

「心好德」，內心好德。

「⿰耳昏遘亦𢆶」，「⿰耳昏遘」，讀「婚媾」；「𢆶」，讀「協」。意思是說，如內心好德，婚姻也會協調。

天𠩺用考，申⿺辶复用猶錄，永危于⿱心皿。

「天𠩺用考，申⿺辶复用猶錄」，讀「天釐用考，神復用祓祿」。案「天釐」與「神復」互文，「考」與「祓祿」互文，這裡指天以壽考為賜，神以福祿為報。「𠩺」，即「釐」字所從，這裡讀為「釐」。「釐」有賜義，西周金文中用作賞賜的「釐」，字多從貝，但聲旁是一樣的。「申」，在西周金文中，除作干支字，多用為「神祖」之「神」（如大克鼎、杜伯盨，後者的「皇申祖考」就是「皇神祖考」），與加示旁的「神」字沒有區別。西周金文表示重複之義的「申」，如冊命金文常說的「申就」之「申」，是假「紳」字的古體為之，和「陳」字的寫法有關，而與這種寫法的「申」字不同。「復」，從辵與從彳通，楚簡讀為「復」或「覆」的字往往這樣寫，這裡讀為「復」。「復」有回報之義。「猶錄」，寫法同史牆盤。「猶」，《說文》卷三髟部列為「髮」字的或體，這裡讀為「祓」。「祓」，《爾雅．釋詁下》訓「福」。「錄」，同「祿」，《說文》卷一上亦訓「福」。作為合成詞，兩者是同一個意思。

「永卮于寍」，第二字，是在卩旁的左側加一斜畫，略向左撇。此字見於殷墟卜辭（或體從人）和穆公簋，都是表示「夕」以後的時稱，過去有許多不同解釋，黃天樹先生認為，此字即今「卮」字，而以音近假為「定」，相當後世的「人定」。[231]「人定」，是黃昏（即「夕」）之後入寢就息的時段，「定」是「止」、「息」之義。另外，此字又見於𠑇匜，辭例作「今女（汝）亦既又（有）～誓」，「亦既～乃誓」，從文義看，似是約誓、立誓一類意思，讀為「今汝既有定誓」，「亦既定乃誓」，亦通。[232]第四字，見中山王方壺，辭例作「～又（有）寍（懅）惖（愓）」，有些學者是讀「寧」，[233]但也有學者懷疑，它和「寧」字並不是同一個字。[234]案兩周金文「寧」字多從

[231] 黃天樹〈殷墟甲骨文所見夜間時稱考〉，《新古典新義》，台北：台灣學生書局，二〇〇一年，七三—九四頁。

[232] 學者或釋「卩」，讀為「節」，如李學勤〈岐山董家村訓匜考釋〉，收入所著《新出青銅器研究》，北京：文物出版社，一九九〇年，一一〇—一一四頁。

[233] 朱德熙、裘錫圭〈平山中山王墓銅器銘文的初步研究〉，《文物》一九七九年第一期，四二—五二頁；于豪亮〈中山三器銘文考釋〉，《考古學報》一九七九年第二期，一七一—一八四頁。

[234] 李學勤、李零〈平山三器與中山國史的若干問題〉，《考古學報》一九七九年第二期，一四七—一七〇頁；張政烺〈中山王嚳壺及鼎銘考釋〉，《古文字研究》第一輯，北京：中華書局，一九七九年，二〇八—二三二頁。

此，中山王圓壺有「不能寧處」句，其「寧」字也從此，恐怕還是讀「寧」更好（在中山王方壺的銘文中是「豈」的意思）。「定」、「寧」含義相近，古書常連言，如《淮南子·精神》「氣志虛靜恬愉而省嗜欲，五臟定寧充盈而不泄」，《淮南子·本經》「天下寧定，百姓和集」，《論衡·宣漢》「四海混一，天下定寧」，這段話的意思是說「永遠安寧」，「於」在文中相當「與」，是既定且寧的意思（參看：王引之《經傳釋辭》卷一）。

燹公曰：民唯克用茲德亡誨。

「燹公曰」，第一字，或加攴旁，金文辭例，有「~王」，乃燹地之王，又為周師駐屯之所，劉心源釋「燹」，潘祖蔭疑同典籍「豳」字，[235]學者多從後說，但還缺乏足夠的證據。這裡仍按字形隸定，暫時不做討論。此銘「燹公」，疑是王室大臣，不能確知究為何人。

「民唯克用茲德亡誨」，讀「民唯克用茲德亡悔」，意思是下民只有恪遵上述道德，才能沒有悔吝之憂。這是燹公在銘文結尾特意強調和告誡的話，但「燹公曰」以前也應是燹公的話。

案此銘凡十行九十八字，前九行皆十字，最後一行為八字。這八個字，它的前三字，間距較寬，「民」、「唯」之間有一淺坑，初以為「心」字，目驗乃是墊片痕跡，其空字距離實與「唯」、「克」兩字同，中間不會再有字。

三、幾點感想

（一）銘文的格式

這篇銘文，格式比較特殊，和過去常見的銘文都不太一樣。過去，陳夢家先生把西周銅器銘文分為四類：

(1)「作器以祭祀或紀念其祖先的」；
(2)「記錄戰役和重大的事件的」；
(3)「記錄王的任命、訓誡和賞賜的」；
(4)「記錄田地的糾紛與疆界的」。[236]

這四大類，第一類可簡稱為「祭祀類」，第二類可簡稱為「戰功類」，第三類可簡稱為「冊賞類」，第四類可簡稱為「訴訟類」，如果再加上「媵嫁類」，則有五類。它們都屬於家族性的紀念文字，即紀念祖考，紀念通婚，紀念戰功，紀念封賞，以及訴訟勝利。這些當然是現有銘文的主體，數量最多。但數量較少的例外也值得重視。比如，我已指出，史牆盤的銘文就比較特殊，和上述五類都不一樣。[237]

---

[235] 參看周法高主編《金文詁林》，香港：香港中文大學，一九七四年，第十二冊，五九七六—五九八五頁。
[236] 陳夢家〈西周銅器斷代〉（三），《考古學報》一九五六年第一期，六五—一一四頁。此說見該文一〇〇頁。陳先生已指出，這四類當中，第一、第三兩類最多，第四類最少。
[237] 李零〈重讀史牆盤〉。

這次發現的銘文應當算哪一種？我的看法，它和上述五類也不一樣，形式和內容都不一樣。過去，大家常說，發現一篇銘文，如同發現一篇《尚書》，要講文體，銅器銘文和《尚書》最接近。這話有一定道理，但並不完全準確。因為認真比較，《尚書》和銅器銘文，它們除語言相近，並不一樣。嚴格說，金文五類，類似文體，《尚書》並沒有，《逸周書》也沒有。唯一有點交叉，只是金文「冊賞類」和《尚書》的某幾篇「命」（如〈顧命〉和〈文侯之命〉）。

【案】《尚書》類型的古書，即先秦所謂「書」，本即「文書」之「書」，乃檔案之別名。這類檔案，因文體不同，各有名稱，似可粗分為四類：

(1) 掌故類（典、謨）。

古人有以歷史掌故垂教訓的傳統。如《左傳》文公六年、《國語·楚語上》

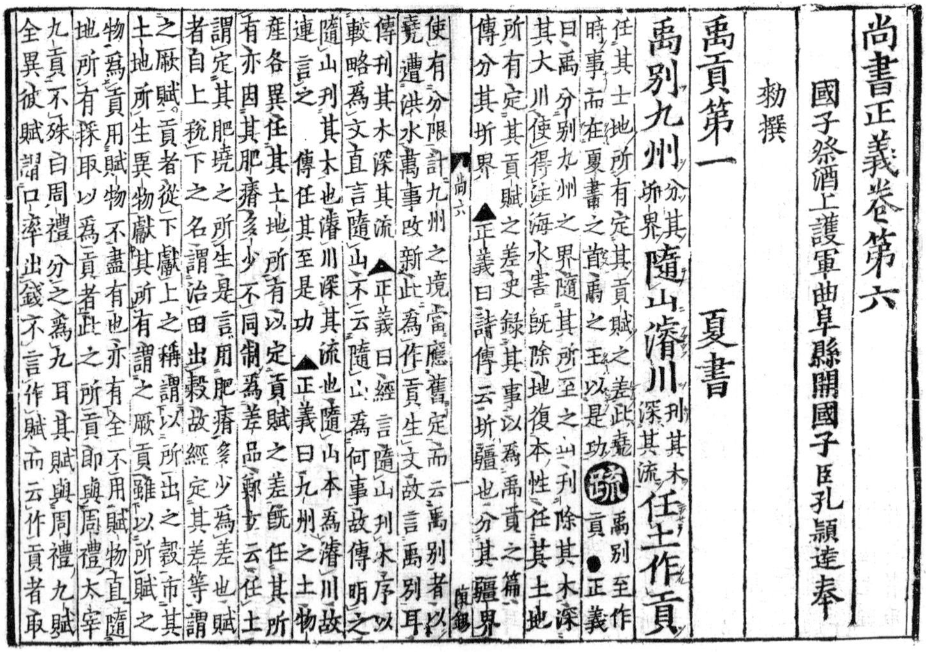
尚書正義卷第六
國子祭酒上護軍曲阜縣開國子臣孔穎達奉
勑撰
禹貢第一　夏書
禹別九州（分其圻界）隨山濬川（刊其木深其流）任土作貢（任其土地所有定其貢賦之差此堯時事而在夏書之首禹之王以是功）疏 禹別至作貢 ●正義曰禹分別九州之界隨其所至之山刊除其木深其大川使得注海水害既除地復本性任其土地所有定其貢賦之差史錄其事以為禹貢之篇
傳分其圻界 ▲正義曰詩傳云圻疆也分其疆界使有分限計九州之境當應舊定而云禹別者以堯遭洪水萬事改新此為作貢生文故言禹別耳
傳刊其木深其流 ▲正義曰經言隨山刊木序以較略為文直言隨山不云隨山為何事故傳明之隨山刊其木也濬川深其流也隨山本為濬川故連言之
傳任其至是功 ▲正義曰九州之土物產各異任其土地所有以定貢賦之差既任其所有亦因其肥瘠多少不同制為差品鄭玄云任土謂定其肥墝之所生是言用肥瘠多少為差也賦者自上稅下之名謂治田出穀故經定其差等謂之厥賦貢者從下獻上之稱謂以所出之穀市其土地所生異物獻其所有謂之厥貢雖以所賦之物為貢用賦物不盡有也亦有全不用賦物直隨地所有採取以為貢者此之所貢即與周禮太宰九貢不殊自周禮分之為九耳其賦與周禮九賦全異彼賦謂口率出錢不言作賦而云作貢者取

《尚書正義》卷六〈禹貢〉首頁

有所謂「訓典」，《尚書》有〈堯典〉、〈舜典〉，是所謂「典」（義同「典故」之「典」）；[238]《尚書》有〈大禹謨〉、〈皋陶謨〉，是所謂「謨」（取謀議之義）。它們都是以古史傳說垂教訓的篇章（〈益稷〉、〈禹貢〉也屬於這一類）。《尚書》中的〈虞夏書〉各篇，基本上是這一類。當然，《尚書》和《逸周書》，它們也包含年代稍晚的故事（如《尚書》的〈太甲〉、〈西伯戡黎〉、〈金縢〉，等等）。這一類講教訓，和第二類的「誥」、第四類的「訓」有交叉，但它的特點是不托空言，藉助歷史掌故。

(2) 政令類（誓、誥、命）。

《尚書》有〈甘誓〉、〈湯誓〉、〈泰誓〉、〈牧誓〉、〈費誓〉、〈秦誓〉，是所謂「誓」（誓神曰誓，此類多為誓軍旅之辭）；有〈帝告（誥）〉、〈仲虺之誥〉、〈湯誥〉、〈尹誥〉（即〈咸有一德〉）、〈盤庚之誥〉（即〈盤庚〉）、〈大誥〉、〈康誥〉、〈酒誥〉、〈召誥〉、〈洛誥〉、〈康王之誥〉，是所謂「誥」（此類多為布政之辭，但也含教訓之辭，有時與「訓」無別，《尚書》中的〈微子〉、〈梓材〉、〈多士〉、〈多方〉、〈立政〉也屬於這一類）；有〈肆命〉、〈原命〉、〈說命〉、〈旅巢命〉、〈微子之命〉、〈賄肅慎之命〉、〈顧命〉、〈畢命〉、〈冏命〉、〈蔡仲之命〉、〈文侯之命〉，是所謂「命」（此類多為命官之辭）。

(3) 刑法類（刑、法）。

《左傳》昭公十四年有「皋陶之刑」、昭公六年有夏「禹刑」、商「湯刑」和周「九刑」，

[238] 杜預注說「訓典」是「先王之書」，韋昭注說「訓典」是「五帝之書」，《說文》卷五上也說「典」是「五帝之書也」。可見這裡的「典」不是一般的簡冊，而是專指經典化的、掌故化的，可以垂為教訓的古史傳說。

《逸周書·嘗麥》有周成王〈刑書〉，《尚書》有〈呂刑〉，是所謂「刑」；《管子·任法》有黃帝置法之說，《左傳》昭公七年有〈周文王之法〉，《逸周書》有〈劉法〉，是所謂「法」。

(4) 教訓類（訓、箴、戒）。

《尚書》有〈伊訓〉、〈高宗之訓〉（即〈高宗肜日〉），《逸周書》有〈度訓〉、〈命訓〉、〈常訓〉，是所謂「訓」（此類多為教訓之辭，《尚書》的〈沃丁〉、〈洪範〉、〈無逸〉也屬於這一類）；《左傳》襄公四年有〈虞人之箴〉，《逸周書·嘗麥》有成王箴大正之辭，是所謂「箴」（此類多屬勸諫之辭）；《大戴禮·武王踐阼》提到周武王「退而為戒書」，《逸周書》有〈大戒〉，是所謂「戒」（此類多屬警告之辭）。

同《尚書》類的古書相比，我的印象是，這篇銘文，它的開頭和第一類有關，也是以歷史掌故作引子，但下面的內容則近於訓、誥、箴、戒。它主要是講道德教訓，而不是紀念某一具體事件，和銅器銘文是不一樣的。它更接近於章學誠所謂的「議論文詞」，[239]即後世古書的主體。我們應注意的是，《尚書》雖來自古代的文書檔案，但它們變為古書，變為後世可以閱讀的材料，其實是選取的結果（不管這種選取是不是由孔子來完成）。它之區別於自己的母體，即原始的文書檔案，主要在於，它更關心的並不是具體的制度或政令，也不是歷史細節本身，而是圍繞重大歷史事件的議論和思想，它們引出的教訓和借鑑，情況比較類似後世「事語」類的古書（如《國語》）。這篇銘文，它的文體，要比以往發現的銅器銘文更接近《尚書》（特別是其中講道德教訓的篇章），也更接近我們習慣上稱為「古書」的東西。這在銅器銘文中還是首次發現，它對探討古書的淵源很重要。

（二）銘文的內容

此篇是以禹平水土為整篇銘文的引子，這也是很重要的發現。因為大家都知道，二十世紀二〇至三〇年代的疑古運動，禹是重點懷疑對象。過去，在《古史辨》第一冊的中編，顧頡剛先生在他與錢玄同、劉掞藜、胡堇人討論古史的幾組文章中，一開始就是討論這個問題。[240]他懷疑，禹和夏本來並沒有關係，二者發生關係，是因為夏鑄九鼎，代代相傳，傳到西周，上面有各種動物紋飾。許慎既然說「禹，蟲也」（《說文》卷十四下禸部），顧頡剛先生懷疑，「禹或是九鼎上鑄的一種動物」，「大約是蜥蜴之類」，只是到了西周，才被神化，從一條蟲變成最古的人王。這就是魯迅先生在《故事新編．理水》中大加嘲笑，所謂「禹是一條蟲」的來歷。[241]當時，顧先生以為《詩．商頌．長發》是最早提到「禹」的文獻，並據王國維說，把〈長發〉定為西周中期宋人的作品。他認為，東周以來，所有關於禹的傳說，都是從《詩經》推演；《尚書》中講禹事的〈禹貢〉等篇，都是戰國時期的作品。這些說法固然值得商榷。但我們都知道，顧先生是以大膽假設，提出問題，勇於開拓見長，屬於「但開風氣不為師」的學者類型。[242]他的研究，雖有疏於考證的地方，未必都能顛撲不破，但他提出的問題，他所搜集的材料，他所開拓的領域，經常都是後人討論的基礎。

案「禹」於早期文獻多見，肯定不是秦漢虛構。如《詩》有〈小雅〉的〈信南山〉，〈大雅〉

[239] 章學誠《校讎通義》，北京：古籍出版社，一九五六年，四七頁。

[240] 參看：《古史辨》第一冊，北平：樸社，一九二六年，中編，五九—一九八頁。案：此編所收的十篇文章是作於一九二三年二月—一九二四年二月，歷時整整一年。

[241] 《魯迅全集》，北京：人民出版社，一九五六年，三三〇—三三三頁。

[242] 參看：顧潮《歷劫終教志不灰》，上海：華東師範大學出版社，一九九七年，一六一—一六五頁引顧頡剛致譚其驤信（一九三五年三月十八日）。

《禹跡考》秦公，宓宅禹跡

《禹跡考》叔夷，處禹之堵

的〈文王有聲〉和〈韓奕〉，《魯頌》的〈閟宮〉，《商頌》的〈長發〉和〈殷武〉；《書》有〈大禹謨〉、〈皋陶謨〉、〈益稷〉、〈禹貢〉、〈五子之歌〉、〈仲虺之誥〉、〈洪範〉、〈立政〉、〈呂刑〉和〈書序〉；《逸周書》有〈大聚〉、〈世俘〉、〈商誓〉、〈嘗麥〉和〈太子晉〉；《左傳》有莊公十一年、僖公三十三年、文公二年、宣公十六年、襄公四年、二十一年和二十九年、昭公元年、哀公元年和七年；《國語》有〈周語下〉、〈魯語上〉、〈魯語下〉、〈晉語五〉、〈鄭語〉和〈吳語〉，至於《禮記》、《論語》、《孟子》，以及其他先秦諸子（除了《老子》），也是盛言禹功（特別是《墨子》）。這些文獻，它們講「禹」，最熱鬧的傳說，都是圍繞他平治水土、劃分九州，即《禹貢》所說的故事。這類故事，不僅是中國古代帝王傳說的重要組成部份，也是中國地理學和製圖學一向推崇的基本觀念，以至《山海經》也好，《水經注》也好，凡古今之言輿地者，無不推宗於此（參看：劉歆〈上山海經表〉、酈道元《水經注·序》）。而其代表性詞彙，就是《左傳》襄公四年引〈虞人之箴〉所說的「禹跡」（禹走過的地方）。[243]

在上述古史討論中，王國維先生並不是直接參與者。但一九二五年，即緊接在顧先生他們的討論之後，他在他的講義即《古史新證》中還是對這一問題給予了回應。如講義序言對「信古」和「疑古」都有所批評：批「信古」，是以《古文尚書》和《今本紀年》為例；批「疑古」，是以抹殺堯、舜、禹為例。他說「疑古之過」，在於「乃並堯、舜、禹之人物而亦疑之。其於懷疑之態度、反批評之精神不無可取，惜於古史材料未嘗為充分之處理也」。為了說明這一看法，他特意在介紹性的第一章後，一上來就討論「禹」，並以「禹」作為第二章的題目。在這一章裡，他討論了兩件銅器，一件是秦公簋（王氏作「秦公敦」），一件是叔弓鎛（王氏作「齊侯鎛鐘」）。前者是春秋秦國的銅器，提到「鼏宅禹責（跡）」。後者是春秋齊國的銅器，提到「虩虩（赫赫）成唐（湯），處禹之堵」。秦為嬴姓，齊為姜姓，它們都是周王室封建的異姓國家，一個西處雍州，一個東臨海隅，它們都說，自己是住在禹活動過的地方。這對證明大禹傳說的古老，當然是有力證據。

王氏說：

夫自〈堯典〉、〈皋陶謨〉、〈禹貢〉皆紀禹事，下至《周書·呂刑》，亦以禹為「三后」之一。《詩》言禹者，尤不可勝數，固不待藉他證據。然近人乃復疑之。故舉此二器，知春秋之

[243] 案：「禹跡」又見《史記·越王句踐世家》。〈文王有聲〉「維禹之跡」，〈殷武〉「設都於禹之跡」，兩「績」字亦應讀為「跡」。

世東西二大國，無不信禹為古之帝王，且先湯而有天下也。[244]

現在發現的𤼈公盨，年代屬於西周中期，這不僅比王氏舉出的秦公簋和叔弓鎛年代更早，而且語句與《禹貢》相似。這不僅對研究「大禹」傳說流行的年代很重要，也對研究《尚書》中〈禹貢〉等篇的年代很重要。至少把《禹貢》式的傳說，從戰國向前推進了一大步。現在，我們必須承認，西周中期，這類說法已經流行開來。

（三）銘文的主題

此銘從大禹治水的故事往下講，主要講「德」。其敘述方式略同《尚書．洪範》。〈洪範〉陳箕子之言說：

> 我聞在昔，鯀陻洪水，汩陳其五行；帝乃震怒，不畀洪範九疇，彝倫攸斁。鯀則殛死，禹乃嗣興，天乃錫禹洪範九疇，彝倫攸敘。

它也是以上天命禹平治水土為前提，講「彝倫」。他所謂的「彝倫」，就是由「洪範九疇」（「初一」至「九」所敘）安排的生活秩序。這和銘文比較相似。

案此銘說話人是「𤼈公」（出現一次），說話對象是「民」（出現四次），教訓「民」的是「德」（出現六次）。它所強調的是「德」。銘文中的「德」字，其第一次出現，原文是「天命禹敷土……，**隓**（？）民鑑德，自作配饗」，上來先講禹的「德」。禹的「德」是什麼？是上天命禹治水土，任土作貢，讓住在禹域之內的人民衣食有自，生生不已。可見聖人的「德」，作為榜樣的「德」，其實是「生民之道」，它是來自上天的授命。「德」第二次出現，原文是「民成父母，生我王作臣，氒昧唯德」，則是說生民昧「德」，要靠教化，讓他們喜歡這種「德」，遵用這種「德」。所以銘文第三、第四和第五次提到「德」，就是反覆申說「民好明德」的重要性。「民好明德」的重要性是什麼，原文講得很清楚，就是「擾在天下，用氒昭好謚，美懿德，康無不懋，孝友訏明，經濟好祀無期」，「婚媾亦唯協」，它強調的是旌表德行，提倡孝養父母，友愛兄弟，調和婚姻，繁育子孫，維持祭祀不絕，也就是說，還是落實在「生民之道」。第六次，也是最後一次，銘文是由「𤸫公曰」作結，強調「民唯克用茲德」。全文以「德」始，以「德」終，「德」在銘文中處於中心位置。如果我們把這篇銘文當文章讀，它最好的題目就是「好德」或「明德」。

銘文所說「好德」，〈洪範〉三言之，《論語》兩言之，可摘錄於下：

> 五，皇極：……而康而色，曰：「予攸好德。」汝則錫之福。……于其無好德，汝雖錫之福，其作汝用咎。
>
> 九，五福：……四曰攸好德。（《書・洪範》）
>
> 子曰：吾未見好德如好色者也（《論語》的〈子罕〉、〈衛靈公〉）

至於「明德」，古書所見更多，如《易》的〈晉卦〉，《書》的〈康誥〉、〈梓材〉、〈召

---

244 王國維《古史新證》，北京：清華大學出版社，一九九四年。案：後來，顧先生把《古史新證》的第一、二章收進他主編的《古史辨》第一冊的下編（二六四—二六七頁），並附跋語：「頡剛案，讀此，知道春秋時齊、秦二國的器銘中都說到禹，而所說的正與魯、宋二國的頌詩中所舉的詞義相同。他們都看禹為最古的人，都看自己所在的地方是禹的地方，都看古代的名人（成湯與后稷）是承接著禹的。他們都不言堯、舜，彷佛不知道有堯、舜似的。可見春秋時人對於禹的觀念，對於古史的觀念，東自齊，西至秦，中經魯宋，大部份很是一致。我前在〈與錢玄同先生論古史書〉中說，『那時（春秋）並沒有黃帝、堯、舜，那時最古的人王只有禹。我很快樂，我這個假設又從王靜安先生的著作裡得到了兩個有力的證據！』」對禹的傳說，顧氏主疑，王氏主信，傾向不同，但他們都承認它自西周以來已廣為流行。

誥〉、〈多士〉、〈君奭〉、〈多方〉、〈君陳〉、〈文侯之命〉，《詩》的〈大雅・皇矣〉。此外，《左傳》的隱公八年，僖公五年、二十二年和二十八年，文公十八年，宣公三年和十五年，成公二年和八年，襄公十九年、二十四年和二十六年，昭公元年、七年和八年，定公四年，還有《禮記》的《大學》、《中庸》，它們也都提到了「明德」。文獻中的「明德」有兩種用法，一種是以「明」為形容詞，一種是以「明」為動詞。前者居大多數，後者只有〈康誥〉、〈多方〉的「明德慎罰」。而《大學》之兩言「明明德」，則是祖述早期文獻而對兩者都有所強調的新詞彙。

中國治思想史的學者，多謂周人重親尚德，銘文的發現，對探討中國古代思想史有重要意義，這是用不著我來多說的。

（四）地理觀念問題

研究中國近代學術史，有一件事非常重要，這就是一九三四年，受上述討論鼓舞，顧頡剛先生發起出版《禹貢》雜誌和成立禹貢學會。[245]顧先生治輿地，也是屬於高屋建瓴。他想從中國地理學的核心概念入手，重新梳理中國的民族演進史和地理沿革史。[246]這對中國地理學史的研究無疑有深遠意義。五年前，我和唐曉峰先生發起創辦《九州》雜誌，就是想把顧先生提倡的研究討論和學術氣氛（自由討論，平等對話，互相批評，互相尊重）繼續下去。當時，我們不僅給雜誌起了「九州」這個名字，還在每期扉頁上，請不同的學者重複書寫「芒芒禹跡，畫為九州」（〈虞人之箴〉）。現在雜誌已出到第三冊。𤅊公盨的發現，無異天助神思。在該刊第一冊上，筆者曾專門討論銅器銘文中的「禹跡」，以及「中國古代地理大視野」中的「九州」概念。當時，我曾這樣議論：

> 「禹跡」或「九州」，有出土發現為證，不僅絕不是戰國才有的概念，可以上溯於春秋時代，而

且還藉商、周二族的史詩和書傳可以上溯到更早，顯然是一種「三代」相承的地理概念。這種地理概念是一種有彈性的概念，雖然夏、商、周或齊、秦等國，它們的活動中心或活動範圍很不一樣，但它們都說自己是住在「禹跡」，這點很值得注意。它說明「九州」的大小和界劃並不重要。並且從古文字材料，我們已經知道，古書所說的「雅」字，比如《詩經》中〈大雅〉、〈小雅〉的「雅」，本來都是寫成「夏」。可見「夏」不僅是一種地域狹小、為時短暫的國族之名，而且還成為後繼類似地域集團在文化上加以認同的典範，同時代表著典雅和正統（雅可訓正），與代表「野蠻」的「夷」這個概念形成對照，為古代「文明」的代名詞。春秋時代，中原諸夏強調「尊王攘夷」，使「夷夏」的概念更加深入人心。在這方面，秦是一個好例子。這個國家，不但其貴族本來和山東境內或淮水流域的夷人是一家，而且族眾也是西戎土著，一直到戰國中期的秦孝公時仍很落後，「僻在雍州，不與中國之會盟，夷狄視之」（《史記·秦本紀》），但有趣的是，就連他們也是以「夏」自居。證據有二，一是上面提到的秦公簋，二是睡虎地秦簡〈法律答問〉。後者涉及秦的歸化制度（即現在的移民法），規定秦的原住民叫「夏」，歸化民叫「真」，只有母親是秦人，孩子才算「夏子」，如果母親不是秦人或出生於外國則只能叫「真」不能叫「夏」。所以「九州」不僅是一種地理概念，也是一種文化概念。[247]

豳公盨的發現再次證明，以「夏」為起點的「三代」概念在古代是何等深入人心。最近，在上海召開的「新出土文獻與古代文明研究」國際學術研討會（上海大學，二〇〇二年

[245] 早在一九二三年底，即上述討論即將結束時，顧先生就已提出，「依本文的順序，這一期應辯『《禹貢》』」，參看：顧頡剛〈啟事三則〉，《古史辨》第一冊，中編，一八七—一八八頁。

[246] 參看：顧潮《歷劫終教志不灰》，一五八—一七三頁。

[247] 李零〈中國古代地理的大視野〉，收入《中國方術續考》，北京：東方出版社，二〇〇一年，二五五—二六九頁。

七月二十八至三十日）上，應會議邀請，和有關方面批准，我向大會介紹了《上海博物館藏戰國楚竹書》第二卷中歸我負責註釋的《容成氏》。《容成氏》，現存五十三簡，篇幅較長，內容是講上古帝王傳說，它是從容成氏等一大批上古帝王，一直講到堯、舜、禹和年代更晚的商湯和周文王、周武王，內容非常豐富。其中講禹，重點也是大禹治水，講他如何疏導山川，劃分九州，涉及很多重要的地理問題。篇中所述九州之名和山川形勢，不盡同於《禹貢》。這不僅為重新認識傳世文獻中的《禹貢》提供了新的線索，也為深入探討出土文字材料中的「禹」增加了新的材料。將來材料公佈，會有進一步討論。

二〇〇二年八月二十九日寫於北京藍旗營寓所

補記一：

最近，到山東省博物館參觀，我又發現一件西周時期的柱足盨，即《殷周金文集成》第九冊（中國社會科學院考古研究所編，中華書局，一九八八年）：4436著錄的偖盨。此器與帶矩形紐器蓋的附耳方鼎十分相似，但自名為「盨盄」，蓋器均飾重環紋和瓦紋。這也是盨源自附耳方鼎的重要證據。

補記二：

陸，應分析為從雙圣。

（原載於《中國歷史文物》二〇〇二年第六期）

龍門（禹門口）

禹跡考——《禹貢》講授提綱

中國經典，天文祖〈堯典〉，地理宗〈禹貢〉，〈易傳〉道陰陽，〈洪範〉序五行，對中國思想影響至深。它們除〈易傳〉附於〈易經〉，皆在《尚書》中，〈禹貢〉居其一。中國古代天下觀，最初的表述就是《禹貢》九州。[248]

《禹貢》九州，自古相傳，是大禹治水，用腳丫子一步一步走出來的。[249]禹的足跡，古人叫「禹跡」。《左傳》襄公四年，魏絳引辛甲《官箴》，其〈虞人之箴〉曰：「芒芒（茫茫）禹跡，畫為九州。」[250]《禹貢》就是講「禹跡」。

夏、商、周三代都以夏人自居，認為自己住在「禹跡」的範圍之內。這是中國最早的地域認同。

我把《禹貢》原文分成〈序〉、〈九州〉、〈導山〉、〈導水〉、〈告成〉五章，從頭到尾串講一遍。[251]

一、序

禹敷土，隨山刊木，奠高山大川。

【案】「敷土」，讀布土，指擘畫九州。「隨山刊木」，有兩種理解：一種是行山表木，即走到哪座山，都砍一棵樹，立個標竿；一種是伐木除道，即走到哪座山，都披荊斬棘，開出一條人走的道路。「奠高山大川」，奠訓定，指為高山大川分類定名。類似說法也見於其他先秦古書，如《禹貢》序：「禹別九州，隨山浚川，任土作貢。」《詩·商頌·長發》：「禹敷下土方。」《山海經·海內經》：「帝乃命禹卒布土以定九州。」「隨山浚川」就是導山、導水，「任土作貢」就是為土壤分類，為田地定級，對出賦納貢做出具體規定。《禹貢》九州，範圍很大，幾乎和秦皇漢武巡狩封禪的範圍差不多大。我們很難想像，在秦皇漢武以前，有誰能這樣巡行天下。因此近人懷疑，《禹貢》最早作於戰國，甚至晚到秦代。但如果我們並不在乎這一故事的傳說形式，以為真有這麼一位「禹爺」（魯迅〈理水〉語）一步一個腳印轉了這麼一大圈，而是把這位「禹爺」當作一個跨時空的集合主語，把「禹跡」當作中國早期地理知識、地理觀念的一種拼湊版，我們還是可以把它看作一種相當古老的思想。當年，王國維在清華大學講中國上古史，他就指出過，「禹跡」是三代相承的固定詞彙，不惟《詩》、《書》盛稱，而且屢見於東周銅器，《禹貢》的年代當在西周中期。[252]現在，考古發現證實了他的推測。保利博物館藏𤫊公盨，銘文提到「天命禹敷土，隨山浚

[248] 歷史如流水，治史如治水。水道歧出，紛亂如麻，既要溯源而上以尋其源，又要順流而下以見歸宿。

[249] 傳說大禹治水，勞累過度，走路歪歪扭扭，其步態號稱「禹步」，後來成為道教儀式的一部份。

[250] 辛甲，亦稱辛公甲，是輔佐周武王滅商的功臣之一。傳夏后啟封支子於莘，為辛氏。莘在今陝西合陽，武王母太姒即出此國。劉向《別錄》謂辛甲為周太史，封於長子（在今山西長子縣）。《官箴》是記錄百官匡王之失的話。〈虞人之箴〉是《官箴》之一篇。虞人是管理山林川澤的職官。《漢書·藝文志·諸子略》道家著錄《辛甲》二十九篇。馬國翰《玉函山房輯佚書》子編道家類輯有《辛甲書》，一條輯自《左傳》襄公四年，即〈虞人之箴〉；一條輯自《韓非子·說林》，則稱「散篇」。

[251] 參看顧頡剛、劉起釪《尚書校釋譯論》，北京：中華書局，二〇〇五年，第二冊，五二一—八五三頁。

[252] 王國維《古史新證——王國維最後的講義》，北京：清華大學出版社，一九九四年，一—六頁。案：顧頡剛先生持戰國說，但劉起釪先生卻改從西周說，參看顧頡剛、劉起釪《尚書校釋譯論》，八三二—八四三頁。

川，乃拜（別）方設征」，說明至少西周中期，《禹貢》式的說法就已存在。[253]上海博物館藏楚簡《容成氏》則提供了大禹治水的另一個故事版本。[254]現在重讀《禹貢》，實在很有必要。

二、九州章

此章講九州，敘述順序是：冀—兗—青—徐—揚—荊—豫—梁—雍。

九州者，中國大陸之謂也。古人以水流環繞中可居人之高地為州，[255]小者環河，大者環海，皆可稱州（或洲），小九州外，復有大九州。《禹貢》以山川為經界，[256]把中國大陸分為九塊，不是四方八位加中央，如九宮格，而是東邊四塊，中間三塊，西邊兩塊，作四三二結構。這九塊，以西河、華山為界，又分為東西土。[257]治水起點是龍門西河。東七州，冀、兗在北，從西往東轉；青、徐、揚在東，從北往南轉；荊在揚西，從東往西轉，豫在荊北，從南往北轉。這七州，始於冀而終於豫，按順時針方向旋轉，是一大圈，貢道相連，以冀州為歸宿。西部二州，梁南雍北，包括陝西、甘肅、青海和四川，範圍很大。梁在豫西，接豫而行，從東往西講。雍在冀西，接梁而行，從西往東講，按順時針方向旋轉，也是一大圈，貢道相連，以冀州為歸宿，最後又轉到治水的起點，龍門西河。

九州，每一州分五部份：先講州域，次講地理，次講土田（兼及植被），次講貢賦，最後講貢道。特點是只有山川，沒有城邑，更加突出地理本色。我把其中的地理部份再細分為山、川、澤、原四項。

下面，我把〈九州〉章的原文，每州分五段，拆開來講。

（一）冀州

〔兩河惟〕冀州：既載壺口，治梁及岐。既修太原，至于岳陽。覃（沁）懷厎績，至于衡（橫）漳。〔恆、衛既從，大陸既作〕。厥土惟白壤。〔厥田惟中中〕。厥賦惟上上錯。〔厥田惟中中〕。〔恆、衛既從，大陸既作〕。〔厥貢……〕。〔島〕〔鳥〕夷皮服，夾右碣石入于河。

1. 州域：「〔兩河惟〕冀州。」

【案】《禹貢》是依託大禹治水的故事。九州是以夏地的晉南為中心。冀州是《禹貢》第一州，其名得自龍門口上山西一側的河津。河津古稱冀。[258]《禹貢》體例，頭一句話都是講州域，一般

[253] 李零〈論燹公盨發現的意義〉，《中國歷史文物》二〇〇二年第六期，三五—四五頁。案：西周封國的範圍也可支持這一點。下文以「某國故地」作注，只是為了方便理解，並非表示夏商時期也有這些國家。

[254] 李零《容成氏》考釋，收入馬承源主編《上海博物館藏戰國楚竹書》（二），上海：上海古籍出版社，二〇〇二年，二四七—二九三頁。這裡的釋文是用寬式，下不再注。

[255] 《說文解字．川部》：「水中可居曰州，周繞其旁，從重川。昔堯遭洪水，民居水中高土，或曰九州。」

[256] 這種設計，使人很難按地名沿革作時代判斷。

[257] 三代的東西對峙：夏、商在東，周在西。東周的東西對峙：周與齊、魯、晉（後來分裂為韓、趙、魏三國）、衛、燕在東，秦在西。漢唐時期，洛陽、西安一直是東西都。

[258] 河津，古稱皮氏。《左傳》僖公二年「冀之既病」，杜預注：「冀，國名，平陽皮氏縣東北有冀亭。」冀亭在今稷山縣北。

[259] 《周禮．夏官．職方氏》：「河內曰冀州。」《呂氏春秋．有始覽》：「兩河之間為冀州，晉也。」《爾雅．釋地》：「兩河間曰冀州。」案：〈職方〉「河內」是「三河」（西河、南河、東河）之內。

只有五個字，多者七個字，用山川作標誌，表示範圍。「冀州」上顯然缺了三個字，茲據文義，[259]參酌古書，擬補缺文，以足其義。冀州屬晉、燕故地，地跨今山西、河北二省，並包括河南的一部分。黃河九曲，青海段、甘肅段、寧夏段、內蒙段是黃河上游，山陝段、河南段、河北段是黃河中下游。[260]黃河山陝段，《禹貢》叫「西河」（見下雍州節），河南段，《禹貢》叫「南河」（見下荊州節）。河北段，《禮記・王制》叫「東河」。這裡的「兩河」是西河和東河。古人講地理範圍，通常講四至，即東、南、西、北四個方向，每個方向到什麼地方，但《禹貢》只講二至（只有徐州講三至）。[261]冀州，西界西河、東界東河，南北界要從下文推敲。南界，要看下豫州貢道節。豫州在冀州南，其貢道北端是南河，可見南河是冀州南界。北界，要看此州貢道節。鳥夷入貢從碣石來，我們從它的入貢路線看，冀州可能還包括遼寧甚至內蒙古的一部份。冀州三面環河，西河是冀、雍二州的界線，南河是冀、豫二州的界線，東河是冀、兗二州的界線，很清楚，只有北界不太清楚。由此可知，河內，即太行山與南河、東河之間的狹長地帶，其實也在冀州的範圍內。《周禮・夏官・職方氏》把冀州分為冀、幽、并三州，去掉徐州和梁州仍為九州。《呂氏春秋・有始覽》、《爾雅・釋地》把冀州分為冀、幽二州，去掉梁州，仍為九州。所謂并州是山西北部，幽州是河北北部和遼寧一帶。上博楚簡《容成氏》：「禹通蔞與易，東注之海，於是乎藏州始可處也。」蔞即漊水。《山海經・北山經》：「虖沱之水出焉，而東流注于漊水。」[262]漊水是滹沱河的支流。易指易水。所敘二水皆河北境內之水。楚文字，藏與并相近，藏州是并州之誤。該篇有並無冀。《禹貢》所說冀州，核心地區是山西南部。今太原古稱并州，并州指太原、太原以北和太原以東。幽州指河北北部。今人以冀州為河北，并州為山西，與《禹貢》的概念不一樣。

2.山川：「既載壺口，治梁及岐。既修太原，至于岳陽。覃（沁）懷厎績，至于衡（橫）漳。〔恆、衛既從，大陸既作〕。」

(1) **山：壺口山、梁山、太岳山、碣石山。**

【案】西河是冀州和雍州的分界線。這條河道上有兩個關節點。一個是壺口，一個是龍門口。壺口在山西吉縣和陝西宜川之間。黃河流經壺口，最狹窄，形成壺口瀑布（中國第二大瀑布），非常壯觀。龍門口在山西河津和陝西韓城之間，跟壺口正好相反。這裡有一道隆起的山梁，橫穿二縣，黃河從這道山梁穿行，是謂龍門口。過了龍門口，地勢平坦，河面突然變得異常寬闊。[263]「既載壺口」是講壺口，壺口有壺口山，在山西吉縣一側。「既載」與下「既修」是類似表達，舊說紛紜，有既始、既作、既成等解，這裡疑讀既裁，指鑿開山梁（當然不是由人工開鑿，而是以想像的鬼斧神工開鑿），擴展河面。「治梁及岐」是講龍門口。龍門口，也叫禹門口，古人認為，這是大禹鑿開的山口。它的兩面都有山。我初以為「梁」是韓城一側的梁山，「岐」是河津一側的龍門山，後來從Google地圖看，所謂梁山也好，龍門山也好，都在同一條橫亙的山梁上。我懷疑，

---

[260] 地理學界多把青海河源到內蒙古托克托叫黃河上游，托克托到河南鄭州叫黃河中游，河南鄭州到黃河入海口叫黃河下游。

[261] 冀州只講東、西界（西河、東河），兗州只講東、西界（河、濟），青州只講東、南界（海、岱），徐州只講東、北、南界（海、岱、淮），揚州只講北、東界（淮、海），荊州只講北、南界（荊、衡陽），豫州只講南、北界（荊、河），梁州只講東、西界（華陽、黑水），雍州只講西、東界（黑水、西河）。

[262] 晏昌貴〈上博簡《容成氏》九州柬釋〉，簡帛研究網，http://www.jianbo.org/wssf2003/yanchanggui01.htm, 二〇〇三年四月六日。

[263] 汾陰在龍門口下，也很開闊。漢武帝於汾陰（今山西萬榮縣西）立后土祠，目的是為了祠河。

「梁」即橫跨龍門口的山梁，「岐」是這道山梁的缺口，也就是龍門口（與遠在陝西岐山縣的岐山無關）。韓城古稱韓，稱少梁，稱夏陽。河津古稱冀，稱耿，稱皮氏，稱龍門。韓城稱梁是取津梁之義，河津稱津亦取津梁之義。[264]「至于岳陽」，「岳」即太岳山，也叫霍山。霍山，商周時期也叫霍太山，在山西霍縣一帶。此山是山西的嶽山，就像泰山在山東、華山在陝西（也叫華太山）、嵩山在河南（也叫太室山），衡山在湖南，但後世未能入於五嶽，降為鎮山（五鎮的中鎮）。「右碣石」，見下貢道節，即碣石山，在河北昌黎縣。[265]通常認為，鳥夷從東北來，山在其右，故稱右碣石。另一種理解，古代有兩碣石，一為昌黎碣石，一為樂浪碣石。昌黎碣石在西，樂浪碣石在東。左為東，右為西。我們把昌黎碣石理解為右碣石，亦通。[266]

(2) 川：河水、沁水、漳水、恆水、衛水。

【案】「河」，黃河，上州域節缺，但見下貢道節。黃河是四瀆之一，四瀆是獨流入海的大河。貢道節的「河」是講黃河入海的一段，即所謂東河。「恆、衛既從，大陸既作」，原文錯在貢賦節後，從文義看，應移到「覃懷厎績，至于衡漳」後。「覃懷厎績」（覃有二音，一音tán，一音qín），覃是定母侵部字或清母侵部字，沁是清母侵部字，古音相近，可通假。覃疑讀沁，指河南沁陽縣，懷指河南武陟縣。厎同底，訓致，績訓致，這裡是告成之義。下文此字多見，基本都是這種用法。沁水源出山西沁源縣，南流，經安澤、沁水、陽城，穿越太行山，過河南沁陽縣，在武陟縣注入黃河。[267]「至于衡漳」，到達漳水流域。衡漳讀橫漳，指橫流的漳水。漳水分清、濁二水。濁漳水，南源出長子，西源出沁縣，北源出榆社，三源合流，從平順縣，橫穿太行山，在河北涉縣合漳村與從左權方向流來的清漳河合為一水，穿鄴城遺址（在河北臨漳縣）。清漳水，東源出昔陽，西源出和順，流經左權，下注濁漳水。濁漳水從西往東流，清漳水從北往南流。橫流者，主要是濁漳水。「恆、衛既從」，恆、衛是漳水以北的兩條河。恆是恆水，即通天河，在河北曲陽匯入唐河；衛是衛水，即衛河，在河北靈壽縣匯入滹沱河；既從，指二水與衡漳平行，也是從西向東流。下雍州節「漆、沮既從」是同樣的辭例。汾水縱貫山西，《禹貢》沒有提到。晉北大河，如桑乾河和滹沱河，《禹貢》也沒提到。

(3) **澤：大陸澤。**

【案】「大陸既作」，大陸指大陸澤，原本在河北寧晉、隆堯、任縣、巨鹿、平鄉、南和一帶，明代中期，分為南北二泊，北泊叫寧晉泊，南泊叫大陸泊，二十世紀縮小乾涸。《呂氏春秋·有始覽》、《淮南子·墜形》「九藪」有「晉之大陸」，《爾雅·釋地》「十藪」也提到「晉有大陸」，北魏亦稱大陸陂。澤與藪是相關概念，區別是什麼？《有始覽》高誘注：「有水曰澤，無水曰藪。」《禹貢》只用澤，不用藪。其治澤術語，「作」指動土興役，「澤」指修堤築堰，蓄水為澤，「豬」讀瀦（音zhū），有停蓄積瀦之義，指匯聚眾流，積為大湖。

(4) **原：太原、岳陽、覃懷、衡漳。**

---

264 河津稱河津縣始於宋，但漢辛氏《三秦記》：「河津，一名龍門」，已用河津指龍門。

265 舊有二說，一為漢班固驪成說，以碣石為河北昌黎縣碣石山；一為漢文穎絫縣說，以為碣石淪海，成為秦皇島、昌黎一帶的海上礁石。前人多主後說，非是。參看：譚其驤〈碣石考〉（原載《學習與批判》一九七六年第二期），收入氏著《長水集》（下），北京：人民出版社，一九八七年，九八—一〇四頁；王育民〈碣石新辨〉，《中華文史論叢》一九八一年第四輯，二三七—二四七頁；劉起釪〈碣石考〉，收入氏著《古史續辨》（原載《江海學刊》一九八四年第五期），北京：中國社會科學出版社，一九九一年，五七四—六〇一頁。

266 《史記·夏本紀》索隱引《太康地理志》：「樂浪遂城縣有碣石山，長城所起。」《通典》卷一八六以樂浪碣石為左碣石。

267 《山海經·海內東經》：「沁水出井陘山東，東南注河，入懷東南。」此井陘山非石邑（在河北獲鹿縣）井陘山。

【案】「既修太原，至于岳陽」，指山西臨汾到霍縣一帶。「覃懷厎績，至于衡漳」，指河南沁陽到山西長治一帶。「太原」，大平原。《爾雅．釋地》：「大野曰平，廣平曰原。」山西自北而南有六大盆地：大同盆地、忻定盆地、太原盆地、上黨盆地、臨汾盆地、運城盆地，大平原都在這六大盆地中。山西，早期都邑多在山西南部。學者認為，《禹貢》「太原」不在太原盆地，而在臨汾盆地或運城盆地。「岳陽」，太岳山以南，疑指霍山西南的洪洞縣一帶。霍山西南是一片開闊地，屬於臨汾盆地的北緣。「覃懷」，上文提到，指沁水流經的沁陽、武陟一帶。沁陽當太行陘（太行八陘之一）外口，商代西周叫于或盂，戰國秦漢叫野王。古代從河南洛陽去山西長治，必走這個山口。武陟縣，古稱懷。沁陽、武陟一帶，大體相當清懷慶府和今河南焦作市。[268] 焦作市，下轄二市四縣，沁陽在西，武陟在東。「衡漳」是漳水流域，這裡是以濁漳流域代指上黨盆地。以上描述可以分為三路：壺口—梁、岐在西，太原—岳陽在中，覃懷—衡漳在東，都在山西南部。原文未講山西北部。

3. 土田：「厥土惟白壤。〔厥田惟中中〕。」

【案】「厥土惟白壤」，其土為白壤。土是原生的土壤，惟訓為，白壤是鹽鹼化的土壤，品級較差。「厥田惟中中」，其田為第五等。田是經過治理的田地，中中是第五等。此句原來錯在「厥賦惟上上錯」後，應當移到「厥土惟白壤」後。《禹貢》九州，把土田分為九級，冀是中中，兗是中下，青是上下，徐是上中，揚是下下，荊是下中，豫是中上，梁是下上，雍是上上。雍土積高，水患最小，其田為第一等。徐、青二州，不臨河道，水患較小，其田為第二、第三等。豫臨南河，冀、兗臨東河，皆有水患，越到下游，水患越甚，其田為第四至第六等。梁在長江上游，荊在長江中游，揚在長江下游，水患比黃河流域更嚴重，也是越到下游，水患越甚，其田為第七至第九等。

4. 貢賦：「厥賦惟上上錯。〔厥貢……〕。」

【案】「厥賦惟上上錯」，賦是土田所出，以糧食為主，上上錯是第一等雜第二等。古代軍賦，還包括車馬軍械。《禹貢》體例，貢在賦後，這裡缺。

5. 貢道：「〔島〕〔鳥〕夷皮服，夾右碣石入于河。」

【案】九州貢道以水道為主，陸路為輔。「島夷皮服」，今本「島夷」，應從《史記·夏本紀》作「鳥夷」。鳥夷大概是遼西的少數民族，其貢物為皮服。「夾右碣石入于河」，其貢道是沿秦皇島海岸線航行，右手貼著碣石山，從黃河入海處入河。《禹貢》九州所記居民，只記少數民族，冀州有鳥夷，青州有嵎夷、萊夷，徐州有淮夷，揚州有島夷，梁州有和夷，雍州有三苗或西戎三族，所述多在貢道節。黃河是九州貢道的大動脈，各州貢物皆以冀州三面的黃河為歸宿，最後目的地是冀州。

（二）兗州

濟、河惟兗州：九河既道（導），雷夏既澤，灉、沮會同。桑土既蠶，是降丘宅土。厥土黑墳（肥），厥草惟繇，厥木惟條。厥田惟中下。厥賦（貞）〔下下〕，作十有三載乃同。厥貢

[268] 這一帶屬於古代的河內之地。河內是太行山和黃河所夾的狹長地帶。它分南北兩部份，安陽、鶴壁、新鄉一帶是其北境，焦作、濟源一帶是其南境。覃懷相當後者。

漆、絲，厥篚織文。浮于于濟、漯，達于河。

1. 州域：「濟、河惟兗州。」

【案】兗州在河北、山東交界處，屬衛國故地。[269]兗州之兗，字亦作兖，[270]州名是得名於沇水。沇水是濟水的別名，如下〈導水〉章就是以沇水東流為濟水。濟水亦作泲水。「濟」是濟水，「河」指東河。兗州在二水之間。河水是兗州和冀州的界線，濟水是兗州和青、徐二州（青州在北，徐州在南）的界線，河、濟二水東北流，河水在天津、河北滄州一帶注入渤海（古稱北海），濟水在山東東營一帶注入渤海，兩個入海口之間的海岸線是其東北界，西南界則在河南濮陽、長垣一帶。孔子居衛，就是住在這一帶。它的東邊是山東菏澤地區，屬曹國故地，東南是河南商丘地區，屬宋國故地。曹、宋二國屬豫州之地。《容成氏》：「禹親執（枌）〔杒〕耜，[271]以陂明都之澤，決九河之滐，于是乎夾州、徐州始可處。」以夾州、徐州並敘。夾州，疑讀泲州或濟州。策，古書經常寫成筴。策是初母錫部字，泲、濟是精母脂部字，古音相近，可通假。「明都之澤」即下豫州節之「孟豬」。滐是水激迴漩貌。

2. 山川：「九河既道（導），雷夏既澤，灉、沮會同。桑土既蠶，是降丘宅土。」

(1) 山：～

【案】兗州無山。

(2) 川：濟水、河水、九河、灉水、沮水、漯水。

「濟、河」，見上州域節。《爾雅．釋水》：「江、河、淮、濟為四瀆。四瀆者，發源注海者也。」四瀆都是獨流入海的大河。北方二瀆，黃河是第一大河，濟水是第二大河。黃河源出青海東南的巴顏喀喇山，歷史上不斷改道，前後有三個入海口，北口在天津市和河北黃驊市一帶，東口在山東東營市一帶，南口在江蘇濱海縣一帶。戰國到西漢，以北口為主。東漢以來，河道南移，或走東口，奪濟入海，或走南口，奪淮入海。濟水是黃河的姊妹河。它發源於河南濟源市王屋山，分南北兩段，北段在黃河北，南段在黃河南。其南段本來與黃河平行，今黃河南移，奪濟水道，二水已合一。「九河既道」，《爾雅．釋水》：「徒駭、太史、馬頰、覆鬴、胡蘇、簡、絜、鉤盤、鬲津，九河。」九河是黃河播散，在河、濟之間構成的河網，今唯徒駭、馬頰二河在，其他支流，或改道，或絕流，或易名，已難詳考其故跡。道讀導，指疏浚河道，以通其流。「灉、沮會同」，灉（音yōng）是黃河支流的統稱，沮是濟水支流的統稱，這些支流在黃河下游匯合。[272]《爾雅．釋水》：「水自河出曰灉，濟為濋。」濋是初母魚部字，沮是從母魚部字，可通假。《水經注．瓠子河》引京相璠說：「六國時，沮、濋同音。」《爾雅．釋水》的灉、濋就是這裡的灉、沮。「漯」，也是黃河支流，見下貢道節。

---

269 兗州之域包括河北滄州、衡水二市和邢台、邯鄲二市的東部，河南濮陽市和新鄉市的東南部。今山東兗州市並不在古兗州範圍內，但仍用這一名稱。

270 《說文解字》無兗字，其字形來源還值得研究，目前缺乏古文字線索。其〈儿部〉有兊字，許慎以為從㕣，徐鉉等曰：「㕣，古文兗字，非聲。」《說文解字．水部》：「沇：水，出河東東垣王屋山，東為泲。」「泲，沇也。東入於海。」「濟：水，出常山房子贊皇山，東入泜。」許慎是把沇、泲當四瀆之一的濟水，而把濟當河北贊皇縣的濟水。許慎以為沇從允聲，古文作沿。這兩個字的古文寫法有沇、沿、渷三種寫法，參看徐在國編《傳世古文字編》，北京：線裝書局，二〇〇六年，下冊，一〇八七頁：兗（沇）。

271 枌，朸之誤，讀作耒。

272 京杭大運河就是利用這些支流，加以改造。

(3) 澤：雷夏澤。

【案】「雷夏既澤」，雷夏即雷夏澤，也叫雷澤，據說在山東鄄城舊城鄉和河南范縣濮城鎮一帶，已涸；澤指蓄水，這裡是動詞。

(4) 原：～

【案】「桑土既蠶，降丘宅土」，兖州低平，自古是黃泛區，常被水患，如衛國的都城在黃河兩岸經常搬來搬去。[273]衛地在濮水之上，宜於養蠶。古人常以「桑間濮上之音」稱衛國的音樂，如《禮記·樂記》，鄭玄注：「濮水之上，地有桑間。」這裡是說，經過治水，居民已從高地搬到低地住，恢復養蠶。

3. 土田：「厥土黑墳（肥），厥草惟繇，厥木惟條。厥田惟中下。」

【案】「厥土黑墳」，其土為黑壤，很肥沃。墳是肥字的假借字。墳是並母文部字，肥是並母微部字，屬陰陽對轉。《釋文》引馬融注：「有膏肥也。」已指出其正確含義。孫星衍《尚書今古文注疏》：「墳、肥聲之轉。故《漢地理志》『壤墳』，應劭讀墳為肥。」也指出二者是通假關係。「厥草惟繇，厥木惟條」，繇讀由，是抽的意思。條者條暢，形容茂盛。草木與土有關，是講植被。《禹貢》只於兖、徐、揚三州講草木：兖、徐二州敘於土後，揚州敘於土前。「厥田惟中下」，其田為第六等。

4. 貢賦：「厥賦（貞）〔下下〕，作十有三載乃同。厥貢漆、絲，厥篚織文。」

【案】「厥賦」後應為出賦等級，此作「貞」，舊注訓正，不可解。〈九州〉之賦，冀為上上，青為中上，徐為中中，揚為下上，荊為上下，豫為上中，梁為下中，雍為中下，唯缺下下。前人指出，貞乃下下之誤。致誤原因是下字重文，古文字寫法，照例要在下字底下加重文號，即兩道短横，這種寫法的「下下」，字形似正，先誤為正，後讀為貞，遂訛為貞。[274]其說可從。「作十有三載乃同」，指大禹治水十三年，水患平，九州同。《史記・河渠書》引《夏書》：「禹抑洪水十三年，過家不入門。」此文不見今本《尚書》，或即意引此文。兗州是黃河入海處，水患嚴重，出賦最輕，《禹貢》特書治水年數於此。「厥貢漆、絲」，漆、絲是兗州特產。貢與賦不同，所貢非田畝所出，乃山林川澤所產。「厥篚織文」（篚音fěi），篚是竹筐類盛具，織文是有花紋的紡織品。《禹貢》講紡織品入貢，必以竹筐為盛具，下文講紡織品例用「厥篚」。

5. 貢道：「浮于濟、漯，達于河。」

【案】「浮于濟、漯」，航行於濟、漯二水。「達于河」，達訓通，指從一條水道轉入另一條水道。《禹貢》體例，貢道以水道為主，乘舟行水曰「浮」，水道轉水道曰「達」，水道轉陸路曰「逾」。其貢道，東線四州，彼此相承，貢物是從揚州輸徐州，徐州輸青州，青州輸兗州，然後由兗州入河。這裡所述是由濟入漯、由漯入河的一段，由濟入漯在四瀆津（在山東茌平縣），由漯入河在宿胥口（在河南浚縣）。最後目的地是冀州。

---

[273] 衛，初都沬（河南淇縣），在黃河西，後來搬到黃河東，先都曹（河南滑縣東），次都楚丘（河南滑縣東北），後都帝丘（河南濮陽）。

[274] 馬廷鸞、金履祥說，參看《尚書校釋譯論》，五六二—五六五頁引。

（三）青州

海、岱惟青州：嵎夷既略，濰、淄其道（導）。厥土白墳（肥），海濱廣斥。厥田惟上下。厥賦中上。厥貢鹽、絺，海物惟錯，岱畎絲、枲、鉛、松、怪石，萊夷作牧，厥篚檿絲。浮于汶，達于濟。

1. 州域：「海、岱惟青州。」

【案】青州以色名。九州之域，青州最東，方色為青。《晉書‧地理志下》：「（青州）蓋取土居少陽，其色為青，故以名也。」或說方色之說晚出，必待戰國而後出，未必。青州在山東北部，屬齊國故地。[275]「海」，青州東部為半島，三面環海，渤海（古稱北海）在北，黃海（古稱東海）在東與南。「岱」即泰山。泰山是青、徐二州的分界線，為其南界；濟水是青、兗二州的分界線，為其陸境的西北界。青州，《爾雅‧釋地》作「營州」。[276]《釋名‧釋州國》：「齊、衛之地於天文屬營室，取其名也。」畢沅《釋名疏證》指出，營室是衛國的星野，與齊無關，齊太公封於營丘，「營州蓋取名於營丘也」。《容成氏》：「禹通淮與沂，東注之海，於是乎競州、莒州始可處也。」競州相當青州，而與莒州並說。莒在齊南魯東，在山東半島，地位僅次於齊、魯。載籍九州，從無莒州。

2. 山川：「嵎夷既略，濰、淄其道（導）。」

(1) 山：岱。

【案】「岱」，見上州域節。岱即泰山，也叫岱宗。泰山是齊、魯兩國的分界線。泰山即太山，本來的意思只是大山，岱才是它的本名。山東半島有六座海拔一千公尺以上的高山，泰山是最高一座，[277]但在五嶽中，它比華山、恆山矮，並非最高。[278]中國大地，西北高而東南低。古人講地理，山水一體，都是自西向東，以東為尊，故泰山為五嶽之首。

(2) 川：濰水、淄水、汶水、濟水。

【案】「嵎夷既略，濰、淄其道」，道讀導，指嵎夷之地既得經略，濰水、淄水也相繼被疏浚。嵎夷（嵎音yú），舊說紛紜，疑指住在山東半島最東端的東夷部族。〈堯典〉：「分命羲仲宅嵎夷曰暘谷。」《釋文》引馬融注以嵎為海隅。暘谷也叫湯谷，上有扶桑。湯谷是太陽升起的地方。古人把太陽升起的地方叫東隅。今山東榮城縣城山頭為山東半島最東端，乃迎日之處，古有日主祠，疑即嵎夷所居。[279]濰是濰河，在臨淄以東。淄是淄河，齊都臨淄所依。「浮于汶，達于濟」，見下頁道節。汶是汶水，在臨淄西南。濟是濟水，在臨淄以西，為青、兗二州之界。整個順序是從東往西講。

---

[275] 青州之域以淄博、濰坊、青島、煙台、威海五市為主，並包括東營、濟南、泰安、萊蕪、臨沂、日照五市的一部份，但不包括德州、聊城二市，以及東營、濱州、濟南三市在濟水以北者。

[276] 漢人以《禹貢》九州加幽、并、營三州，以湊〈舜典〉十二州之數，類似九鼎和十二鼎的關係。漢武十三州，去營州，以益、涼易梁、雍，加上交趾、朔方。

[277] 泰山海拔一千五百二十四公尺，蒙山一千一百五十公尺，嶗山一千一百三十二公尺，魯山一千一百零八公尺，沂山一千零三十二公尺，徂徠山一千零二十八公尺。

[278] 華山（西嶽）海拔兩千零八十三公尺，恆山（北嶽）海拔一千八百九十八公尺，泰山（東嶽）海拔一千五百二十四公尺，嵩山（中嶽）海拔一千四百四十公尺，衡山（南嶽）海拔一千兩百九十公尺。

[279] 成山頭，先有胡耀邦題「天盡頭」，後有范曾題「天無盡頭」，今改名叫「好運角」。

(3)澤：～

(4)原：～

3. 土田：「厥土白墳（肥），海濱廣斥。厥田惟上下。」

【案】「厥土白墳」，其土為白壤，很肥沃。「海濱廣斥」，斥是斥鹵之地，青州臨海，海濱多鹽鹼地。「厥田惟上下」，其田為第三等，屬於上等。

4. 貢賦：「厥賦中上。厥貢鹽、絺、海物惟錯，岱畎絲、枲、鉛、松、怪石，萊夷作牧，厥篚檿絲。」

【案】「厥賦中上」，其賦為第四等。「厥貢鹽、絺」（絺音chī），其貢物為海鹽和細葛。絺是細葛，可織夏布。「海物惟錯」，海物是海產品如魚蝦之類，惟錯的惟與上不同，不是為的意思，而是與的意思，讀法同揚州節「惟木」，錯是攻玉的磨石。「岱畎絲、枲、鉛、松、怪石」（枲音xǐ），岱畎是泰山的溝谷，下徐州節「羽畎」是類似用法，[280]以下五項皆泰山山溝裡的特產，絲是蠶絲，枲是大麻[281]，鉛是鉛礦，松是松木，怪石是泰山文石。文石即瑎。[282]古人常把帶花紋的美石統稱為文石。泰山文石是一種夾帶各色紋理的片麻岩。[283]晉王嘉《拾遺記》卷七：魏文帝時「太山下有連理文石，高十二丈，狀如柏樹，其文彪發，似人雕鏤，自下及上皆合而中開，廣十六尺，望若真樹也……」「萊夷作牧」，疑指萊夷從事養殖業，所貢為畜產品。萊夷是東夷的一支，主要活動於山東北部。今山東北部，地名多用萊字，如萊蕪、萊州、萊州灣、萊山、蓬萊、萊西、萊陽。萊山在山東龍口市南，山上有月主祠，山下有西周歸城遺址，可能就是古代萊夷的活動中心。「檿絲」（檿音yǎn），柞蠶絲，山東昌邑、濰坊一帶的特產。

5.貢道：「浮于汶，達于濟。」

【案】此貢道是由汶入濟，與上兗州貢道相通。汶水是從山東東平縣入濟水。

（四）徐州

海、岱及淮惟徐州：淮、沂其乂，蒙、羽其藝。大野既豬（瀦），東原厎平。厥土赤埴墳（肥），草木漸包（苞）。厥田惟上中。厥賦中中。厥貢惟土五色，羽畎夏翟，嶧陽孤桐，泗濱浮磬，淮夷蠙珠暨魚，厥篚玄纖、縞。浮于淮、泗，達于河（菏）。

1.州域：「海、岱及淮惟徐州。」

【案】徐州之名與徐夷有關，[284]徐夷嬴姓，為淮夷中的大族。徐州之域包括山東南部和江蘇、安徽的淮北地區，屬魯國故地。[285]「海」是黃海，為徐州東界。「岱」是泰山，為徐州北界。青州也

[280] 畎字本指田間溝壟，如畎畝的畎就是這個意思，這裡指山間溝谷。

[281] 大麻（*Cannabis sativa*）分雌雄株，雄曰枲，雌曰苴，統稱麻。

[282] 《說文解字·玉部》：「琘，石之美者。」字亦作玟、琘。泰山文石只是其中一種。

[283] 參看章鴻釗《石雅　寶石說》（編按：《石雅　寶石說》為《石雅》與《寶石說》二書之合輯），上海：上海古籍出版社，一九九三年，一六八頁。

[284] 今江蘇徐州市仍用古代名稱。

[285] 徐州北部以山東泰安市南部、濟寧市和棗莊市為主，並包括臨沂、日照二市的一部份，但不包括山東菏澤市和河南商丘市；南部包括江蘇淮水以北，以及安徽淮水以北的一部份。

用這兩個字，但這裡多了一個「淮」字。淮水是徐州南界。這裡沒提西界，西界可能在安徽境內。《周禮．夏官．職方氏》無徐州。《容成氏》：「禹親執（枌）〔朸〕耜，以陂明都之澤，決九河之滐，於是乎夾州、徐州始可處。」是把徐州放在兗州下邊講。

2. 山川：「淮、沂其乂，蒙、羽其藝。大野既豬（瀦），東原底平。」

(1) 山：岱、蒙山、羽山、嶧陽。

【案】「岱」，泰山，見上州域節。「蒙、羽其藝」，蒙是蒙山，在山東蒙陰縣和平邑縣交界處，海拔一千一百五十公尺，「羽」是羽山，在江蘇東海縣與山東臨沭縣交界處，海拔兩百六十九．五公尺。《孟子．盡心上》：「孔子登東山以小魯，登太山以小天下。」東山即蒙山，蒙山在曲阜東，故稱東山。蒙山是魯地最高的山（除去北界泰山），故曰「登東山以小魯」。太山即泰山，是山東半島最高的山，故曰「登太山以小天下」。「嶧陽」，見下貢賦節，一說嶧陽山，一說嶧山之南。嶧陽山，又名葛嶧山，今名岠山（岠音jù），在江蘇邳州市與睢寧縣交界處，海拔兩百一十三公尺。嶧山即秦始皇立嶧山刻石的嶧山，在山東鄒城市，很有名，海拔五百八十二．八公尺。江蘇境內無高山，雲台山最高，只有六百二十五公尺。[286]但此山早先是海島（叫郁洲山），並不是陸地上的山。嶧山以南，淮水以北，徐州境內的山，這兩座山也算高山了。

(2) 川：淮水、沂水、泗水、菏水。

【案】徐州，淮字三見：一見州域節，為徐州南界；一見山川節，與沂水並敘；一見貢道節，與泗水並敘。「淮、沂其乂」，是說淮、沂二水得到治理。淮水是四瀆之一，不僅是徐州和揚州的分界線，也是中國南方和北方的分界線。此水源出河南桐柏縣桐柏山，東流，橫貫河南南部、安徽北部和江蘇北部，從江蘇濱海縣入海。沂水源出山東沂源縣艾山，南流，經山東沂水、沂南、臨沂、郯城，在江蘇睢寧縣附近注入泗水。此水很重要，如上面提到的莒國就是沂水流域的國家。「浮于淮、泗，達于河」，見下貢道節。泗水也很重要，如魯都曲阜和任、郭、邾、滕、薛等小國，都在泗水流域。泗水源出山東泗水縣陪尾山，先西流，再南流，經曲阜、兗州、魚台，進入江蘇，經沛縣、徐州，在淮安市注入淮河。河是菏之誤。菏水是濟水的支流，自山東菏澤市一帶分流，經鉅野、金鄉，在魚台縣附近注入泗水，今已湮沒。

(3) 澤：大野澤。

【案】「大野既豬」，大野即鉅野澤，在山東鉅野、梁山、東平一帶，即《水滸傳》的「八百里梁山泊」，清以後湮沒，東平縣的東平湖是其遺存。《爾雅．釋地》「十藪」提到「魯有大野」。

(4) 原：東原。

【案】「東原底平」，東原指山東東平縣一帶，底平是致平之義。

3. 土田：「厥土赤埴墳（肥），草木漸包（苞）。厥田惟上中。」

【案】「厥土赤埴墳」，其土為紅色黏土，很肥沃。赤是土色，埴是黏土。「草木漸包」，包讀苞，有叢生之義。「厥田惟上中」，其田為第二等。

[286] 江蘇境內，海拔在兩百至六百公尺的高山還有無錫黃塔頂、宜興鍋底山、南京紫金山、鎮江大華山、徐州大洞山、蘇州穹窿山、淮安獅子峰等，都在淮水以南。

4. 貢賦：「厥賦中中。厥貢惟土五色，羽畎夏翟，嶧陽孤桐，泗濱浮磬，淮夷蠙珠暨魚，厥篚玄纖、縞。」

【案】「厥賦中中」，其賦為第五等。「厥貢惟土五色」，其貢物為五色土。古之社稷壇是用五色土封築，如今北京中山公園的社稷壇（清代的社稷壇）猶如此。漢唐舊注和《晉太康三年地記》、《元和郡縣誌》、《太平寰宇記》等書都說，五色土是徐州特產。「羽畎夏翟」，羽畎是羽山的山溝，夏翟是一種野雞，長羽五色，可用於禮儀類的樂舞。「嶧陽孤桐」，嶧陽山所產孤桐，適合做良琴。「泗濱浮磬」，泗水之濱，有石浮現水中，適合做磬石。[287]「淮夷蠙珠暨魚」（蠙音pín），淮夷是東夷居於淮水流域者，多為嬴姓，西周金文叫「南淮夷」，其所貢之物為蠙珠和魚。蠙，字亦作玭。蠙珠是河蚌中的珍珠。暨是及或與。《史記·夏本紀》、《漢書·地理志上》引古文本作眔（音dà），下暨字同。這種寫法很古老，西周金文就是用眔表示及。徐州貢魚應即古人盛稱的淮水白魚，學名叫鮊（Culterinae）。「厥篚玄纖、縞」，玄纖是一種黑經白緯的細繒，縞是白繒。繒是絲綢的統稱。

5. 貢道：「浮于淮、泗，達于（河）〔菏〕。」

【案】徐州四水，沂水注泗，泗水注淮，沒問題，但淮水與河水並不相通。這裡的「達于河」是「達于菏」之誤。《說文·水部》：「菏澤水，在山陽胡陵。《禹貢》：『浮于淮、泗，達于菏。』」《水經注·濟水》引《禹貢》同。《說文》所謂「菏澤水」，也叫菏水，其實是濟水支流，今已斷流。菏水是聯繫泗水與濟水的河流。可見徐州貢道是由淮入泗，由泗入菏，由菏入濟，與青州的貢道相接。

（五）揚州

淮、海惟揚州：彭蠡既豬（瀦），陽鳥攸居。三江既入，震澤厎定。篠簜既敷，厥草惟夭，厥木惟喬。厥土惟塗泥。厥田惟下下。厥賦下上上錯。厥貢惟金三品，瑤、琨，篠、簜，齒、革、羽、毛惟木，島夷卉服，厥篚織貝，厥包橘柚，錫貢。沿于江、海，達于淮、泗。

1. 州域：「淮、海惟揚州。」

【案】揚州為什麼叫揚州，不清楚，前人有各種猜測，多不可信。[288]九州之域，揚州居東南，也許揚州之名只是表示它是個向陽的州，或陽鳥棲息的州。[289]揚州在淮水以南和長江下游，屬吳、越故地。[290]「淮」是揚州北界，「海」是揚州東界，沒問題，但它的南界、西界在哪裡，原文沒有講。我懷疑，其南境還包括長江以南，與下荊州一樣。其州域不僅包括淮河以南的江蘇、安徽，也包括浙江、江西的沿江地區。錢塘江（即浙江）和杭州灣一帶，如杭州、紹興、餘姚和寧波等地（皆在秦漢會稽郡），估計也在揚州境。傳說舜命禹治水，前後十三年，前三年為舜服喪，實際治水僅十

[287] 磬、聲同源，其上半皆像懸磬而擊之。聲字從耳，表示側耳而聽之，磬字從石，表示好聽的石頭。

[288] 《釋名·釋州國》：「揚州州界多水，水波揚也。」《釋名疏證》引李巡說：「江南揚州其氣躁勁，厥性輕揚，故曰揚州。」又李匡乂說：「地多白楊，故曰揚州。」畢沅曰：「非古訓也。」

[289] 揚州，《容成氏》作「⿰易阝州」。

[290] 今江蘇揚州市仍用古代名稱。

年，卒於會稽。《史記·夏本紀》：「十年，帝禹東巡狩，至於會稽而崩。」「或言禹會諸侯江南，計功而崩，因葬焉，名曰會稽。會稽者，會計也。」會稽即紹興，有禹陵，《史記·越王句踐世家》說，句踐奉禹為祖，以會稽為都。其後秦皇、漢武南巡，必循江至於會稽，估計就是追尋傳說中的大禹行跡。[291]《容成氏》：「禹乃通三江五湖，東注之海，於是乎荊州、揚州始可處也。」是把同居長江流域的荊州、揚州放在一塊兒講，但「三江五湖」專指揚州。三江是震澤以西的長江支流，五湖即震澤。荊州和揚州的界線在哪裡，這裡沒講，說見下荊州。

2. 山川：「彭蠡既豬（潴），陽鳥攸居。三江既入，震澤厎定。」

(1) 山：～

【案】江蘇全境無高山，安徽北部也沒有高山，海拔六百公尺以上的高山極為罕見。高山主要在浙江、福建、安徽南部和江西。

(2) 川：淮水、三江、江水、泗水。

【案】「淮」，淮水，揚州北界，見上州域節和下貢道節。「三江既入」，聚訟紛紜，學者多以三江入海為說，以應下〈導水〉章所謂的「北江」和「中江」。但這裡說的入是指匯入震澤，三江應是震澤以西的三條江，而不是他們說的北江、中江、南江。「沿于江、海，達于淮、泗」見下貢道節。江是長江，泗是泗水，見下貢道節。揚州境內的長江，隋唐以來叫揚子江。泗水是徐州之水，北注於淮，不在揚州境內。

(3) 澤：彭蠡澤、震澤。

【案】「彭蠡既豬」，彭蠡是彭蠡澤。彭蠡澤是今鄱陽湖的前身，地跨安徽、江西二省，主體在長江以北。今安徽南境的龍感湖、大官湖、黃湖、泊湖皆其遺存。今鄱陽湖全部在長江以南、江西境內。「陽鳥攸居」，陽鳥是鴻雁類候鳥，冬天到彭蠡澤過冬。「震澤厎定」，震澤即太湖。《呂氏春秋·有始覽》、《淮南子·墬形》「九藪」有「吳之具區」，《爾雅·釋地》「十藪」也提到「吳越之間有具區」，具區澤即震澤。

(4) 原：～

3. 土田：「筱簜既敷，厥草惟夭，厥木惟喬。厥土惟涂泥。厥田惟下下。」

【案】「筱簜既敷」（筱音xiǎo，簜音dàng），筱是小竹，比較細；簜是大竹，比較粗；既敷是既布的意思。「厥草惟夭」，夭同葽，是茂盛之義。「厥木惟喬」，喬是高大之義。此敘草木於土前。第一句講多竹，第二句講草密，第三句講樹高，說明揚州植被很好。「厥土惟涂泥」，其土為泥濘之地，品級較差。「厥田惟下下」，其田為第九等。

4. 貢賦：「厥賦下上上錯。厥貢惟金三品，瑤、琨，筱、簜，齒、革、羽、毛惟木，島夷卉服，厥篚織貝，厥包橘柚，錫貢。」

【案】「厥賦下上上錯」，其賦為第七等雜第六等。「厥貢惟金三品」，古人不能以化學成份為金屬分類，只能以顏色區別之。如許慎以金為五色金的總稱，以銀為白金，鉛為青金，錫為銀、鉛之間，銅為赤金，鐵為黑金，鏐為黃金之美者（《說文解字·金部》）。但古之黃金未必是後世所謂

291 秦始皇三十七年（前二一〇年），曾「上會稽，祭大禹，望於南海，而立石刻頌秦德」（《史記·秦始皇本紀》），即著名的會稽刻石。

的黃金，白金未必是後世所謂的白銀，赤金也未必是後世所謂的紅銅。商代西周，黃金很少，白銀沒有，鐵是隕鐵，早期冶金以銅、鉛、錫為主。「瑤、琨」，瑤是青瑪瑙，[292]琨是一種美石。[293]「筱、簜」，釋見上土田節。「齒、革、羽、毛惟木」，齒是象牙，革是皮革，羽是禽羽，毛是獸毛，皆取之動物，惟訓與，用法同上青州節「厥貢鹽、絺、海物惟錯」。「島夷卉服」，島夷是沿海島民，江蘇幾乎沒有島，島嶼多在長江口以下，疑島夷是舟山群島上的居民，其所貢之物為卉服，孔穎達疏以為草服。卉，今多用為花卉之卉，但古文字卻與艸（草）無別。[294]草服不是葛布，江南多雨，島夷常以竹笠蓑衣避雨，或即這裡的卉服。「厥篚織貝」，或以為是一種以貝紋為飾的紡織品，但宋人（如《東坡書傳》卷五、蔡沈《書集傳》卷二等）多以吉貝（Ceiba pentandra）即木棉布為織貝。吉貝見《梁書．諸夷傳》，云為林邑國（在越南南部）所產。「厥包橘柚」，以囊橐盛橘柚。「錫貢」，納貢。下荊州節有「納錫」。

5. 貢道：「沿于江、海，達于淮、泗。」

【案】「沿于江海」，江是長江，海是東海。此貢道是由長江入海，再順海邊北上。「達于淮、泗」，先入於淮水，再入於泗水，與上徐州的貢道相連。

（六）荊州

荊及衡陽惟荊州：江、漢朝宗于海，九江孔殷。沱、潛既道（導），（雲土夢）〔雲夢土〕作乂。厥土惟涂泥。厥田惟下中。厥賦上下。厥貢羽、毛、齒、革，惟金三品，杶、榦、栝、柏，礪、砥、砮、丹，惟箘、簵、楛，三邦厎貢，厥名包匭菁茅，厥篚玄纁璣組，九江納錫大龜。浮于江、沱、潛、漢，逾于洛，至于南河。

1.州域：「荊及衡陽惟荊州。」

【案】荊州是得名於荊山，[295]屬楚國故地。荊、楚互訓。「荊」是荊山，為荊州北界。「衡陽」是衡山之南，為荊州南界。荊州東界，從下文看，應即古九江，即湖北黃梅縣。西界不太清楚。《容成氏》：「禹乃通三江五湖，東注之海，於是乎荊州、揚州始可處也。」上文已引。

2.山川：「江、漢朝宗于海，九江孔殷。沱、潛既道（導），（雲土夢）〔雲夢土〕作乂。」

(1)山：

【案】「荊」，荊山，在湖北南漳縣。「衡陽」，湖南衡山之南，今湖南衡陽市正好在衡山之南。《周禮·春官·大司樂》有「四鎮五嶽」之說。「四鎮五嶽」是九座山。《周禮·夏官·職方氏》以九山配九州，荊州所配為衡山。《爾雅·釋山》有兩套五嶽，一套是「河南華，河西嶽，河東岱，河北衡，江南衡」，一套是「泰山為東嶽，華山為西嶽，霍山為南嶽，恆山為北嶽，嵩高為

[292] 古人常以瓊、瑤並說。據考，瓊是紅瑪瑙，瑤是青瑪瑙。參看章鴻釗《石雅　寶石說》，三五—四一頁。

[293] 古人所謂美石，可能主要是方解石（calcite）類的漢白玉、大理石、雪花膏石，以及葉蠟石類的青田石、壽山石等。參看章鴻釗《石雅　寶石說》，三五—四一頁。

[294] 《說文解字》把屮、艸、卉、茻強分為四字，但古文字多混用無別，只是繁簡不同而已。

[295] 今湖北荊州市仍用古地名。

中嶽」。前者以吳山為嶽山，是秦系五嶽。後者以霍山（安徽天柱山）為南嶽，是漢武帝元封五年（前一〇六年）的新制。

(2) 川：江、漢。

【案】「江、漢朝宗于海」，江是長江，漢是漢水。漢水源於陝西寧強縣嶓塚山，在湖北武漢市入江，是長江的最大支流。二水合流，在揚州入海。這兩條河是荊州最主要的河。古人常以江漢指楚境。「九江孔殷」，九江在哪兒，聚訟紛紜，應指彭蠡澤西的長江支流，孔殷是形容水勢很大。九江入彭蠡，如同三江入震澤，江在澤西，澤在江東。九江也叫潯陽江。漢潯陽縣在湖北黃梅縣，東晉潯陽縣在江西九江市。我們在上文已經說過，彭蠡澤原在安徽南境，今在江西北境，位置有變化，已經南移。潯陽東移當與彭蠡南移有關。準此可知，九江屬荊州，彭蠡屬揚州，州界正在九江、彭蠡間。「沱、潛既道」，《爾雅·釋水》有所謂「江為沱」、「漢為潛」之說。沱是江水支流的統稱，潛是漢水支流的統稱。

(3) 澤：雲夢土。

【案】「雲夢土作乂」，今本訛為「雲土夢作乂」。雲夢即雲夢澤，澤在湖北江陵以東。土字表示其相關區域。作乂是開始治理的意思。《呂氏春秋·有始覽》、《淮南子·地形》「九藪」有「楚之雲夢」。《爾雅·釋地》「十藪」也提到「楚有雲夢」。長江三澤，雲夢澤在西，屬於荊州；震澤在東，屬於揚州；彭蠡澤屬於吳頭楚尾，在兩者之間。

(4) 原：～

3. 土田：「厥土惟涂泥。厥田惟下中。」

【案】「厥土惟涂泥」，同揚州。「厥田惟下中」，其田為第八等。

4. 貢賦：「厥賦上下。厥貢羽、毛、齒、革，惟金三品，杶、榦、栝、柏，礪、砥、砮、丹，惟箘、簬、楛，三邦底貢，厥名包匭菁茅，厥篚玄纁璣組，九江納錫大龜。」

【案】「厥賦上下」，其賦為第三等。「杶、榦、栝、柏」（杶音chūn，栝音kuo），四種木材。杶是椿木，榦是柘木，栝是檜木，柏是柏木。「礪、砥、砮、丹」（砮音nǔ），四種石材。礪是粗磨石，砥是細磨石，砮是可以作箭頭的石頭，丹是朱砂。朱砂以辰州所產最有名。辰州即湖南沅陵縣。「箘、簬、楛」（箘音jūn，簬音lù，楛音hù），箘、簬是適於作箭桿的竹材（或說應連讀，是一種竹材，或說應分讀，是兩種竹材）。楛是適於作箭桿的木材。「三邦底貢厥名包匭菁茅」（匭音guǐ），應於貢下斷句。「三邦底貢」是說有三個國家來進貢。「厥名包匭菁茅」是說貢物之名為包匭菁茅。包匭，疑讀包橐（橐音gāo），指包裹菁茅的囊橐。橐、匭皆見母幽部字，古音相同，可通假。古代的酒是用發酵法製成，酒糟和酒液混在一起，要把酒糟濾去才能喝，菁茅是用來篩酒的茅草。這種茅草，以楚地為優。《左傳》僖公四年齊桓公伐楚，管仲責問楚成王：「爾貢包茅不入，王祭不共，無以縮酒，寡人是征。」所謂「包茅」就是這裡的「包匭菁茅」。「玄纁璣組」（纁音xūn，璣音jī），紅黑二色的珠串。玄是黑色，纁是紅色。「九江納錫大龜」，也是荊州特有的貢物，九江在今湖北黃梅縣，納錫是納貢，黃梅蔡山出產的大龜很有名，如《左傳》襄公二十三年「臧武仲自邾使告臧賈，且致大蔡焉」、《論語·公冶長》「臧文仲居蔡」，都是講這種龜。

5. 貢道：「浮于江、沱、潛、漢，逾于洛，至于南河。」

【案】「浮于江、沱、潛、漢」，江、漢是荊州最主要的大河，沱是江水支流的統稱，潛是漢水支流的統稱。「逾于洛」，從洛水換陸路。逾有轉輸之義，兩條水道不通行，若從此水轉他水，必捨舟登岸，換乘車馬，從陸路走。《禹貢》使用這個術語，鄂君啟節也使用這個術語。[296]洛是洛水。「至于南河」，是以南河為終點。南河是洛陽以北的黃河。河、洛二水是豫州之河，不在荊州境內，這裡是講貢道而涉及。江、漢不通河、洛，古人要從江漢地區去河洛地區，必走荊襄古道（江陵—荊門—宜城—襄陽）、宛襄古道（襄陽—鄧州—南陽）和宛洛古道（南陽—魯山—汝州—伊川—洛陽）。[297]

（七）豫州

荊、河惟豫州：伊、洛、瀍、澗，既入于河，滎波既豬（瀦），導菏澤，被（陂）孟豬。厥土惟〔□〕壤，下土墳壚。厥田惟中上。厥賦錯上中。厥貢漆、枲、絺、紵，厥篚纖、纊，錫貢磬、錯。浮于洛，達于河。

1. 州域：「荊、河惟豫州。」

【案】豫州居九州之中，古人也叫中州，範圍大體相當今黃河以南的河南省全境（但不包括古代的河內之地），今河南省的簡稱就是豫。武王克商，周公卜宅，營建洛邑，處天下之中，「四方入貢道里均」（《史記·周本紀》），洛邑是豫州的中心，也是西周統治東方和天下的中心，漢代叫河南。「荊」，荊山。「河」，黃河。黃河是豫州北界，荊山是豫州南界，其南北二至很清楚。東西二至，豫州西界在潼關和函谷關之間，也清楚，不太清楚是東界。我們從西周封國的格局看，其東界當止於商丘、菏澤一帶。[298]《容成氏》：「禹乃通伊、洛，並瀍、澗，東注之河，於是乎豫州始可處也。」豫州是自成一節。

2. 山川：「伊、洛、瀍、澗，既入于河，滎波既豬（瀦），導菏澤，被（陂）孟豬。」

(1) 山：荊山。

【案】「荊」，荊山，在湖北南漳縣，見州域節。豫州西部和南部還有不少山，這裡均未提及。

(2) 川：河水、荊水、伊水、洛水、瀍水、澗水。

【案】「河」指南河，全文三見。「伊、洛、瀍、澗」，四水皆南河支流。伊是伊水，源出河南欒川縣，在熊耳、陸渾二山之間。洛是洛水，[299]源出陝西藍田縣，在崤山、熊耳二山之間。瀍是瀍水，源出河南孟津縣，在洛陽以北。澗是澗水，源出河南陝縣，在洛陽以西。「既入于河」，瀍、澗二水在洛陽注入洛水，洛水與伊水並行，從洛陽穿過，在偃師匯合，然後在鞏義市注入南河，四水的歸宿都是南河。

---

[296] 鄂君啟節分車節和舟節，是楚國官員行於江漢地區的交通憑證，參看中國社會科學院考古研究所編《殷周金文集成》（修訂增補本），北京：中華書局，二〇〇七年，第八冊，六六〇一—六六〇六頁：一二一一〇—一二一一三。

[297] 今二〇七國道是走這條道。

[298] 豫州境內，除拱衛京畿的虢、鄭，南有應、許、申、呂，東有曹、宋、陳、蔡，這對判斷它的東界是重要參考。孔子周遊列國，就是在豫州轉。

[299] 此水有別於陝西北部的北洛水，也叫南洛水。

(3) 澤：滎波澤、菏澤、孟豬澤。

【案】「滎波既豬」，滎波，[300]《左傳》閔公二年作「滎澤」。滎澤在河南滎陽縣，漢代已乾涸湮沒。滎澤是濟水所匯。濟水分兩段，一段在南河北，較短；一段在南河南，較長。濟水注河後，南出之水，溢為滎澤。「導菏澤」，導是疏導，菏澤在山東定陶縣，也是濟水所匯。下〈導水〉章：「導沇水，東流為濟，入于河，溢為滎；東出于陶丘北，又東至于菏。」就是講這兩個澤。其東出之水就是徐州的菏水。「被孟豬」，被字，舊以為覆被，其實應讀陂，指圍湖造堰，孟豬即孟諸澤，在河南商丘。《呂氏春秋．有始覽》、《淮南子．墬形》「九藪」有「宋之孟諸」，《爾雅．釋地》「十藪」也提到「宋有孟諸」，[301]菏澤在曹國，孟豬在宋國，可見豫州東界必在曹、宋與魯之間。

(4) 原：～

3. 土田：「厥土惟〔□〕壤，下土墳壚。厥田惟中上。」

【案】「厥土惟壤」，「壤」上疑脫一字，表示顏色。「下土墳壚」（壚音lú），下土是表土以下，墳是形容土壤肥沃，壚是黑剛土。[302]北方人把上為沙土、下為黑土叫「沙蓋壚」。

4. 貢賦：「厥賦錯上中。厥貢漆、枲、絺、紵，厥篚纖、纊，錫貢磬、錯。」

【案】「厥賦錯上中」，一般理解為第二等雜第一等，或第二等雜第三等。但此句「錯」字不在「上中」之後，而在「上中」之前，這裡也有可能，它是指上等與下等之間，即第三等雜第四等。「厥貢漆、枲、絺、紵」（紵音zhù，纊音kuàng），漆、枲、絺，釋見上文，紵是苧麻（*Boehmeria nivea*）。「厥篚纖、纊」，纖是細繒，釋見上文，纊是細綿。綿是絲綿，不是棉花。

「錫貢磬、錯」，錫貢，見上揚州節；磬、錯，釋見上文。

5.貢道：「浮于洛，達于河。」

【案】洛水與河水相通。

（八）梁州

華陽、黑水惟梁州：岷、嶓既藝，沱、潛既道（導），蒙、蔡旅平，和夷厎績。厥土青黎。厥田惟下上。厥賦下中三錯。厥貢璆（鏐）、鐵、銀、鏤，砮、磬，熊、羆、狐、狸織皮。西傾因桓是來，浮于潛，逾于沔，入于渭，亂于河。

1.州域：「華陽、黑水惟梁州。」

【案】梁州稱梁，疑與秦嶺有關。[303]秦嶺橫亙，綿延一千六百公里，是中國南方和北方的西部

[300] 滎波，波與陂通，陂指澤障，即圍湖造堰的堤堰。古人或以陂名澤，如大陸澤也叫大陸陂。《史記・夏本紀》作「滎播」，又訛波為播。

[301] 孟諸，亦作孟瀦、望諸、明都、盟都。

[302] 盧為黑色，字亦作黸。

[303] 秦嶺西起甘肅臨潭縣白石山，東經天水麥積山進入陝西，並向東延伸到河南，北支為崤山，中支為熊耳山，南支為伏牛山，餘脈還入於湖北。陝西南鄭縣（在漢中市附近）有梁州山，《輿地紀勝》卷一八三說此山「在南鄭縣東南百八十里，與孤雲、兩角相接，大山四圍，其中三十里許甚平，或云古梁州治也」。《爾雅・釋地》：「南方之美者，有梁山之犀象焉。」或以為即梁州山，但山出犀象，似乎是南方的山。古代以梁為名的山很多，除龍門梁山，還有呂梁山。

分界線（東部分界線是淮水）。梁州在雍州之南，是西周崛起的背景地區。[304]平王東遷，西土屬秦。秦嶺叫秦嶺，與秦國有關。司馬遷說「夫作事者必於東南，收功實者常於西北。故禹興於西羌，湯起於亳，周之王也以豐、鎬伐殷，秦之帝用雍州興，漢興自蜀漢」（《史記·六國年表》），「蜀漢」也指這一地區。蜀是合巴、蜀而言之，指四川東部；漢是以漢中為中心的漢水流域。三國時期，蜀國亦稱蜀漢，魏滅蜀，以蜀地為益州，漢地為梁州。「華陽」，華山之南。華陽為梁州東界。[305]「黑水」，指四川北部阿壩藏族自治州的松潘黑水，即岷江上游的黑水。[306]黑水為梁州西界。岷江上游，今阿壩藏族自治州有兩條黑水，一條是若爾蓋縣的黑河，一條是流經黑水縣和茂縣的黑水河。這兩條黑水是岷江上游最大的支流，據說河水呈黑色，藏語稱之為「措曲」（意為「鐵一樣的水」）。《周禮·夏官·職方氏》、《呂氏春秋·有始覽》和《爾雅·釋地》均無梁州，《容成氏》亦無。

2. 山川：「岷、嶓既藝，沱、潛既道（導），蒙、蔡旅平，和夷底績。」

(1) 山：岷山、嶓塚山、蔡山、蒙山、西傾山。

【案】「岷、嶓既藝」（嶓音bō），岷為岷山，北起甘肅岷縣，南至四川峨眉山，其主峰雪寶頂在四川松潘縣；嶓為嶓塚山，在陝西西南角的寧強縣；藝是種藝，既可指種莊稼，也可指植樹造林。岷山是岷江的源頭，嶓塚山是漢水的源頭，屬秦嶺山脈。「蔡、蒙旅平」，蔡是蔡山，蒙是蒙山，旅是祭山，平是禮畢。蔡山也叫周公山，[307]在四川雅安市雨城區。蒙山也叫蒙頂山，在四川雅安市名山區。二山都在岷江的支流青衣江上。青衣江、大渡河與岷江交匯處是樂山市，峨眉山在其西側，為四川名山之最。胡渭《禹貢錐指》懷疑，峨眉山才是蔡山。祭山曰旅，見《論語·八佾》

「季氏旅於泰山」，下雍州節「荊、岐既旅」，〈導山〉章「九山刊旅」，旅字同此。「西傾因桓是來」，見下貢道節，西傾山是桓水即白龍江的源頭，因述桓水而及。

(2) 川：黑水、沱水、潛水、桓水、沔水、河水。

【案】「黑水」，見上州域節，釋見上文。「沱、潛既道」，《爾雅·釋水》以沱為江水支流的統稱，潛為漢水支流的統稱。「西傾因桓是來，浮于潛，逾于沔，入于渭，亂于河」，見下貢道節。桓是桓水，即白龍江。沔是沔水。沔水是漢水的別名。漢水三源，北源叫沮水，中源叫漾水，南源叫玉帶河，三水匯於陝西寧強縣。漾水是《禹貢》認為的漢水正源。此水源出嶓塚山，叫東漢水，[308]流經陝西勉縣叫沔水，流經陝西漢中市叫漢水，流經湖北丹江口市叫滄浪之水。

(3) 澤：～

(4) 原：～

(5) 其他

【案】「和夷厎績」，「和夷」是住在和水上的少數民族。和水，也叫和川水，即四川雅安市天全縣的天全河，為青衣江支流。

---

[304] 周武王「牧誓八國」，庸、蜀、羌、髳、微、盧、彭、濮，多在秦嶺山區、漢水流域和四川盆地。

[305] 晉常璩《華陽國志》以「華陽」泛指大西南，範圍不僅包括從甘南到鄂西北的整個秦嶺山區（漢中）和四川（巴、蜀），還包括貴州和雲南（南中），比這裡的「華陽」大得多。

[306] 中國西北、西南以黑水為名的河極多，前人聚訟，有幾十種說法，參看《尚書校釋譯論》，第二冊，六八〇—七一三頁。這些說法，當以「松潘黑水」說最可信。

[307] 《諸葛亮集·故事》卷五〈遺跡篇〉引《南中志》：「蔡山在雅州城東五里，武侯征西南夷經此，而夢見周公，故名周公山。」

[308] 西漢水是嘉陵江的支流，與漢水無關。

3. 土田：「厥土青黎。厥田惟下上。」

【案】「厥土青黎」，其土為青黑色。「厥田惟下上」，其田為第七等。

4. 貢賦：「厥賦下中三錯。厥貢璆（鏐）、鐵、銀、鏤，砮、磬，熊、羆、狐、狸織皮。」

【案】「厥賦下中三錯」，第八等雜第七、第九等。「璆、鐵、銀、鏤」是四種金屬。璆（音qiú）是美玉，不當列其中，這裡讀鏐（音liú）。什麼叫鏐？《爾雅．釋器》的解釋是：「黃金謂之璗，其美者謂之鏐。」郭璞注：「鏐即紫磨金。」四川多金，或把鏐理解為黃金。但古人所謂黃金，往往指黃色的金屬，未必就是後人理解的黃金。黃金，商代西周雖有發現，非常少，真正流行開來，恐怕要到戰國秦漢時期。兩周銅器銘文中的「玄鏐」是一種良銅，並不是黃金。鐵，古人以為黑金。鐵分生鐵、熟鐵、鋼鐵，生鐵硬而脆，熟鐵柔而韌。鋼鐵兼有兩者的優點，既堅硬，又柔韌。中國早期的鐵多為隕鐵，如商周時期的鐵刃兵器就是使用隕鐵。銀，古人以為白金，其實常與鉛、錫混淆，如漢代銅鏡銘文常說的「銀錫」，其實只是錫，與銀無關。鏤，與上文鐵有別，硬度較高。《說文解字．金部》：「鏤，剛鐵，可以刻鏤。」所謂「剛鐵」，後世演變為「鋼鐵」。學者或憑此條斷定，《禹貢》必作於戰國。其實「剛鐵」只是硬度較高的鐵。東周銅器，銘文多為刻銘，能刻銅器的刀，一定硬度較高。這種現象，西周已有。「砮、磬」，兩種石材，釋見上文。「熊、羆、狐、狸織皮」，熊是黑熊，羆是棕熊，狐是狐狸，狸是狸貓，織皮是獸皮。舊說織皮指罽，恐怕不妥。罽是毛毯類織物。古人所說罽，一般用牛羊毛編織，不會用熊、羆、狐、狸的毛編織。織皮二字，還是應該理解為獸皮。皮上加織，只不過說明，若用裘皮製衣帽，還要裁合拼接。

5. 貢道：「西傾因桓是來，浮于潛，逾于沔，入于渭，亂于河。」

【案】這條貢道，起點是西傾山，終點是西河。「西傾因桓是來」是說西傾山一帶的貢物要從桓水上運來。《禹貢》以為桓水源出西傾山。西傾山在青海河南蒙古族自治縣。桓水即白龍江，源出四川若爾蓋縣的郎木寺鎮（由甘肅碌曲縣與若爾蓋縣共管，在西傾山東南，若爾蓋濕地北），西南流，在四川廣元市注入嘉陵江。「浮于潛」，潛是漢水支流的統稱，這裡指注入漢水主流的三條小河，即上面提到的漢水三源。「逾于沔」，沔是漢水的別名。沔水東流，與渭水平行，要從沔水去渭水，必從漢中走陸路，故曰逾。去寶雞，要走陳倉道；去眉縣，要走褒斜道；去周至，要走儻駱道；去西安，要走子午道。「入于渭」是進入渭水。「亂于河」是橫渡以濟。《爾雅・釋水》：「正絕流曰亂。」其終點是潼關附近的黃河。渭水、黃河不在梁州境內。

（九）雍州

黑水、西河惟雍州：弱水既西，涇屬渭汭。漆、沮既從，澧水攸同。荊、岐既旅，終南、惇物，至于鳥鼠。原隰厎績，至于豬野。三危既宅，三苗丕敘。【崑崙、析支、渠搜，西戎即敘】。厥土惟黃壤，厥田惟上上。厥賦中下。厥貢球琳、琅玕、【織皮】。浮于積石，至于龍門西河，會于渭汭。（織皮）（崑崙、析支、渠搜，西戎即敘）。

1.州域：「黑水、西河惟雍州。」

【案】雍州是以雍城（在陝西鳳翔縣南）西北的雍山、雍水而得名。古人說「自古以雍州積高，神明之隩，故立畤郊上帝，諸神祠皆聚云」（《史記·封禪書》）。雍山是一座小山，但雍城所在的鳳翔原，與岐周故地的周原連在一起，地勢很高，是漢雍五畤（祭祀五帝的五個祠）所在。「黑水」、「西河」是雍州的西界和東界。上梁州節是從東往西講，故以華陽、黑水為序。這裡是從西往東講，故以黑水、西河為序。這裡的黑水，與上梁州黑水別，乃另一黑水。參看下〈導水〉章：「導黑水，至于三危，入于南海。」此水即今敦煌黨河。黨河，漢稱氐置水。[309]前涼稱甘泉水（敦煌遺書S.5448《敦煌錄》），隋稱龍勒河，宋稱都鄉河，今名是元代新起，譯自蒙語「黨金格勒」。「黨金格勒」是什麼意思？我在肅北縣請教過當地的蒙古族人，他們說「黨金」是「黨金洪臺吉」（即「黨金皇太子」）的省稱，「格勒」是河。《禹貢》九州採用迴環式敘事法。它把大禹治水的巡遊路線分為兩個圈：東部七州一個圈，西部二州一個圈。東部七州，起點是龍門西河（壺口、龍門以下的西河），終點是洛陽以北的南河。西河拐彎處，古人叫河曲，這是兩個大圈的中分點。西部二州，梁州從華陽到梁州黑水是從東往西，雍州從雍州黑水到龍門西河是從西往東。九州大循環是始於冀而終於雍，起點是龍門西河，終點也是龍門西河。雍州在黑水、西河間，地跨陝、甘二省和青海東部，為周秦故地，並與西戎雜處。雍、梁二州以南北別。雍州主要在渭水流域和渭水流域以西的河西走廊，偏北；梁州主要在漢水流域和漢水流域以西的四川北部，偏南。《容成氏》：「禹乃通涇與渭，北注之河，於是乎（沮）州始可處也。」沮州，從涇、渭注河看，顯然相當雍州。[310]

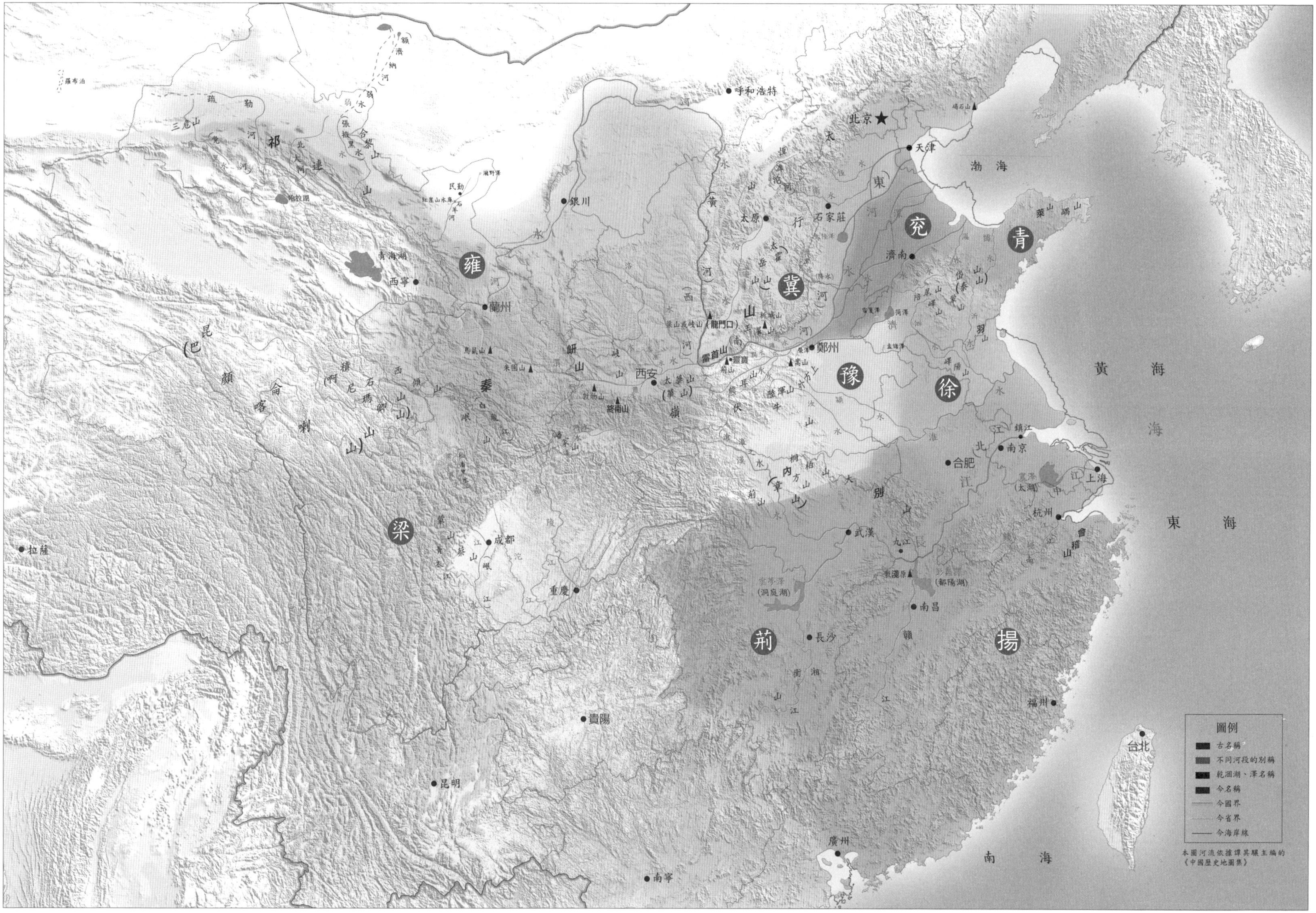
雍
冀
兖
青
豫
徐
梁
荊
揚
渤海
黃海
東海
南海
北京
天津
呼和浩特
銀川
太原
石家莊
濟南
西寧
蘭州
鄭州
西安
合肥
南京
鎮江
上海
杭州
武漢
九江
成都
重慶
南昌
長沙
福州
台北
貴陽
昆明
廣州
南寧
拉薩
青海湖
圖例
古名稱
不同河段的別稱
乾涸湖、澤名稱
今名稱
今國界
今省界
今海岸線
本圖河流依據譚其驤主編的
《中國歷史地圖集》

《禹貢山川圖》(劉晶 繪)

2. 山川：「弱水既西，涇屬渭汭。漆、沮既從，灃水攸同。荊、岐既旅，終南、惇物，至于鳥鼠。原隰底績，至于豬野。三危既宅，三苗丕敘。」

(1) 山：荊山、岐山、鳥鼠山、終南山、惇物山、三危山、積石山。

【案】這七座山是從東往西講。「荊、岐既旅」，荊山和岐山，已經祭祀。這裡的荊山與上荊州、豫州節的荊山同名，但不是一回事。這座荊山在哪裡？有兩種說法，一是褱德說，二是閿鄉說。《漢書・地理志上》左馮翊褱德縣：「《禹貢》北條荊山在南，下有彊梁原。洛水東南入渭，雍州浸。」班固把荊山定在陝西大荔縣朝邑鎮西南，學者多持此說，似乎已成定論。但大荔全境，除西北有山，全是平地，朝邑附近，只有淺阪，根本無山。我認為，雍州荊山不在此地，應在河南靈寶。漢武帝元鼎四年（前一一三年），公孫卿答武帝問，有所謂「黃帝采首山銅，鑄鼎於荊山下」（《史記・封禪書》）。此說不僅年代比《漢書・地理志》早，而且歷代祭祀，名氣很大，當地立有唐代的《軒轅黃帝鑄鼎碑》。黃帝鑄鼎處在靈寶縣西陽平鎮，現在叫鑄鼎原，舊屬閿鄉縣，漢代叫湖縣。湖縣叫湖縣，就是因為荊山下有鼎湖，相傳是黃帝鑄鼎處。荊山即崤山。秦嶺東延，入於靈寶叫崤山。崤山是真正的大山，其主峰青崗峰，高達一千九百〇三公尺。它與大荔朝邑是斜對角，位於渭水入河處以東，黃河河曲南側，北有首山，西有潼關，東有函谷關。我想，在這麼小的一個範圍內，不大可能有兩座荊山。班固另倡褱德說，恐怕是因為靈寶已入豫州之境，出了他理解的雍州範圍，他想把荊山收回到渭河與西河的夾角內。其實，下〈導山〉章講得很清楚，「導岍

---

309 氐置，從名稱判斷，應是驛站名。今敦煌去格爾木和德令哈的交通要道蓋即漢通氐羌之地的驛道，今黨金山口或即這個驛站。

310 沮州，或與漆、沮水有關。

及岐，至于荊山，逾于河」，這列山，從岍山到岐山到荊山，到了荊山，就已經過了西河和南河。岐是岐山，在陝西岐山縣東北，是周人崛起的地方，沒問題。「終南、惇物」，終南即太白山，在陝西太白縣東（位於太白、眉縣、周至三縣交界處），高三千七百六十七公尺，是秦嶺主峰；惇物即垂山，也叫武功山，現在叫鰲山，在太白縣東南，太白山的西邊，高三千四百七十五・九公尺，常與太白山並提。「至于鳥鼠」，鳥鼠山在甘肅渭源縣，下文「鳥鼠同穴山」是它的全稱。這是渭水的源頭。以上五山，除荊山在河、渭交匯處的附近，都在渭水兩岸。岐山在渭水北岸，終南、惇物在渭水南岸，鳥鼠是渭水南源。「三危既宅」，三危是三危山。《山海經・西山經》「又西二百二十里曰三危之山，三青鳥居之。是山也，廣員（圓）百里」，郭璞注：「在燉煌郡，《尚書》云『竄三苗於三危是也』。」「三青鳥主為西王母取食者，別自棲息於此山也。《竹書》曰：『穆王西征，至於青鳥所解也。』」《括地志》：「三危山有三峰，故曰三危，俗亦名卑羽山，在沙州敦煌縣東南三十里。」（《史記・五帝本紀》正義引。《史記・夏本紀》正義引，「三十里」作「四十里」）。《後漢書・西羌傳》李賢注：「三危山在今沙州敦煌縣東南，山有三峰，故曰三危也。」此山在甘肅敦煌市和瓜州縣之間。[311]「浮于積石」，積石是積石山，即青海的阿尼瑪卿山，見下貢道節。《禹貢》以積石為河源。

(2) 川：黑水、弱水、涇水、渭水、漆水、沮水、灃水、河水。

【案】「黑水」、「西河」見上州域節。「龍門西河」見下貢道節。「弱水既西」，《禹貢》弱水是今張掖黑河與弱水的統稱。此水即《漢書・地理志下》的羌谷水。羌谷水出祁連山（古名窮石山），沿此山南麓，從祁連縣西側，宛轉北上，進入甘肅省。進入甘肅境內，水從張掖市西流，流經張掖市的臨澤、高台二縣，其北為合離山，故又名張掖水或合離水，現在叫黑河。黑河繼續向西流，從酒泉市金塔縣東側向北流，進入內蒙古巴丹吉林沙漠，注入居延海，一般叫弱水。弱水內蒙段也叫額濟納河。下〈導水〉章「導弱水，至于合離，餘波入于流沙」就是講這條河。「涇屬渭汭」，涇水源出涇源縣鳥鼠山，在咸陽市注入渭水，涇水與渭水的夾角，就是所謂「渭汭」。「漆、沮既從」，漆、沮水即石川河，其上游有東西二源，西源叫沮水，東源叫漆水，二水源出銅川市，經富平縣，在臨潼市東北入渭。陝西境內有兩組漆、沮水，一組在涇西，一組在涇東。這裡的漆、沮水是涇東的漆、沮水，即《水經注．沮水》篇說的漆、沮水。「灃水攸同」，是說灃水也注入渭河。灃水源出陝西西安市長安區，在渭河以南，與渭水交匯處在西安市西北。「龍門西河，會于渭汭」，黃河經內蒙古托克托，自北往南流，經龍門西河，與渭水相匯。河水與渭水交匯處在潼關。[312]

(3) 澤：豬野澤。

【案】「豬野」，豬野澤，漢代叫休屠澤，唐代叫白亭海，民國改名青土湖。《漢書．地理志下》武威郡武威：「休屠澤在東北，古文以為豬野澤。」漢武威縣在今甘肅民勤縣。此澤位於民勤縣東北的西渠鎮一帶，在石羊河上游，一九五八年因在石羊河下游修紅崖山水庫，導致湖水乾涸。

(4) 原：～

【案】原文只說「原隰厎績，至于豬野」，沒有提到具體的原名。

[311] 從《禹貢》原文的語境分析，黑水、三危在雍州西境，雍州西境當在甘肅，而非青海。《後漢書．西羌傳》說三危在「河關之西南羌地」是不對的。范曄之所以這樣說，主要是因為他注意到，《禹貢》提到的三支西戎（「三苗」），其名稱與青海境內的崑崙山和黃河有關。

[312] 周秦時期的重要城邑多在渭水與其支流的交匯處，如陳倉在汧、渭之會，咸陽（秦都）、長安（漢都）在涇、渭之會和灃、渭之會，臨潼在漆（漆沮水）、渭之會。潼關在渭水最東端，則在河、渭之會。

(5) 其他

【案】此節最後有「三危既宅，三苗丕敘」。〈舜典〉有舜逐四凶於四裔說，其中提到「（舜）竄三苗於三危」。《山海經·大荒北經》：「西北海外，黑水之北，有人有翼，名曰苗民。顓頊生驩頭，驩頭生苗民，苗民釐姓，食肉。有山名曰章山。」舊說三苗在洞庭、彭蠡之間，被舜流放到三危。《後漢書·西羌傳》：「西羌之本，出自三苗，姜姓之別也。其國近南嶽，及舜流四凶，徙之三危，河關之西南羌地是也。濱於賜支，至於河首，綿地千里。賜支者，《禹貢》所謂析支者也。」范曄指出，三苗是三支羌人，他們來源於蘭州西南、青海境內的黃河流域，這是對的。我懷疑，這裡所謂三苗，並非今苗瑤語族的苗族，而是古人對羌人的一種叫法。查西夏党項出於羌，古稱弭藥。今四川康定、道孚一帶有自稱木雅的羌人，或說即西夏後裔。竊疑三苗即弭藥三族。「崑崙、析支、渠叟，西戎即敘」，原文錯在貢道節之後，從文義看，當移至「三危既宅，三苗丕敘」後。崑崙，《爾雅·釋水》：「河出崑崙虛。」古人往往把崑崙當河源。此族估計來自河源附近。析支，亦作賜之，估計來自青海東南部的黃河流域，即海南、果洛藏族自治州一帶，《水經注·河水》稱之為「河曲羌」。渠搜，《逸周書·王會》作「渠叟」，《穆天子傳》卷四作「巨搜」，《大戴禮記·五帝德》作「渠廋」，估計也是來自青海的羌人。漢朔方郡有渠搜縣。這段話看似平常，卻透露出雍州西界到底在哪裡。第一，三苗所居是河西走廊的西端，再往西走就是新疆的哈密地區。第二，三苗的來源是青海境內的黃河流域，而不是湖南。

3. 土田：「厥土惟黃壤，厥田惟上上。」

【案】「厥土惟黃壤」，陝、甘二省屬於黃土高原，其土為黃壤。「厥田惟上上」，其田為第一等。

4. 貢賦：「厥賦中下。厥貢球琳、琅玕、〔織皮〕。」

【案】「厥賦中下」，其賦為第六等。「厥貢球琳、琅玕」，其貢物為兩種綠色寶石。《史記・夏本紀》「球」作「璆」。璆琳是青金石（lapis lazuli），琅玕是綠松石（turquoise）。[313]《穆天子傳》卷四提到採石之山出琅玕，巨搜之奴獻琅玕。「織皮」錯在「崑崙、析支、渠搜，西戎即敘」上，當列貢物中。

5. 貢道：「浮于積石，至于龍門西河，會于渭汭。」

【案】這是講龍門西河以前的黃河貢道。《禹貢》以為河源在積石山，黃河是從積石山發源，東北流，經甘肅、寧夏、內蒙古，穿山陝二省間，到達龍門，最後與渭水交匯。

三、導山章

〈導山〉、〈導水〉章與〈九州〉章都講山川，互有詳略。〈九州〉章講山水，側重的是州域範圍和貢道串連。〈導山〉、〈導水〉章側重的是山水走向，不限州域。「導山」講山的走向，

[313] 古人說，璆琳、琅玕，其形似珠，生於玉樹瓊枝之上，因此常把琅玕與珊瑚混為一談。如李時珍說「生於海者為珊瑚，生於山者為琅玕」（《本草綱目・金石部・珊瑚》），章鴻釗辨之，指出所謂玉樹，蓋積石似樹，寶石發現其上，與珊瑚無關，參看氏著《石雅　說寶石》，一—一三四頁。

「導水」講水的走向。山有頭有尾，水有源有流。「導」是講它們的來龍去脈。地理的理是由山川的脈絡來體現。水隨山勢，互為表裡，所以先講山，後講水。

〈導山〉章把下述二十六座山分為九組，即所謂「九山」。這九組山，多橫向排列，從北到南分四列，每一列都從西往東講。第一至四組是北方第一列山，主要與渭水東段、黃河西河段、黃河南河段、黃河東河段和濟水有關。第五、第六組是北方第二列山，主要與桓水和渭水西段，伊、洛、瀍、澗，以及淮、泗二水有關。第七、第八組是南方第一列山，主要與漢水有關。第九組是南方第二列山，主要與長江有關。[314]

兗州無山。青州，〈九州〉章有岱山（泰山），但〈導山〉章無一字及之。徐州，〈九州〉章有岱、蒙、羽、嶧陽四山，但〈導山〉章無一字及之，只於第六組提到徐州的陪尾山。

五嶽四鎮見於《周禮・春官》、《禮記・王制》，先秦已有這類說法，但《禹貢》未見。

五嶽，此章提到西嶽華山（太華山）、中嶽嵩山（外方山）、北嶽恆山和南嶽衡山，但沒有提到東嶽泰山（〈九州〉章叫「岱」）。

五鎮，此章提到西鎮吳山（岍山）、中鎮霍山（太岳山），這兩座山本來就是嶽山；但沒有提到北鎮醫巫閭山、東鎮沂山和南鎮會稽山。這九組山是據山勢走向串連，不能與現代地質學家講的山脈山系畫上等號。

導岍及岐，至于荊山，逾于河。壺口、雷首，至于太岳。厎（砥）柱、析城，至于王屋。太行、恆山，至于碣石，入于海。西傾、朱圉、鳥鼠，至于太華。熊耳、外方、桐柏，至于陪尾。導嶓冢，至于荊山。內方至于大別。岷山之陽，至于衡山，過九江，至于敷淺原。

1. 北方第一列山的第一段：「導岍及岐，至于荊山，逾于河。」

【案】岍山（吳山，在陝西寶雞市）—岐山（在陝西岐山縣）—荊山（在河南靈寶縣）一組是雍州東部的山，主要在陝西。岍山、岐山屬隴山山脈，荊山屬秦嶺山脈。這三座山大體屬於渭水流域，但只限陝西渭水段，不包括甘肅渭水段，而且荊山已經過了渭水入河處（即所謂河曲或渭汭）。岍山即五鎮中的西鎮吳山，吳山是秦系的五嶽之一（見《爾雅・釋山》），〈九州〉章沒有提到。岐山、荊山見〈九州〉章雍州。

2. 北方第一列山的第二段：「壺口、雷首，至于太岳。」

【案】壺口山（在山西吉縣）—雷首山（首陽山，在山西永濟市）—太岳山（霍山，在山西霍縣）一組是冀州西部的山，全部在山西。壺口山屬於呂梁山脈，見〈九州〉章冀州。雷首山是中條山西端，〈九州〉章沒有提到。太岳山是冀州的嶽山，見〈九州〉章冀州。

3. 北方第一列山的第三段：「厎（砥）柱、析城，至于王屋。」

【案】砥柱山（三門山，在河南三門峽市）—析城山（在山西陽城縣，也叫析津山）—王屋山（在河南濟源市）一組是冀州南部與豫州北部交界處的山。三門山在三門峽市的黃河水中。析城、王屋二山屬於王屋山，在山西南部。王屋山是濟水之源。這組山，〈九州〉章完全沒有提到。

---

314 鄭玄有「四列」說，即一至四為正陰列，五、六為次陰列，七、八為次陽列，九為正陽列。馬融、王肅有「三條」說，即一至四為北條，五、六為中條，七至九為南條。

4. 北方第一列山的第四段：「太行、恆山，至于碣石，入于海。」

【案】太行山（在山西、河北交界處）—恆山（在山西、河北交界處）—碣石山（在河北昌黎縣）一組是冀州東部的山，主要在山西、河北交界處和河北北部，屬於中國大陸的第二臺階。太行山脈（王屋山以東）是其南段，恆山山脈是其北段，燕山山脈是其餘脈，碣石山是燕山山脈的東端，已經延伸到海邊。它們都屬於廣義的太行山山脈。恆山主峰大茂山是五嶽中的北嶽。〈九州〉章只提到碣石山，沒有提到太行山和恆山。

5. 北方第二列山的第一段：「西傾、朱圉、鳥鼠，至于太華。」

【案】西傾山（在青海河南蒙古族自治縣）—鳥鼠山（在甘肅渭源縣）—朱圉山（在甘肅甘谷縣）—太華山（在陝西華陰縣）一組是梁州西部和雍州西部的山，主要在青海東部、甘肅南部和陝西境內。西傾山是桓水之源，最西。鳥鼠山是渭水之源，次之。朱圉山，順序有誤，應排在鳥鼠山後。太華山是五嶽中的西嶽，最東。這些山，主要是渭水一線的山，除西傾山，皆屬秦嶺山脈。西傾山見上〈九州〉章梁州，鳥鼠山見上〈九州〉章雍州，下〈導水〉章作「鳥鼠同穴山」。〈九州〉章沒有提到朱圉山、太華山。華山很重要，一山分四州，與龍門西河構成九州東西板塊的分界處。

6. 北方第二列山的第二段：「熊耳、外方、桐柏，至于陪尾。」

【案】熊耳山（在河南盧氏、洛寧、宜陽一帶）—外方山（在河南嵩縣、汝陽一帶）—桐柏山

（在河南桐柏、信陽一帶）─陪尾山（在山東泗水縣）一組，除陪尾山在徐州，皆在豫州中部和南部。熊耳山、伏牛山是秦嶺山脈的餘脈。秦嶺山脈從陝西入河南，分為三支，北支崤山，中支熊耳山，南支伏牛山。伏牛山向東北延伸，有所謂陸渾山（河南嵩縣，古稱陸渾），外方山即陸渾山，嵩山在其北面。《漢書．地理志上》潁川郡崈（崇高）縣：「古文以崈高為外方山。」崇高即嵩山，為五嶽的中嶽，班固以為外方山，其實真正的外方山是陸渾山。桐柏山是淮水之源，屬大別山西脈。陪尾山是泗水之源，在山東泗水縣，已入徐州之境。〈九州〉章沒有提到這組山。

7. 南方第一列山的第一段：「導嶓冢，至于荊山。」

【案】嶓冢山（在陝西寧強縣）─荊山（在湖北南漳縣）一組指秦嶺山脈陝西段，屬梁州東部和荊州西北部。嶓冢山見上〈九州〉章梁州，荊山見上〈九州〉章荊、豫二州。這是漢水以西的一組山。

8. 南方第一列山的第二段：「內方至于大別。」

【案】內方山（在湖北鐘祥縣）─大別山（在河南、湖北、安徽三省交界處）一組是荊州北部的山。從順序講，內方應在荊山以東，大別應在內方以東。《漢書．地理志上》江夏郡竟陵縣：「章山在東北，古文以為內方山。」竟陵縣在湖北潛江市西北，章山在其東北，學者推測，章山當在鐘祥縣。鐘祥縣在漢水上，漢水兩岸都有山，西岸的山很小，是荊山餘脈的東端，東面的山很大，叫大洪山。漢水是從荊山、大洪山之間流過。一般多以鐘祥縣漢水西岸的小山為內方山。大洪山是漢水流域的形勝之地，地跨隨州、鐘祥二市和京山縣，西有荊山，北有桐柏山，東有大別山，有如方城，「內方」是不是大洪山，似乎也可考慮。隨棗走廊在大洪山與大別山之間。[315]

9.南方第二列山：「岷山之陽，至于衡山，過九江，至于敷淺原。」

【案】岷山（北起甘肅岷縣，南至四川峨眉山，在長江以北）－衡山（在長江以南，位於湖南衡陽市以北，湘江西岸）－敷淺原（？）一組是長江流域的山，在九組中位置最南。〈九州〉章有岷山、衡山。岷山是梁州山，衡山是荊州山。它們相距甚遠，根本不在一列，離九江也很遠。《漢書·地理志上》：「豫章郡歷陵：傅陽山、傅陽川在南，古文以為敷淺原。莽曰蒲亭。」歷陵在江西德安縣，不在黃梅東，而在黃梅南。傅陽山只是一座小山，是否就是敷淺原，可疑。以上八組，凡言「至于」，後面都是山，傅與敷通，或即以傅陽山當敷淺原之由。但敷淺原，單從名字看，似乎是原。

四、導水章（九川）

〈導水〉章把下述二十三條水分為九組，即所謂「九川」。這九組水，第一組（弱水）和第二組（黑水）是一類。第三組（黃河）和第八（渭水和渭水支流）、第九組（洛水和洛水支流）是一類，屬於黃河水系。第四組（漾水）和第五組（江水）是一類，屬於長江水系。第六組（沇水）是一類，屬於濟水水系。第七組（淮水）是一類，屬於淮水水系。這五類，除第一類是西北內陸河，都是入海的水系，可以「四瀆」概括之。

導弱水，至于合離，餘波入于流沙。導黑水，至于三危，入于南海。導河積石，至于龍門，南至于華陰，東至于底（砥）柱，又東至于孟津。東過洛汭，至于大伾；北過降水，至于大陸；又播為九河，同為逆河，入于海。嶓冢導漾，東流為漢，又東為滄浪之水；過三澨，至于大別；南入于江。東匯澤為彭蠡；東為北江，入于海。岷山導江，東別為沱；又東至于澧，過九江，至于東陵；東迆北會于匯；東為中江，入于海。導沇水，東流為濟，入于河，溢為滎；東出于陶丘北，又東至于菏澤；又東北會于汶；又北，東入于海。導淮自桐柏，東會于泗、沂，東入于海。導渭自鳥鼠同穴，東會于灃，又東會于涇；又東過漆、沮，入于河。導洛自熊耳，東北會于澗、瀍；又東會于伊，又東北入于河。

1. 弱水：「導弱水，至于合離，餘波入于流沙。」

【案】「弱水」見〈九州〉章雍州，是九川中最北的河，故先敘之。《禹貢》體例，凡水出某山，如果源頭清楚，例作「導水某山」，相反，不具山名。這裡屬後一種情況。《禹貢》弱水是今黑河與弱水的統稱，從南往北流。上〈九州〉章已說，此水上游，祁連－張掖－臨澤－高台段，現在叫黑河；下游，金塔－額濟納旗段，現在叫弱水。弱水內蒙古段，今名額濟納河。額濟納河出西夏語，意思是「黑水」。「合離」，合離山，在甘肅高台縣東北，是弱水所經。「餘波入于流沙」，指弱水流入內蒙古巴丹吉林沙漠，注入居延海。

---

[315] 大別山，向有二說，班固以今大別山為《禹貢》大別（《漢書·地理志上》），杜預以今漢陽龜山（魯山）為《禹貢》大別（《左傳》定公四年注）。龜山太小，位置偏南，與荊山、內方、大別不在一列。

2. 黑水：「導黑水，至于三危，入于南海。」

【案】「黑水」，《禹貢》有兩黑水：一為梁州黑水，在岷江上游；一為雍州黑水，則是疏勒河最大的支流。這兩條河都叫黑水，使人疑惑。古人或把它們混為一談，以至於把三危山搬到岷山附近，這是不對的。[316]這裡的黑水是雍州黑水，即流經敦煌三危山的黑水，《太平廣記》卷四二〇叫沙州黑河。雍州黑水是九川中最西的一條河，敘在第二。這條河既非梁州黑水，也非張掖黑河。張掖黑河是《禹貢》弱水。上面已說，雍州黑水即今黨河。黨河發源於青海境內的祁連山南麓。它從野馬南山和黨河南山之間穿行，經肅北縣城和敦煌市區，折而北，分為東西兩支。東支北流，注入疏勒河（今已斷流）。西支西北流，注入敦煌西北的哈拉淖爾（今已乾涸）。「三危」，即三危山。此山是祁連西部諸山中最北的一道山。它從敦煌東南，即千佛洞的對面，向西北延伸，一直穿過瓜州縣的南面。「南海」，在黑水之尾，應即黨河西支注入的哈拉湖（即哈拉淖爾，蒙語的意思是黑湖）。此湖在敦煌西北，現在是一大片鹼灘。[317]它與青海哈拉湖同名。青海哈拉湖在黑水之首，敦煌哈拉淖爾在黑水之尾，黑水兩頭各有一個黑湖。

3. 河（黃河）：「導河積石，至于龍門，南至于華陰，東至于底（砥）柱，又東至于孟津。東過洛汭，至于大伾；北過降水，至于大陸；又北，播為九河，同為逆河，入于海。」

【案】「河」，黃河，四瀆之一。《禹貢》九州，貢道以河為歸。除青、揚二州，每章都提到河水。河水出現頻率最高。「導河積石」，古人說河出崑崙，但崑崙山西起帕米爾高原，橫跨新疆、西藏、青海，全長兩千五百公里，河源到底在哪裡，古人不能確指。《禹貢》主張河出積石。積石山見〈九州〉章雍州，即今阿尼瑪卿山，比起崑崙說具體了很多。積石山雖非真正的河源，但離真正的河源已經不太遠。黃河河源在約古宗列盆地，位於巴顏喀喇山主峰雅拉達澤峰以東，阿尼瑪卿山以西，並環繞阿尼瑪卿山而北上。這兩座山，巴顏喀喇山是崑崙山的南支，阿尼瑪卿山是崑崙山的東支，皆屬崑崙山的東段，如果籠統講，河出崑崙也不能說錯。「至于龍門」，龍門即龍門口。「南至于華陰」，華陰是華山以北，不等於今華陰市。華山以北，渭水與黃河交匯處是潼關，古代叫桃林塞。「東至于底柱」，底柱即砥柱山，見〈導山〉章第三組，在河南三門峽市。底字本從厂，古文字寫法，與砥為同一字。「又東至于孟津」，孟津是黃河渡口，在河南孟縣南。「東過洛汭」，洛汭是洛水入河處，洛水在河南鞏義市注入黃河。「至于大伾」（伾音pǐ），大伾即大伾山，在河南浚縣。「北過降水」，降水即濁漳河。「至于大陸」，大陸即大陸澤，見〈九州〉章冀州。「又北，播為九河」，黃河又分為若干支流，號稱九河，九河見〈九州〉章兗州。「同為逆河」，指九河皆北上入海。黃河很長，《禹貢》所述，可分三段：(1)積石—龍門—華陰段（河源—西河段），黃河從青海發源，經甘肅、寧夏、內蒙古，最後到晉陝峽谷，作几字形；(2)華陰—砥

316 《禹貢》鄭玄注引《地記書》云：「三危山在鳥鼠之西，南當岷山。」這是把兩條黑水混為一談，故把三危山搬到梁州黑水附近。《水經注·江水》，經有「洛水從三危山，東過廣魏洛縣南，東南注之」說，酈注引《山海經》「三危在燉煌南，與岷山相接，山南帶黑水」（又見〈禹貢山水澤地所在〉），曰「又《山海經》不言洛水所導。《經》曰出三危山，所未詳。」今本《山海經》無「三危在燉煌南」等語，郝懿行《山海經箋疏》以為可能出郭璞注。其誤與《地記書》同。

317 清徐松說，黨河是蘇勒河（即疏勒河）的西源，經敦煌縣城西，北流，「分為東西二支，東支東合蘇勒河，西支注於淖爾」，「黨河西支西流一百二十里，入哈喇淖爾」。參看朱玉麒整理清徐松《西域水道記》（外二種），北京：中華書局，二〇〇五年，卷三：哈喇淖爾所受水（一二七—一七〇頁）。

柱—孟津—洛汭—大伾段（南河段），是從渭水注河處東行，主要在河南省；(3)大伾—降水—大陸—九河—河口段（東河段），則是黃河北上注海的最後一段，主要在河南、河北。

4. 漾（漢水）：「嶓冢導漾，東流為漢，又東為滄浪之水；過三澨，至于大別；南入于江。東匯澤為彭蠡；東為北江，入于海。」

【案】「漾」，漾水，漢水三源之一，《禹貢》以為漢水正源，這裡代指整條漢水。漢水是長江的支流。「嶓冢導漾」，漾水源出嶓冢山。嶓冢山見〈九州〉章梁州和〈導山〉章的第七組。「東流為漢」，漢水流經勉縣叫沔水，流經漢中叫漢水。「又東為滄浪之水」，《水經注．沔水》：「（武當縣）西北四十里漢水中有洲，名滄浪洲。」武當縣在今湖北丹江口市。漢水流經丹江口市叫滄浪之水。「過三澨」（澨音shì），《水經注．卷四十．禹貢山水澤地所在》：「三澨池在南郡邔縣北沱。」邔縣在漢水下游，今湖北宜城。澨字的本義是河堤。「至于大別」，漢水流經大別山西南。大別山見〈導山〉章第八組。「南入于江」，漢水在武漢三鎮的漢口入江。「東匯澤為彭蠡」，指漢水入江後，東流，匯為澤，名曰彭蠡。「東為北江，入于海」，指江水出彭蠡澤而東北流，從江蘇鎮江市入海。北江在中江以北，是長江入海的主河道。

5. 江（長江）：「岷山導江，東別為沱；又東至于澧，過九江，至于東陵；東迆北會于匯；東為中江，入于海。」

【案】「江」，長江，四瀆之一，見〈九州〉章梁、荊、揚三州。長江源出青海格拉丹東山的沱沱河和通天河。「岷山導江」，岷山見〈九州〉章梁州和〈導山〉章第八組。岷江源出岷山南麓，流經松潘、茂縣、汶川，從都江堰市出峽，在樂山市納大渡河、青衣江，最後到宜賓市匯入長江。《禹貢》以岷江為江源，《山海經．中山經》：「又東北三百里，曰岷山，江水出焉。」與此說同。徐霞客〈江源考〉（又稱〈溯江紀源〉）據「河源唯遠」說，認為金沙江才是長江正源，岷江只是金沙江的支流。其實，金沙江的上游還有通天河和沱沱河。「東別為沱」，岷江以東有沱江。前面已說，江水支流皆可稱沱，不一定指沱江。「又東至于澧」，長江入湖南，有四大支流：資、沅、湘、澧，澧水是其中之一，屬於荊州。「過九江」，九江見〈九州〉章荊州和〈導山〉章第九組。「至于東陵」，具體地點不能確指，但從描述看，估計在九江之東。[318]「東迆北會于匯」，此「匯」即上「東匯澤為彭蠡」的彭蠡澤。「東為中江」，指經太湖入海的長江支流。上文有北江，這裡有中江，照理還有南江，或說即從杭州入海的錢塘江。

6. 沇水（濟水）：「導沇水，東流為濟，入于河，溢為滎；東出于陶丘北，又東至于菏；又東北會于汶；又北，東入于海。」

【案】「沇水」，濟水上游。這裡是以沇水代指整條濟水。濟水是四瀆之一，見〈九州〉章兗、青二州。「導沇水」，此水源出河南濟源縣王屋山太乙池，但這裡沒講導自哪座山。「東流為濟」，沇水東流，也叫濟水。「入于河」，此水初在黃河北，入於河，復出於黃河南。「溢為滎」，此水與黃河交會後，溢為滎澤。滎澤在河南滎陽市，位於黃河南，〈九州〉章作「滎波」。「東出于陶丘北」，濟水東流，出於陶丘北。陶丘在山東定陶縣，屬於曹國故地。「又東至于

---

[318] 浙江省博物館藏東陵鼎蓋，銘文作「東陵厠，大右秦」，字體類似朱家集楚器，估計是楚國遷都安徽壽縣後的器物，見《殷周金文集成》（修訂增補本），第二冊，一一五九頁：〇二二四一。

菏」，「菏」指菏澤，在山東定陶東北。「又東北會于汶」，濟水東北流，與山東大汶河交匯。「又北，東入于海」，濟水北流，東入於海（渤海）。

7. 淮（淮水）：「導淮自桐柏，東會于泗、沂，東入于海。」

【案】「淮」，淮水，四瀆之一，見〈九州〉章徐、揚二州，是徐、揚二州的分界線。「導淮自桐柏」，淮水源出河南桐柏縣桐柏山脈的胎簪山。桐柏山見〈導山〉章第六組。「東會于泗、沂」，泗、沂二水見〈九州〉章徐、揚二州。沂水注泗，泗水注淮，淮水入海（黃海）。

8. 渭（渭水）：「導渭自鳥鼠同穴，東會于灃，又東會于涇；又東過漆、沮，入于河。」

【案】「渭」，渭水，黃河支流，見〈九州〉章雍州。「導渭自鳥鼠同穴」，渭水源出甘肅渭源縣鳥鼠同穴山。鳥鼠同穴山，即〈導山〉章第五組的鳥鼠山。鳥鼠山和灃、涇、漆、沮四水俱見〈九州〉章雍州。渭水東流，進入陝西境內，灃水北注，涇水南注，漆、沮合流後也南注渭水，四水注渭，渭水注河。

9. 洛（洛水）：「導洛自熊耳，東北會于澗、瀍；又東會于伊，又東北入于河。」

【案】「洛」，洛水，黃河支流，見〈九州〉章豫州。洛水源出熊耳山脈獲輿山。「導洛自熊耳」，熊耳山見〈導山〉章第六組。「東北會于澗、瀍」，洛水東北流，在洛陽市與澗、瀍二水匯合。「又東會于伊」，洛水東流，在偃師市與伊水會合。「又東北入于河」，洛水與伊水合為伊洛水，最後在鞏義市入河。

五、告成章

1. 成賦：「九州攸同，四隩既宅，九山刊旅，九川滌源，九澤既陂，四海會同。六府孔修，庶土交征，厎慎財賦，咸則三壤，成賦中邦。錫土姓，祗臺（以）德先，不距朕行。」

【案】「九州攸同」，九州一體。九州，參看〈九州〉章。「四隩既宅」，東南西北，每個角落，都有人居住。隩（音yù）是角落，宅是居住。「九山刊旅」，九山是九州之山，參看〈導山〉章；刊旅，指伐木除道，登臨祭祀。「九川滌源」，疏浚九川，正本清源，理清九川的走向。九川，參看〈導水〉章。「九澤既陂」，九澤已修築堤壩，蓄水為澤。九澤，參看〈九州〉章。〈九州〉章有大陸澤、雷夏澤、大野澤、彭蠡澤、震澤、雲夢土澤、滎澤、菏澤、孟豬澤、豬野澤，不止九澤。「四海會同」，海內混一。四海，東海、南海、西海、北海。古之所謂海，本指放眼四望，昏晦無所睹的荒遠之地，並不限於海洋。《爾雅．釋地》：「九夷、八狄、七戎、六蠻，謂之四海。」古人認為，荒遠之地皆蠻族所居。「六府」，六個負責徵收貢賦的部門。《禮記．曲禮》：「天子之六府，曰司土、司木、司水、司葷、司器、司貨，典司六職。」「庶土交征，厎慎財賦」，指徵賦於國民，國民皆如數交納。「咸則三壤，成賦中邦」，指把土田分為上中下三等，按其品級在國中徵賦，已經大功告成。田分三等九品，參看〈九州〉章。「錫土姓」，賜封土和族姓。「祗臺德先」，意思是敬德為先，「臺」讀以。「不距朕行」，意思是不違我行。

2. 五服：「五百里甸服：百里賦納總，二百里納銍，三百里納秸（服），四百里粟，五百里米。五百里侯服：百里采，二百里男邦，三百里諸侯。五百里綏服：三百里揆文教，二百里奮武衛。五百里要服：三百里夷，二百里蔡。五百里荒服：三百里蠻，二百里流。」

【案】「五服」，五種納貢層次。古代職貢分九服、五服兩種，這裡是講五服。「五百里甸服」是講王畿之內。「五百里」是以王城為中心，向四邊各延伸五百里，畫成方圍，每邊各長一千里，古人叫方千里。甸服是以王城居中，城外叫郊，郊外叫甸。合城、郊、甸三者而計之，其範圍是方千里。下面五級仿此，「百里」是方二百里，「二百里」是方四百里，「三百里」是方六百里，「四百里」是方八百里。甸服的義務是交納糧食：「納總」是連稈帶穗一起交，「納銍」（銍音zhì）是只交穀穗，「納秸」是只交禾稈（「服」字是衍文），「（納）粟」是只交未脫殼的穀粒，「（納）米」是只交脫殼的穀米。銍本指割穀的短鐮，引申為穀穗。「五百里侯服」是諸侯駐地。「五百里」是以王畿為中心，向四邊各延伸五百里，畫成方圍，是方二千里。侯服的義務是保衛國土：「采」是內臣的采邑，「男邦」是子男的封土，「諸侯」是諸侯的封土。「五百里綏服」是可以鎮撫的地區。「五百里」是以侯服為中心，向四邊各延伸五百里，畫成方圍，是方三千里。綏服的綏是安撫之義。這種地區，「三百里揆文教，二百里奮武衛」（揆音kuí），近一點靠文教懷柔，遠一點靠武力鎮壓，其實是恩威並施。揆是揣摩斟酌之義。「五百里要服」是可以控制的地區。「五百里」是以綏服為中心，向四邊各延伸五百里，畫成方圍，是方四千里。「要服」的「要」是約束之義。這一地區是所謂蠻族的居住區（夷）和流放犯人的地方（蔡）。「五百里荒服」是最為荒遠的地區。「五百里」是以要服為中心，向四邊各延伸五百里，畫成方圍，是方五千里。這一地區也是所謂蠻族的居住區（蠻）和流放犯人的地方（流）。

3. 告成：「東漸于海，西被于流沙，朔南暨，聲教訖于四海。禹錫玄圭，告厥成功。」

【案】「東漸于海，西被于流沙，朔南暨，聲教訖于四海」是說聲教被於四方。「海」和「流沙」是其東西二至，「朔南」是其南北二至。「暨」訓及，猶言至也。「禹錫玄圭，告厥成功」是天賜玄圭於禹，標誌大功告成。

今年是《禹貢》創刊八十週年，謹以此文紀念已經去世的地理學前輩

二〇一四年二月十四日寫於北京藍旗營寓所

九州對照表一（號碼是原書順序，畫線處是不同州名）

《禹貢》	《周禮．夏官．職方氏》	《呂氏春秋．有始覽》	《爾雅．釋地》
1.【兩河惟】冀州	8.河內曰冀州	2.兩河之間為冀州，晉也	1.兩河間曰冀州
2.濟、河惟兗州	5.河東曰兗州	3.河、濟之間為兗州，衛也	6.濟、河間曰兗州
3.海、岱惟青州	4.正東曰青州	4.東方為青州，齊也	9.齊曰營州
4.海、岱及淮惟徐州	9.正北曰并州	5.泗上為徐州，魯也	7.濟東曰徐州
5.淮、海惟揚州	1.東南曰揚州	6.東南為揚州，越也	5.江南曰揚州
6.荊及衡陽惟荊州	2.正南曰荊州	7.南方為荊州，楚也	4.漢南曰荊州
7.荊、河惟豫州	3.河南曰豫州	1.河、漢之間為豫州，周也	2.河南曰豫州
8.華陽、黑水惟梁州	7.東北曰幽州	9.北方為幽州，燕也	8.燕曰幽州
9.黑水、西河惟雍州	6.正西曰雍州	8.西方為雍州，秦也	3.河西曰雍州

九州對照表二

九州	周十六國	秦　郡	今省和自治區
冀州	晉、燕	雁郡、代郡、太原、河東、上黨；廣陽、巨鹿、恆山、邯鄲、河內；上谷、漁陽、右北平、遼西、遼東	山西、河北、內蒙古、遼寧
兗州	衛	東郡	河北、河南、山東
青州	齊	濟北、齊郡、膠東、琅琊	山東
徐州	魯	薛郡、泗水、東海	山東、江蘇、安徽
揚州	吳、越	會稽、九江、閩中	江蘇、浙江、安徽、江西
荊州	楚	南郡、衡山、長沙、黔中、南海、桂林、象郡	湖北、湖南、廣東、廣西、貴州
豫州	周、鄭、陳、宋、曹	碭郡、陳郡、潁川、三川、南陽	河南
梁州	巴、蜀	漢中、巴郡、蜀郡	陝西、四川
雍州	周、秦	內史、隴西、上郡、北地、雲中、九原	陝西、甘肅、寧夏、內蒙古、青海

【案】九州之域大體接近西周封建的範圍，此可佐證《禹貢》主體是西周作品。

最低限度參考書（只限原典）：

1.《山海經》：〈五藏山經〉和〈海內東經〉所附〈水經〉

2.《漢書・地理志上》

3.《水經注》卷四十〈禹貢山水澤地所在〉

（原載《中國文化》總第三十九期，二〇一四年春季號）

秦公簋及器蓋銘文

《史記》中所見秦早期都邑葬地

秦早期都邑葬地的確定，對探索秦早期考古文化遺址的分佈具有重要意義。

應當說明一下，本文所論「秦早期都邑葬地」，是指從非子封邑於秦到德公都雍以前秦先公、先君的都邑葬地。討論僅限於此，是因為非子以前「秦」的稱謂還不存在，德公以後秦的都邑葬地比較明確。

古書記載秦早期都邑葬地，主要材料保存在《史記》的〈秦本紀〉和〈秦始皇本紀〉附錄的秦世系當中。[319]前者是司馬遷本《秦紀》而作，後者附載於該本紀太史公讚語之後，班固評賈、馬贊之前，前人推測是別本《秦紀》，其來源雖不明，但文字簡古，絕非後世附益。[320]《史記》這兩篇記述頗有不同，前人說解亦多分歧，今為之考辨如下。

一、非子初居西犬丘，但秦之稱秦始於非子邑秦

司馬遷作〈秦本紀〉，也像其他〈本紀〉、〈世家〉一樣，是參考各種先秦世譜寫成，所以照例要有一番關於始祖和姓氏來源的交代。他所記非子以前的世系主要是交代秦人的族屬來源，非子

---

[319] 《史記·秦始皇本紀》詳記襄公以來秦君居葬，但〈秦本紀〉於德公以下不言居葬。

[320] 梁玉繩《史記志疑》卷五。

以後才是真正的秦史。

據〈秦本紀〉，秦是出自嬴姓氏族。嬴姓始祖據說是舜的虞官伯益（亦作伯翳）。虞官職掌畜牧，伯益的後世子孫很多都以養馬御車著稱。司馬遷說，嬴姓分支眾庶，「子孫或在中國，或在夷狄」。它們的居住活動範圍和文化面貌彼此大不一樣。

嬴姓氏族在夏、商、西周時代很有名，如屬於費氏一支的費昌曾為湯御，屬於鳥俗氏一支的孟戲和仲衍曾為大戊御，他們都是以御車而顯名。這些人共事王室，據說曾被封為「諸侯」，想必在「中國」領有封邑。但另外也有一些分支是在「夷狄」，如商代末年被稱為中潏的一支，據說「在西戎，保西垂」，就一直住在西戎聚居活動的地區。

司馬遷關於嬴姓各支，重點是講中潏—蜚廉一支，因為秦人是從這一支發展而來。蜚廉的後代分兩支：一支是季勝，另一支是惡來革。季勝一支，共事王室，其中最有名是造父。周穆王以趙城封造父，這就是春秋戰國時很有名的趙氏。惡來革一支，後代有大駱。大駱住在西犬丘。

關於西犬丘，應當說明一下。第一，《史記集解》和《史記正義》把它定為周懿王所都犬丘是不對的。王國維據《水經·漾水注》指出，它的地望應在漢代的西縣（今甘肅天水西南、禮縣東北一帶），[321]當時屬於西戎之地。第二，西犬丘又名西垂，西垂是具體地名而不是泛指西方邊陲，王國維等人讀西垂為西陲是不對的。因為春秋衛國也有一個叫垂而別名犬丘的地方（在今山東曹縣北），《春秋》隱公八年：「春，宋公、衛侯遇於垂。」《左傳》「垂」作「犬丘」，杜預注：「犬丘，垂也，地有兩名。」可見西垂是指西方的垂，正像西犬丘是指西方的犬丘一樣，它是個具體地名。[322]

非子是大駱一族的庶支。大駱居西犬丘，非子最初也住在西犬丘。由於他擅長養馬，「犬丘人言之周孝王，孝王召使主馬於汧渭之間」。他到周王室來做事，才離開犬丘，後來被封於秦。

非子被封於秦，有一番經過：據說非子來到「汧渭之間」養馬，「馬大蕃息」，孝王對非子寵遇非常，打算改立非子為大駱嫡嗣，但阻於申侯之言，所立為申侯之女所生子成。這樣，非子才被別封於秦。

申侯反對立非子為嫡所講的一段話很重要。他說：

昔我先酈山之女，為戎胥軒妻，生中潏，以親故歸周，保西垂，西垂以其故和睦。今我復與大駱妻，生適子成。申駱重婚，西戎皆服，所以為王。王其圖之。

這段話透露出，申人和大駱族為周人倚重，是因為他們的態度向背對周鎮撫西戎有舉足輕重的關係。這裡申是西申，即大約住在今陝甘一帶的申戎，屬於姜姓之戎。大駱族從中潏起也一直住在西戎，其後代一直到秦孝公時還常常被中原諸夏卑視為「夷翟」。

非子雖然沒能繼嗣大駱，但孝王不肯虧待他，說是「昔伯翳為舜主畜，畜多息，故有土，賜姓嬴。今其後世亦為朕息馬，朕其分土為附庸」《史記》卷五〈秦本紀〉，把非子封在秦，讓非子承祀造父，也立為趙氏。秦人正式稱秦就是從這裡開始的。

秦之稱秦始於非子邑秦，這一點很重要。因為無論探索秦的族屬來源還是文化來源，都得從這一點向上追溯。

長期以來，史學界一直有秦人是「東來」還是「西來」的爭論。[323]人們爭論的其實並不是秦人本

[321] 王國維〈秦都邑考〉，收入《王國維遺書》，上海：上海古籍書店，一九八三年，第二冊，《觀堂集林》卷十二，八頁正—一〇頁正。

[322] 此則承裘錫圭先生提示。

[323] 參看林劍鳴《秦史稿》，上海：上海人民出版社，一九八一年二月，三二—三三頁注一〇。

身。秦人本身，居住活動範圍很清楚。他們爭論的是秦人的族屬來源和文化來源。誠然，這個問題可以追溯到很遠：司馬遷說，秦與徐氏、郯氏、莒氏、終黎氏（亦作鐘離氏）、運奄氏、菟裘氏、將梁氏、黃氏、江氏、修魚氏、白冥氏等東方嬴姓部族有著姓氏同源共系（它們大多屬於東夷和淮夷系統）的關係。但秦人不屬於東方各支，他們是來自早在殷代末年即已定居在西戎地區的中潏一支。因此至少從殷末起，秦的直系先祖先是受西戎文化後則受周文化影響，在這些影響下形成自己的文化面貌，這一點完全可以肯定。

二、非子所邑之秦不在甘肅清水一帶而在「汧渭之會」

一九七八年陝西寶雞縣太公廟秦銅器窖穴出土的秦公鐘、鎛，是一批罕見的春秋秦國重器。[324]器銘一開頭有「秦公曰：我先祖受天命，賞宅受國」一語，「賞宅受國」，「賞宅」是指非子受封邑，「受國」是指襄公被封為諸侯，這是秦人心目中了不得的兩件大事。非子受封於秦，從此他的後代便以秦為氏，這正像周之稱周是始於太公遷居周原一樣。秦邑地望的確定對研究秦史來說，正像周史研究中的岐周一樣重要。

但秦究竟在哪裡呢？傳統說法都是把它定在今甘肅清水縣附近，如：

(1)《史記集解·卷五·秦本紀》引徐廣說：「今天水隴西縣秦亭也。」

(2)《史記正義·秦本紀》引《括地志》：「秦州清水縣本名秦，嬴姓邑。」

(3)同上引《十三州志》：「秦亭，秦谷是也。」

徐廣等人把秦邑定在天水東北的清水一帶，清水一帶當時有秦亭、秦谷大概不會有問題，但他們說秦亭、秦谷就是非子所邑之秦卻明顯是附會。因為此說與〈秦本紀〉的原文全然不符。〈秦本紀〉原文寫得很清楚：

第一，大駱族是分兩支，成一支是住在犬丘，與戎雜處，而秦則是周人「分土為附庸」，最初是住在周地。[325]

第二，司馬遷雖沒有直接說非子所邑之秦究竟在哪裡，但明確講到文公四年，「至汧渭之會」，文公追述說：「昔周邑我先秦嬴於此，後卒獲為諸侯。」在該地卜居營邑。這個重築的城邑顯然與非子所邑之秦是同一地點，它應當就是非子當年為周孝王養馬的「汧渭之間」。

所以，秦邑應在「汧渭之會」而絕不在甘肅清水一帶。

當然，我們把秦邑定在「汧渭之會」，這只是畫出一個大致的範圍，其確切地點還需作進一步推定。

今天的「汧渭之會」，即千河和渭水交匯處，地點在寶雞縣千河公社西、寶雞市臥龍寺東。渭水以北的原區至此為千河截斷，東面是鳳翔原，西面是賈村原。千河就是穿過這兩個原由西北流注入渭。秦人是「養馬世家」，他們逐水草而居，這一帶當然很理想。非子當年在這裡築有秦邑，後來秦文公又重新回到這裡築城，都不是偶然的。文公築的城，我們估計很可能就是陳倉（詳見下文），非子所邑之秦既與文公所築城邑為一地或者相近，則其地亦當在陳倉附近。

[324] 盧連成、楊滿倉〈陝西寶雞縣太公廟村發現秦公鐘、秦公鎛〉，《文物》一九七八年第十一期，一—五頁。

[325]《史記．周本紀》等篇記周太史儋之言，所謂「始周與秦國合而別」，「周與秦國合」就是指周人在岐周附近的汧渭之會賜邑於非子。

三、秦仲、莊公西略伐戎，收復西犬丘

非子、秦侯、公伯、秦仲四世，應當一直住在秦邑。秦仲三年，適當周厲王末年（前八四二年）。這一年發生國人暴動，厲王出奔於彘。事件引起的震動之一，是「西戎反王室，滅犬丘大駱之族」。它意味著周人用以鎮撫西戎的據點被人拔掉了。這是一個不祥之兆，它預示了其後西周被滅的那次更大戎禍。

犬丘被滅在秦與西戎之間播下仇恨。秦人舊宗所居的故地被西戎佔領，不啻為秦人切齒痛恨，也為周王室所不容。所以「周宣王即位，乃以秦仲為大夫，誅西戎」。但結果「西戎殺秦仲。秦仲立二十三年，死於戎」。

莊公繼位，「周宣王乃召莊公昆弟五人，與兵七千人，使伐西戎，破之」，由於藉助周王室的兵力，這第二次伐戎終於獲得勝利，秦人收回了犬丘故地。犬丘被收復，有兩個重要意義，一是秦人代替成一支繼承大駱，由小宗躍居大宗；二是秦人代替成一支守西垂，莊公被周王室封為西垂大夫，秦人的活動中心轉移到了西犬丘。

從莊公起，秦人從秦邑徙居西犬丘。莊公收復西犬丘，為其後秦人東進準備了後方基地。襄公創國，是由莊公奠立基礎。莊公在秦史中的地位如同周史中的文王，所以襄公稱公以後，莊公也被追稱為公。[326]他是秦史上很重要的一個人物。

四、襄公東略伐戎，居葬均在西犬丘，「襄公徙都汧」之說不可靠

秦莊公收復犬丘是一個標誌，至此，秦人的西略伐戎暫時告一段落。但莊公死後，襄公繼位，正當周幽王之世。幽王晚年，發生酈山之難，西周被申侯勾結犬戎攻滅，周人退出岐、豐故地東遷，秦人的發展出現新的轉機。

在酈山之難中，申、秦扮演著截然不同的角色。申、秦本與戎和周都有密切關係，但在這一事件中，申與戎是站在一邊，秦與周是站在一邊，壁壘分明。形成這種局面，一方面是因為申與周關係惡化，另一方面則是因為秦與戎為仇，周王室支持秦。

襄公時，秦與戎之間的攻戰一直沒有停息。最初這種爭奪還是集中在犬丘一帶，但自從周人棄土東逃，這種爭奪便擴大開來。司馬遷說，周室東遷，襄公護送有功，「平王封襄公為諸侯，賜之岐以西之地。曰：『戎無道，侵奪我岐、豐之地，秦能攻逐戎，即有其地。』與誓，封爵之」。從此秦正式列為諸侯。周人不但承認了秦對岐以西之地的所有，而且允許秦人從西戎手中奪取本為周人佔有的岐、豐之地。於是，襄公的東略伐戎開始了。襄公東略伐戎，是他在位的最後五年（前七七〇至前七六六年），〈秦本紀〉說：「（襄公）十二年，伐戎而至岐，卒。」說明他曾一直進軍到岐山附近。但岐以西是否都收復了呢？司馬遷沒有說，恐怕是還沒有完全收復。襄公的東進還非常有限。

326《毛詩正義・秦風・秦譜・車鄰》，孔穎達疏。

這時襄公的都邑在什麼地方？〈封禪書〉說「秦襄公既侯，居西垂」，他仍然住在西犬丘。其葬地，據〈始皇本紀〉，也在「西垂」。可見當時秦人活動的中心還在犬丘一帶。

襄公居葬均在西垂即西犬丘，這一點本來很清楚，但過去卻流行一種「襄公徙都汧」的說法。這種說法又是怎麼一回事呢？

按〈秦本紀〉「襄公二年」下《正義》引《括地志》云：「故汧城在隴州汧源縣東南三里。《帝王世紀》云秦襄公二年徙都汧，即此城。」所謂「襄公徙都汧」，主要就是指這段話。由於《正義》引《括地志》是注在「襄公二年」下，而原文卻未言徙都之事，郭沫若先生遂推測「襄公二年」下「當有奪文」，[327]似乎襄公確曾徙都於汧。《括地志》所說的汧是漢代的汧縣，在今陝西隴縣南，當汧水中游。如果襄公曾經徙都於汧，那麼文公就應是沿汧水經今隴縣而到達「汧渭之會」。

不過，襄公徙都汧的說法其實是靠不住的。因為《括地志》所節引的《帝王世紀》，與他書引用，完全不同。《帝王世紀》記述秦都邑，有相當完整的一段文字保存在《太平御覽》卷一五五〈州郡部一．敘京都上〉內，原文是：「秦非子始封於秦，故〈秦本紀〉稱周孝王曰朕分之土邑秦，本隴西秦谷亭是也。……及襄公，始受酆之地，列為諸侯。文公徙汧，故〈秦本紀〉曰：公事〔東〕獵至汧，乃卜居之。今扶風郿縣是也。」這段話完全是重述〈秦本紀〉，核之〈秦本紀〉，可知這裡的「始受酆之地」，是指「始受岐、豐之地」；「文公徙汧」和「公事〔東〕獵至汧」，是指「文公徙汧渭之會」和「公東獵至汧渭之會」。另外，〈封禪書〉《索隱》引皇甫謐說亦作「文公徙都汧也」。這都足以說明《括地志》引用《帝王世紀》是一種誤引。所謂「襄公徙都汧」，「襄公」乃是「文公」之誤，「徙都汧」也並非指徙都於隴縣之汧，而是指徙都於「汧渭之會」。

《史記正義》引用《括地志》次在〈秦本紀〉「襄公二年」下，我們認為這並不能證明原文脫去「襄公徙都汧」等字。因為古人註釋體例，有引附史事的一種，並非處處字合句應，這裡《正義》所引不過是因為《括地志》轉引《帝王世紀》正好也是講襄公罷了。「襄公」後面還有「二年」，我們懷疑是《正義》加上去的。總之，「襄公徙都汧」的說法是靠不住的。

五、文公繼續東略伐戎，初居西犬丘，後卜居汧渭之會，葬秦陵山

襄公死後，文公繼續東略伐戎。〈秦本紀〉說「文公元年，居西垂宮。三年，文公以兵七百人東獵。四年，至汧渭之會」，卜居營邑。「十六年，文公以兵伐戎，戎敗走。於是文公遂收周餘民有之，地至岐，岐以東獻之周。」至此，岐周之地盡被秦人佔有。

文公最初「居西垂宮」，仍住在西犬丘，但後來麾兵東進，一直攻到汧渭之會，回到了非子所居的故地，在秦邑舊地重建了一座新的都邑。這座都邑，我們在前面說過，它應當就是文公十九年獲陳寶以為祥瑞的陳倉。

陳倉的地望明確可考。據《元和郡縣誌》卷二，陳倉城「有上下二城相連，上城是秦文公築，

327 郭沫若《石鼓文研究》，收入《沫若文集》，北京：人民文學出版社，一九六二年，第十六卷，三四〇頁。

328 傅雲起〈中國古代最早的隕星記錄〉（未刊稿）。

下城是郝昭所築」，上城「在今縣東二十里」，即今寶雞市東臥龍寺西北。《漢書．地理志》記載，陳倉城「有上公、明星、黃帝孫，舜妻育冢祠。有羽陽宮，秦武王起也」。文公十九年，在這個地方發現過一塊色赤如肝、降自天上的寶石，被稱作陳寶，「於陳倉北阪城祠之」（〈封禪書〉）。陳寶實際上是隕石。[328]祠祭陳寶，一直到漢代猶不衰。秦漢時期的西北，陳寶祠與四時一樣有名，所謂「唯雍四時上帝（即白、青、黃、炎四帝）為尊，其光景動人民唯陳寶」（〈封禪書〉）。可見這個地方很重要。陳倉地處汧渭之會，〈秦本紀〉於文公伐戎至汧渭之會不太久即提到文公於陳倉獲陳寶，若說文公在這樣短的時間和這樣小的範圍裡另外築有一座陳倉城，那是不能想像的。所以陳倉應即文公於汧渭之會所營之邑是不會有多大問題的。

《史記》關於文公的葬地，〈秦本紀〉記為「葬西山」，〈始皇本紀〉記為「葬西垂」。皇甫謐說西山「在今隴西之西縣」，似乎與西垂是一回事。但這樣理解恐怕並不一定對。

我們考慮，文公徙都汧渭之會後，其活動中心已經東移，其葬地當不在西垂，而就在附近。《史記正義》：「《括地志》云：『秦寧（憲）公墓在岐州陳倉縣西北三十七里秦陵山。《帝王世紀》云秦寧（憲）公葬西山大麓，故號秦陵山也。』按：文公亦葬西山，蓋秦陵山也。」我們認為《括地志》以西山即秦陵山的說法是非常值得注意的。舊寶雞縣城有「左金陵、右玉澗、面渭水、背陵原」之稱。秦陵山在陳倉縣西北三十七里，從方位和里數看，地點應即今寶雞市（舊寶雞縣治所在）正北之陵原。陵原自吳山綿亙而來，是該縣的主山。〈秦本紀〉說秦文公「伐南山大梓」，《括地志》說「大梓樹在岐州陳倉縣南十里倉山上」，可見「南山」是對陳倉城址的位置而言。秦陵山既在陳倉縣西北三十七里，稱為「西山」也是十分合理的。

六、憲公至武公的都邑葬地平陽和衙

秦人從襄公起，基本上一直是沿渭水東進，向岐周之地擴展它的勢力。如果說汧渭之會的陳倉是秦人東進過程中建立的第一個據點，那麼平陽就是第二個據點。

秦憲公和武公，都城都在平陽。秦武公的葬地也在平陽。可見平陽是很重要的一個地方。〈秦本紀〉載：「寧（憲）公二年，公徙居平陽。」平陽是憲公新立的郡邑，又叫「西新邑」（〈始皇本紀〉）。

關於平陽故城的地望，前人有以下說法：

(1)《史記集解》引徐廣說：「郿之平陽亭。」

(2)《史記正義》：「《帝王世紀》云秦寧（憲）公都平陽。按：岐山縣有陽平鄉，鄉內有平陽聚。《括地志》云：『平陽故城在岐州岐山縣西四十六里，秦寧（憲）公徙都之處。』」

(3)《太平寰宇記》卷三〇：「《三輔黃圖》云右輔都尉理所，秦寧（憲）公徙居平陽即此地，今縣東十五里渭水北故郿城是也。」

按平陽故城當即今寶雞縣東陽平鎮，與《正義》所說岐山縣西四十六里之陽平鄉為一地，而並非郿縣故城。郿縣故城說當由北魏改郿縣為平陽縣誤托。平陽是憲公和武公所居都邑，這是沒有問題的。但〈始皇本紀〉說出子（〈年表〉作「出公」）「居西陵」（《索隱》「一云居西陂」），這個「西陵」在什麼地方，現在已無從稽考，估計也應在平陽附近。

下面我們再來談談憲公和出子的葬地。

〈秦本紀〉說憲公「葬西山」，〈始皇本紀〉則說憲公「葬衙」。別本〈始皇本紀〉（《史記

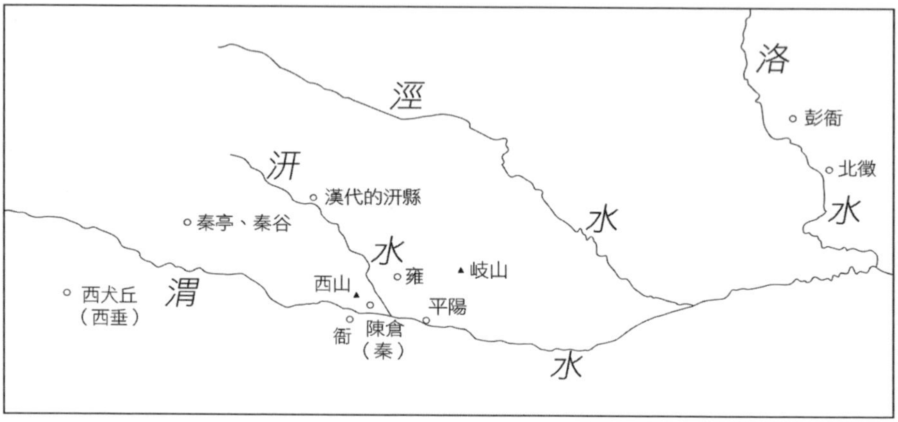

秦早期都邑葬地

索隱》引）說出子也是「葬衙」。這個衙在什麼地方，也值得討論。

〈始皇本紀集解〉說這個衙就是《漢書・地理志》的衙縣。《漢書・地理志》的衙縣，顏師古注說「即《春秋》所云『秦晉戰於彭衙』」（見《春秋》文公二年）的彭衙。誠然，漢代的衙縣確實是春秋時期很有名的秦邑。《國語・楚語上》記楚靈王欲城陳、蔡、不羹，使僕夫子皙向范無宇徵求意見，范無宇舉春秋各國史實為例表示反對，說明「國為大城，未有利者」。其中提到「秦有徵、衙」，「秦徵、衙寔難桓、景」。[329]講的是秦桓公之子、景公之弟公子鍼由於封邑徵、衙逾制，對景公造成威脅，被排擠出奔於晉。可見徵、衙都是很大的城邑。

《國語》提到的徵、衙，徵又叫北徵（《左傳》文公十年），即今陝西澄城縣，衙即今陝西白水縣東北之彭衙堡。它們都與憲公、出子時秦人活動的中心地區相距甚遠，若說憲公、出子死後會葬到這樣遠的地方，未免不合情理。

我們考慮，〈始皇本紀〉提到的衙應當是另外一個衙。它應當就在西山即秦陵山一帶，所以〈秦本紀〉說憲公「葬西山」。這裡值得提出的是，一九七四年寶雞市渭河南岸發

禮縣大堡子山出土金飾牌

現了西周𢐗伯墓，它的地點與我們估計中的衙比較接近。𢐗、衙古音可以互假。作為秦憲公、出子葬地的衙會不會就是古𢐗國之𢐗呢？這是耐人尋味的。

結語

根據以上所述，我們可以勾畫出秦人早期遷徙活動的大致路線：很明顯，秦人早期活動的中心有兩個，東面一個中心，是汧渭之會的秦即陳倉（圍繞陳倉，西有秦陵山和衙，東有平陽），地點在今陝西寶雞市東；西面一個中心，是西犬丘，地點在今甘肅天水、禮縣一帶。秦人最初是由周人賜邑，定居於秦，經過西略伐戎，收復其先大駱所居西犬丘；然後，又以西犬丘為根據地，東略伐戎，重返秦邑故地，營築陳倉並徙都平陽。先是由東而西，後是由西而東。其中居秦邑者有非子、秦侯、公伯、秦仲，居西犬丘者有莊公、襄公、文公（元年至三年），居陳倉者有文公、憲公（元年），居平陽者有憲公、武公，各歷時三四十年至四五十年不等（參看附圖、附表）。通過對有關文獻的考證，我們指出，前人所謂的「西垂即西方邊陲」說、「秦在清水」說、「襄公徙都汧」說、「衙即彭衙」說等

---

327 此事亦見《左傳》昭公十一年，其中沒有提到魯、晉、秦三國。

等均不可信。特別是「秦在清水」說和「襄公徙都汧」說，給人造成錯覺，似乎秦人從一開始都邑就在西犬丘附近，後來秦人是由汧水上游，經今隴縣，順汧水而下到汧渭之會，自始至終是從西向東發展。這些說法尤其需要辨明。

本文主要是從歷史文獻學的角度考證秦早期都邑葬地，問題的證實還有待於考古學的發現。一九四九年以來，考古工作者們對早期秦文化遺存已經做出不少有益探索，像陝西寶雞市姜城堡、甘肅靈台景家莊、陝西寶雞縣西高泉發現的秦墓，陝西寶雞縣太公廟發現的秦銅器窖穴，都屬於我們討論的這一時期。[330]這些發現主要集中在寶雞市和寶雞縣，甘肅境內的發現報導還比較少。怎樣從時間、地域兩方面去確定這些發現在秦人早期歷史活動中的位置，還需要做進一步的工作。我們希望這篇文章能對這一問題的探索提供某些線索。

最後附帶說一句。三年前，我在一篇討論秦銅器的文章中，已對秦早期都邑葬地的有關記述做過初步排比，[331]可作本文參考。不過應當檢討的是，該文寫作時，由於未做深入考慮，其中仍有若干地方謬襲前人成說，現在應依本文為準予以糾正。

（原載《文史》第二十輯，一九八三年九月）

[330] 王光永〈寶雞市渭濱區姜城堡東周墓葬〉，《考古》一九七九年第六期，五六四頁；劉得禎、朱建唐〈甘肅靈台景家莊春秋墓〉，《考古》一九八一年第四期，二九八—三〇一頁；盧連成、楊滿倉〈寶雞縣西高泉村春秋秦墓發掘記〉，《文物》一九八〇年第九期，一—九頁；盧連成、楊滿倉〈陝西寶雞縣太公廟村發現秦公鐘、秦公鎛〉，《文物》一九七八年第十一期，一—五頁。

[331] 李零〈春秋秦器試探——新出秦公鐘、鎛銘與過去著錄秦公鐘、簋銘的對讀〉，《考古》一九七九年第六期，五一五—五二一頁。

附表　秦早期都邑葬地

先公、先君名	都　邑	葬　地
非子	秦（在今寶雞市東千河、渭河交匯處）	不詳（估計應在秦邑附近）
秦侯	同上	同上
公伯	同上	同上
秦仲	同上	同上
莊公	西犬丘（又名西垂，在今甘肅天水西南、禮縣東北）	不詳（估計應在西犬丘附近）
襄公	同上	西犬丘
文公	(1)西犬丘（文公元年至三年） (2)秦邑故地（應即陳倉，在今寶雞市東臥龍寺西北，文公四年至五十年）	西山（又名秦陵山，在今寶雞市北陵原）
憲公	(1)秦邑故地（憲公元年） (2)平陽（又名西新邑，在今寶雞縣東陽平鎮，憲公二年至十二年）	西山或衙（在今寶雞市）
出子	西陵或西陂	衙
武公	平陽	平陽

禮縣大堡子山出土秦子鎛

周秦戎關係的再認識——為《秦與戎：秦文化與西戎文化十年考古成果展》而作

三十五年前，我討論過陝西寶雞太公廟出土的秦公鐘、鎛，並順便討論過傳世的秦公簋。[332]三十一年前，我討論過德公都雍前的秦世系和都邑、葬地。[333]在這兩篇文章中，我對秦人早期的活動中心和遷徙路線曾有所梳理，與後來考古學界的主流意見相反。這裡有兩種基本判斷，一種是我和少數學者主張的「秦在汧渭之會」說，即陝西寶雞說，另一種是多數學者主張的「秦在秦亭」說，即甘肅清水說。三十多年轉眼就成過去，我對我的基本判斷至今不悔。當時我曾說，「本文主要是從歷史文獻學的角度考證秦早期都邑葬地，問題的證實還有待於考古學的發現」。[334]現在，考古發現日益增多，如何從周、秦、戎的整體關係來重新檢討這兩種觀點，恐怕很有必要。我想借這個展覽的機會，發表一點兒我個人的意見，拋磚引玉，就正於學界同仁。[335]

[332] 李零〈春秋秦器試探——新出秦公鐘、鎛銘與過去著錄秦公鐘、簋銘的對讀〉，《考古》一九七九年六期，五一五—五二一頁。

[333] 李零〈《史記》中所見秦早期都邑葬地〉，《文史》第二十輯（一九八三年九月），一五—二三頁。

[334] 同右，二二頁。

[335] 最近，筆者參加過北京大學和牛津大學組織的絲綢之路考察（二〇一四年八月二一日至九月四日）。此文是根據考察日記中的感想改寫而成。

一、周、秦、戎的族源背景和通婚關係

夏、商、周三族，夏、商在東，周在西，一直是兩大板塊。周、秦都崛起於西土，與西戎雜處，有很深的西戎背景。周、秦、戎的活動舞臺是《禹貢》九州的雍州。雍州之域，橫跨今陝、甘、寧三省，隴山正好在三省交界處。隴山以西是甘肅，隴山以北是寧夏，隴山以東是陝西。

兩周時期，周人是憑族姓識別來源不同的族。如祁姓傳出陶唐，姚姓傳出有虞，夏為姒姓，商為子姓，周為姬姓。東夷、淮夷傳出太昊、少昊。太昊風姓，少昊嬴姓。祝融八姓主要是己、妘、曹、芈四姓。這些姓，不僅反映父系族源，也反映母系族源，以及不同族姓的通婚關係。如夏的女祖先是有莘氏女，名曰脩己（己姓）；商的女祖先是有娀氏女，名曰簡狄（疑媿姓）；周的女祖先是有邰氏女，名曰姜嫄（姜姓），就從一個側面反映出他們與其他部族的通婚關係。這些族姓有兩周時期的銅器銘文為證，覆蓋面甚廣，並與文獻記載高度一致，足證周人封建，範圍確實廣，《禹貢》九州的天下概念並非向壁虛構。

當時，雍州之域有六個族姓最值得注意。

(1) 姬姓：姬姓最有名，當屬周人。周人自豳遷岐，來自隴東、陝北的黃土高原，與西北戎狄有不解之緣。姬姓不止是周人的姓，也是很多少數民族的姓（有些可能是冒姓），如東周時期，驪山腳下的驪戎（與申通婚），山西的大戎（即狐氏，與晉通婚），[336]還有滹沱河流域的白狄（鮮虞、中山），他們也都是姬姓。

(2) 媿姓：媿姓最有名，當屬唐叔封晉的懷姓九宗，懷姓即媿姓。王國維說，媿姓是鬼方之姓。[337]鬼方來自貝加爾湖一帶，初居內蒙古河套，號稱河宗氏，後順黃河南下，分別進入陝西、山西，東周

以來集中在晉東南，號稱赤狄。媿姓和姬姓都來自北方，但姬姓主要在陝西，媿姓主要在山西。媿姓屬於北狄系統。

(3) 姜姓：姜姓來自西方，屬於西戎系統，與姬姓世代通婚（西周十二王，至少有六個王娶自姜姓）。[338]學界公認，姜姓與氐、羌有關。氐、羌是藏族和羌族的祖先，歷史上與漢族關係最密切（兩者同屬蒙古人種、漢藏語系）。他們從青海進甘肅，從甘肅進陝西，從陝西進山西、河南，有許多不同分支，號稱姜戎（或姜姓之戎，或姜氏之戎）。姜姓歸附周人，有號稱四岳之後的申、呂、齊、許。申，初在陝西，與周通婚，後分一支遷南陽，留在陝甘的叫西申，遷居南陽的叫南申。西申也叫申戎。呂，初封不詳，後遷南陽。齊出於呂。太公呂尚佐文、武圖商，有勳勞，封於齊，是周的舅氏，與周關係最密切。許國也從呂國分出。西周晚期，西戎為禍，主要是姜戎和犬戎。姜戎是姜姓，犬戎是允姓，二戎皆聽命於申侯。周宣王三十九年，千畝之戰，周師敗績於姜氏之戎（《國語．周語上》），從此元氣大傷，降及幽王，被申侯率犬戎攻滅。《左傳》兩次提到姜姓之戎（僖公三十三年、襄公十四年），范宣子稱其祖吾離，本居瓜州（今甘肅敦煌），[339]被秦人迫逐，離開瓜州，投奔晉國，晉惠公特意把他們安置在晉都南鄙，讓他們幫助晉人打仗，好像羅馬帝國的

[336] 晉獻公娶大小戎子，見《左傳》莊公二十八年。杜預注以大戎子為姬姓，小戎子為允姓。但《史記．晉世家》則以大小戎子為姊妹。

[337] 王國維〈鬼方昆夷獫狁考〉：「鬼方之為媿姓，猶獫狁之為允姓也。」見《王國維遺書》，上海：上海古籍書店，一九八三年，第二冊：《觀堂集林》卷十三，五頁正。

[338] 參看謝乃和〈金文中所見西周王后事蹟考〉，《華夏考古》二〇〇八年第三期，一四二—一五二頁。

[339] 瓜州即敦煌，見《左傳》襄公十四年杜預注。顧頡剛〈瓜州〉一文認為，瓜州之戎從甘肅敦煌遠徙山西、河南，路途太遠，不可能，因此提出「瓜州」即「瓜人之州」說（陝西、甘肅、四川稱傻瓜為「瓜人」），以為瓜州在秦嶺山區。此說不可信。參看氏著《史林雜識初編》，北京：中華書局，一九六三年，四六—五三頁。

日耳曼雇傭兵。所謂「秦人迫逐」，從年代看，應指秦穆公伐戎。

(4) 允姓：王國維說，允姓是獫狁之姓。[340]獫狁是該族自名，古書有許多不同寫法，一類寫法是獯鬻、薰育、葷粥，一類寫法是混夷、昆夷、緄戎。獫狁之名，流行於西周，西周以後，寂然無聞。《左傳》有所謂允姓之戎（僖公二十二年、昭公九年），蓋其孑遺。這支戎人也叫陸渾戎（宣公三年，成公六年，昭公十七年、二十二年），本居瓜州，晉惠公、秦穆公遷其民於河南，始定居於熊耳山南，伊河上的嵩縣，[341]最後滅於楚。陸渾是其本名，與上述名稱屬於一系。古人有一種說法，允姓之戎出自塞種（Saka）。[342]塞種即操東伊朗語的斯基泰人（Scythians）。古代西域是印歐人的游牧天堂，蒙古、突厥系的游牧人皆後來者。蒙古人種與高加索人種互為進退，主要在新疆東部和甘肅西部之間。《左傳》說允姓之戎初居瓜州，他們很可能是印歐人或混有印歐人的血統。瓜州既有姜姓之戎，也有允姓之戎，兩者相伴相隨，正是活動於這一帶。[343]王國維治西北史地，嘗為匈奴找源頭。他說獯鬻、昆夷、獫狁即匈奴的前身，可能很有道理，[344]但說鬼方是獫狁的前身則大謬不然。[345]允姓來自西方（新疆和甘肅），中心在甘肅，屬於西戎系統；媿姓來自北方（內蒙），中心在山西，屬於北狄系統。王國維不別戎狄，把鬼方當獫狁的前身，此說不可從。

(5) 姒姓：與上不同，來自東方（山西）。司馬遷記姒姓十二支，核心是夏后氏。夏人住在晉南、豫西。其他十一支，杞、繒在山東，褒、莘在陝西，則是夏人擴張的結果。周人與他族聯姻，除與姜姓互為婚婭，還娶姒姓女子。如文王后為太姒，幽王寵幸褒姒。太姒出自莘，[346]褒姒出自褒。莘在陝西合陽，褒在陝西漢中。

(6) 嬴姓：與上不同，來自東方（山東）。司馬遷記嬴姓十三支，主要是魯南、蘇北、皖北、豫東的土著，屬於東夷和南淮夷。其中一支，西遷山西者為趙人的祖先，西遷甘肅者是秦人的祖先。

嬴姓不僅與姜姓通婚（如大駱的配偶是申女），也與周王通婚（如秦武公的配偶是王姬）。[347]

二、《史記》的重要性

周、秦、戎是三角關係。西戎的中心在隴山西側，周之舊都在岐山腳下。秦在隴山以東和岐山以西，正好在兩者間。西周晚期，周、戎間的種種衝突，都與秦分不開。

《史記》講秦，有兩篇東西，一篇是〈秦本紀〉，一篇是〈秦始皇本紀〉，這是研究秦史的基

---

340 王國維〈鬼方昆夷玁狁考〉，《王國維遺書》，第二冊：《觀堂集林》卷十三，五頁正。

341 嵩縣是陸渾戎所居，舊名陸渾。古人以山南為陰，陸渾戎也叫陰戎。

342 荀濟〈請廢佛法表〉（編案：應為〈論佛教表〉）引《漢書．西域傳》：「塞種本允姓之戎，世居敦煌，為月氏所迫逐，遂往蔥嶺南奔。」此說不見於今本《漢書》。

343 漢代常把西戎舊部混稱為羌。顧頡剛說：「通常一言羌人，便覺其在甘肅與青海，而不知其居於天山南路者正多也。」見氏著〈天山南路之羌〉見氏著《史林雜識初編》，六九—七三頁。

344 匈奴是戰國晚期崛起的族團，秦漢時期也叫胡（西人稱Hun）。這一族團不斷擴大，肯定包含許多不同的族群，但它的名稱仍與獯鬻、昆夷、玁狁有繼承關係。《史記．匈奴列傳》把山戎、玁狁、葷粥、犬戎、赤狄、白狄和西戎八國統統當作匈奴的背景，這點似乎影響到王國維的判斷，他是把鬼方與昆夷、玁狁視為一系。

345 王國維〈鬼方昆夷玁狁考〉視鬼方與昆夷、玁狁為一系，其說可商。第一，他舉的出土器銘，梁伯戈銘之「印（抑）魃（畏）方蠻」，實與鬼方無關；第二，他說獯鬻、昆夷、玁狁諸名皆畏、鬼二音之變，過於迂曲；第三，他雖承認「鬼方、混夷，古人無混而一之者，至混夷與獯鬻、玁狁，則又畫然分而為二」，卻仍以行文避覆為辯，他所舉例證，只有獯鬻、昆夷對舉，玁狁、西戎對舉，並無鬼方與獯鬻、混夷、玁狁對舉；第四，鬼方的活動範圍與玁狁的活動範圍也不一樣。他的全部論證，只能證明薰育、昆夷、玁狁為一系，不能證明鬼方與薰育、昆夷、玁狁為一系。

346 文武圖商，辛甲是股肱之臣，也出自莘。

347 李零〈春秋秦器試探——新出秦公鐘、鎛銘與過去著錄秦公鐘、簋銘的對讀〉。

本史料。秦立國前和立國後的歷史，即秦國史，見〈秦本紀〉。〈秦始皇本紀〉只講秦始皇的出身背景和生平經歷，還有他的後繼者秦二世，其實是秦代史，跟這裡討論的問題關係不大，但〈秦始皇本紀〉後附錄了一篇秦世系，卻很重要，是研究秦國史的重要參考。

《史記》是以譜牒為框架的大歷史，特別重視族源、世系和居邑、葬地。漢代和秦代，不僅年代相近，而且地土相襲。司馬遷，世為太史公，遍覽皇家圖籍，他能看到的秦國史料最多。這些史料是蕭何從秦代的皇家檔案館直接接收，來源最可靠。

司馬遷作〈秦本紀〉，他根據什麼材料？答案是秦人的譜牒，即著名的《秦紀》。〈秦始皇本紀〉附錄的秦世系，前人稱為「別本《秦紀》」。這兩篇東西，有些說法不一樣，司馬遷是以〈秦本紀〉為主，而以〈秦始皇本紀〉後面的秦世系為輔。他是把後者當這兩篇本紀的附錄。[348]研究秦世系，我們還是要以〈秦本紀〉為主。

〈秦本紀〉講秦人的族源，主要是從中潏講起。司馬遷說，中潏父為戎胥軒，母為申侯之女，早在商周之際就投奔周人，定居西垂（西犬丘，在甘肅禮縣），和戎人住在一起。中潏生蜚廉，蜚廉二子：長為惡來革，是秦人的祖先；幼為季勝，是趙人的祖先。惡來革以下的世系是：女防—旁皋—太幾—大駱。大駱有二子：成與非子。非子養馬有功，周孝王想立非子繼嗣大駱，但阻於申侯之言，不得立，別封於秦。真正繼承大駱的是成，而非非子。非子封秦前，只有秦人的族源史，沒有秦史。我們不能把秦人的族源史與秦史混為一談。

司馬遷講這一段，中潏到蜚廉和蜚廉二子，有些細節還不太清楚，惡來革到大駱只有五世，恐怕短了點。但大駱以下的世系比較可靠。大駱之族，活動範圍主要在隴山西側的天水一帶，西有甘谷，南有禮縣，北有秦安，東北有清水、張家川，沒問題。問題主要是，大駱一支的居地並不等於秦人的居地。

秦在什麼地方？司馬遷的描述是：

> 非子居犬丘，好馬及畜，善養息之。犬丘人言之周孝王，孝王召使主馬於汧渭之間，馬大蕃息。孝王欲以為大駱適（嫡）嗣。申侯之女為大駱妻，生子成為適（嫡）。申侯乃言孝王曰：「昔我先酈山之女，為戎胥軒妻，生中潏，以親故歸周，保西垂，西垂以其故和睦。今我復與大駱妻，生適（嫡）子成。申駱重婚，西戎皆服，所以為王。王其圖之。」於是孝王曰：「昔伯翳為舜主畜，畜多息，故有土，賜姓嬴。今其後世亦為朕息馬，朕其分土為附庸。」邑之秦，使復續嬴氏祀，號曰秦嬴。亦不廢申侯之女子為駱適（嫡）者，以和西戎。
>
> ……
>
> 文公元年，居西垂宮。三年，文公以兵七百人東獵。四年，至汧渭之會。曰：「昔周邑我先秦嬴於此，後卒獲為諸侯。」乃卜居之，占曰吉，即營邑之。

這裡，用著重號標注的句子意思很清楚：第一，非子為周孝王養馬，在「汧渭之間」，即渭水以北，汧、隴之間；第二，周孝王「分土為附庸」，「邑之秦」，肯定在岐周附近；第三，文公東獵，卜居營邑，在「汧渭之會」。「汧渭之會」是汧水、渭水交匯處，與非子所封是同一地點，這

348 《史記》敘事，特點是兼存異說、各從主述，比如同一件事，有好幾種說法，彼此不一樣，怎麼辦？他的辦法是採取口述史學的辦法，講秦以秦的史料為主，講楚以楚的史料為主，彼此矛盾沒關係。即使同一個國家或同一個人，只要有不同說法，也要適當保留，以一說為主，他說為輔。比如他講老子，居然有三種說法。其實，西方古典作家寫歷史照樣有這種體例。比如希羅多德的《歷史》就是如此。

一地點在寶雞地區。

秦亭說或清水說，見《史記・秦本紀》的註釋：

(1)《史記集解》引徐廣《史記音義》：「今天水隴西縣秦亭也。」

(2)《史記正義》引闞駰《十三州志》：「秦亭，秦谷是也。」

(3)《史記正義》引李泰《括地志》：「秦州清水縣本名秦，嬴姓邑。」

這三條材料皆晚出。徐廣為東晉人，闞駰是北魏人，李泰是唐代人。學者寧信徐廣、闞駰、李泰，不信司馬遷，這是沒有道理的。

學者要想否定「汧渭之會」說，司馬遷是座繞不過的大山。

三、周、秦與西戎

周、秦與西戎有不解之緣。

戎字常與西字連在一起，狄字常與北字連在一起。[349]周、秦起於西北，與戎、狄是老鄰居。這裡所謂「西戎」，主要指來自青海、新疆，聚集在河西走廊和隴山兩側，並沿渭水向山西、河南轉進的民族，不包括陝西、山西、河北的姬姓之戎，以及屬於北方系統的山戎（也叫北戎和無終戎）。

古書對西戎有什麼記載？

（一）《尚書》

古書提到西戎，以《尚書》為最早。〈舜典〉說堯逐四凶，「竄三苗於三危」。「三苗」不是今苗族，而是住在三危山（在今敦煌、瓜州）一帶的三支西戎。《禹貢》講雍州，西界在黑水（今黨河）、三危山，北界在弱水、合黎山。這二山、二水都在今甘肅西部。它提到「三危既宅，三苗丕敘」，下文作「崑崙、析支、渠搜，西戎即敘」（今本錯在雍州節最後），崑崙、析支、渠搜，就是《尚書》的「三苗」。這三支西戎都是逐水草而居，順黃河北上，從青海進入甘肅。[350]他們最理想的居地，當然是河湟之地和甘肅東部，但受華夏勢力擠壓，被迫往西走，住在河西走廊的西端。《左傳》提到的瓜州之戎可能就是這三支西戎的後代。

（二）《尚書大傳》

周人的歷史，從一開始就與戎狄分不開。如《尚書大傳》把文王決虞芮之訟當文王受命之年，第二年伐于（即盂），第三年伐密須，第四年伐畎夷，第五年伐耆（即黎），第六年伐崇，第七年卒，其中就有伐畎夷。《史記．周本紀》也提到這七年之事，但順序不一樣，「畎夷」作「犬戎」。犬戎見《逸周書．王會》、《左傳》閔公二年等。王國維認為，犬戎是獫狁在東周時期的名稱。[351]

---

[349] 王國維〈鬼方昆夷獫狁考〉：「戎者兵也，……其字從戈從甲，本為兵器之總稱，引申之，則凡持兵器以侵盜者，亦謂之戎。」「狄者遠也，字本作逿，……後乃引申之，為驅除之於遠方之義。」戎字亦指兵車。逿字亦作逖。前說或有可能，後說則非。狄是外來語，即丁零、鐵勒、敕勒的早期譯名。

[350] 李零〈禹跡考——《禹貢》講授提綱〉，《中國文化》第三十九期（二〇一四年春季號），六九—七〇頁。

[351] 王國維〈鬼方昆夷獫狁考〉，《王國維遺書》，第二冊：《觀堂集林》卷十三，一二頁正。

（三）《詩經》

獫狁是西周時期的允姓之戎。獫狁為禍，周伐獫狁，主要在西周晚期。獫狁見〈小雅〉的〈采薇〉、〈出車〉、〈六月〉、〈采芑〉，字作「玁狁」。王國維說，這些篇章都是厲、宣之際的作品，西周金文提到玁狁，也主要在這一段。[352]

（四）《左傳》

《左傳》提到兩支戎人，都是因秦穆公伐戎，被迫東遷，歸附於晉者。一是上面提到的姜姓之戎，舊居瓜州，後遷山西；二是上面提到的允姓之戎，舊居瓜州，後遷河南。

（五）《史記》

《史記》講周史，有〈周本紀〉；講秦史，有〈秦本紀〉。西戎無傳，只是作為戎禍和被討伐對象，被這兩篇文獻順便提及，再不然，就是當匈奴的背景，放在〈匈奴列傳〉講。〈秦本紀〉說，周人靠申、駱通婚以和西戎，西部也曾相對安定。但西周晚期，戎禍漸起。犬戎滅犬丘大駱之族，秦仲伐戎，戰死於戎。莊公雖收復西犬丘，但戎禍已蔓延到隴山以東。其後，周幽王廢申侯女而寵褒姒，導致申侯勾結犬戎滅西周。秦襄公將兵救周，護送周平王東遷洛邑，「平王封襄公為諸侯，賜之岐以西之地。曰：『戎無道，侵奪我岐、豐之地，秦能攻逐戎，即有其地』」。襄公伐戎至岐，卒。文公卜居汧渭之會，遷都陳倉，收岐以西之地，岐以東，獻於周，這才站穩腳跟。

文公以後，秦伐戎，主要有下述事件：

(1) 秦憲公伐亳戎（亳戎都蕩杜，在陝西西安），見〈秦本紀〉。

(2) 秦武公伐彭戲氏（在陝西白水）、邽戎（在甘肅清水）、冀戎（在甘肅甘谷）、小虢（在陝西寶雞市陳倉區虢鎮），設邽、冀、杜、鄭四縣，見〈秦本紀〉。

(3) 秦穆公伐西戎八國：綿諸（在甘肅天水）、緄戎（即犬戎，在甘肅禮縣）、翟戎（在甘肅臨洮）、獂戎（在甘肅天水）、義渠（在甘肅慶陽、平涼）、大荔（在陝西大荔）、烏氏（在寧夏固原）、朐衍（在陝西定邊），見〈匈奴列傳〉。這八個國家，綿諸、緄戎、翟戎、獂戎在隴山以西；義渠、大荔、烏氏、朐衍，除大荔偏東，在隴山以北。

(4) 秦孝公西斬獂戎之王，見〈秦本紀〉。

(5) 秦惠文王伐義渠，取二十五城以為縣，見〈秦本紀〉。

(6) 秦昭襄王滅義渠，設隴西、北地、上郡，築長城以拒胡，見〈秦本紀〉。

上述諸戎，分佈甚廣，但與周、秦關係最大，還是隴山西側的天水一帶。

天水一帶是西戎各部的活動中心。如清水縣白駝遺址、張家川縣馬家原遺址和秦安縣王窪遺址，都是戰國中晚期戎人的遺址。這一時期，戎人相繼歸附於秦，禮器多取秦式，但葬車、車馬器、兵器和飾牌，仍保持戎人特點。其中最引人注目，是三號墓出土了一件銅繭形壺（M3:8）。繭形壺，古人叫榑榼，秦地很流行。銘文在器底，為陽文「鞅」。這個字是鑄造，不是後刻，字體與商鞅諸器的「鞅」字如出一轍，顯然是秦文字。商鞅，前三五六年為左庶長，前三五二年為大良造，卒於前三三八年，商鞅變法在前三五六至前三三八年之間，墓地測年正在這一時間範圍內。

---

[352] 王國維〈鬼方昆夷玁狁考〉，《王國維遺書》，第二冊：《觀堂集林》卷十三，一〇頁正—一一頁正。

天水、甘谷是秦武公伐邽、冀戎所設的邽、冀二縣。天水不僅有邽戎，也是綿諸戎和獂戎聚集的地方。當時的邽縣包括清水縣。秦代從邽縣分出上邽縣，上邽故城在清水縣城的西北。張家川是西漢隴縣。禮縣是西垂（西犬丘）所在，既是大駱之族的舊都，也是秦莊、襄二公的新邑。緄戎即犬戎，與之比鄰而居。犬戎是住在犬丘（西犬丘）的戎。

清水、張家川靠近隴山，是關隴大道所必經。清水有秦亭村，位於清水縣城以東，秦亭鎮以西。秦亭村有北魏太和二十年殘碑（現存百家村秦樂寺）。其東北盤龍村有清道光二十二年《重修關山驛路碑》。翻過隴山，山的東側是今隴縣。隴縣店子村有秦的城址和墓地，有些考古學家說，這是襄公徙都汧的證據，隴縣是襄公東進建立的新都。

其實，秦在秦亭說和襄公徙都汧說都靠不住，屬於誤用文獻。我在〈《史記》中所見秦早期都邑葬地〉中已經澄清過這一點。

現在，考古學界，很多學者都把非子的封邑定在在甘肅清水縣。理由是：目前，年代最早的秦遺址是清水李崖遺址，其次是甘谷毛家坪遺址，其次是天水的西山遺址、鸞亭山遺址和大堡子山墓地。他們相信，最早的秦不在陝西，而在甘肅。秦人是從清水，翻越隴阪，沿千河，從隴縣經千陽到寶雞到鳳翔，一步步往東挪。所有文獻記載的都邑，從西到東，按年代早晚，一個蘿蔔一個坑，都能找到相應位置，整個遷徙是一條線。

我不同意這種判斷。

第一，問題不在年代，李崖遺址和毛家坪遺址，無論是否可以早到西周中期、西周早期甚至商代，都不能證明非子封在清水。因為秦是周孝王以來才有的概念，時間在西周中晚期之交。早於這一時期，只有大駱之族，沒有獨立的秦嬴，我們不能把大駱之族當作秦。

第二，清水秦亭距李崖遺址還有相當距離，當地沒有任何考古證據，足以支持非子受封的秦就在秦亭，現在持清水說者也承認，秦不在秦亭。清水秦亭說出徐廣，廣為東晉人。其說晚出，並不能抹殺和代替司馬遷的說法。秦在清水說肇於秦亭說，前提本身就有問題。

第三，秦亭以秦為名，這樣的地名很多，不能證明秦在秦亭。秦亭以亭為名，從地名不難判斷，只不過是古驛站。秦亭鎮舊名秦亭鋪，秦亭村舊名秦子鋪。鋪是驛站。秦亭只是關山驛路上的一個歇腳點。

至於襄公徙都汧說，我在〈《史記》中所見秦早期都邑葬地〉中也講過，此說出唐《括地志》，不僅不見於《史記》，而且《括地志》引用的《帝王世紀》也非原文，其實是誤用文獻。

現在，為了探索秦文化，考古學家做了大量工作，積累了大量資料。考古材料和文獻材料有矛盾，經常不是這兩種材料本身有矛盾，而是我們對兩者的關係吃不準，對它們的認識有矛盾。這裡，關鍵不在考古可信還是文獻可信，而在如何正確理解和運用這兩種材料，把兩者放在它們應有的位置上。這麼多年，考古材料已經推翻了司馬遷的說法嗎？我看沒有。

四、秦人是靠伐戎繼周而崛起

嬴分兩支，秦嬴在隴山東側，駱嬴在隴山西側，駱以和戎，秦以事周。秦人崛起是三部曲：西周晚期，戎勢孔熾，先滅駱嬴，後滅西周，秦人收復西犬丘，護送平王東遷，周人棄土東逃，把西土留給秦，這是第一步；第二步，秦人從西犬丘出發，打回老家去，收復岐以西之地；第三步，秦人從寶雞出發，一路上鳳翔原，到岐山腳下，一路沿渭河走，向涇渭之會、洛渭之會、河渭之會不斷挺進，代代伐戎，收復周人的故土。下面做一點討論。

(1) 商周考古，有所謂先商、先周，仿此，秦也有先秦。這個「先秦」不是指秦代以前的歷史，而是指秦國以前的歷史，即非子的族源世系。最近，清華楚簡《繫年》透露，武王克商後有武庚三監之叛，秦人的祖先「飛廉東逃於商蓋氏（曲阜一帶，即商奄）。成王伐商蓋，殺飛廉，西遷商蓋之民於朱圉（朱圉山），以禦奴虘之戎（指西戎），是秦之先，世作周幹。周室既卑，平王東遷，止於成周，秦仲（秦襄公之誤）焉東居周地，以守周之墳墓，秦以始大」。[353]看來，嬴姓西遷，初居甘谷，後居禮縣。禮縣，古名西垂，也叫西犬丘，秦漢叫西縣，秦人祭祀白帝（嬴姓始祖）的西畤就在西縣。西垂一支，周孝王時有大駱。大駱二子，成以嫡子順繼大駱，住在西垂，非子是旁支，別封於秦邑。成與非子是一家，他們的遺物，從考古文化講是一個系統，無法從器物型式加以劃分，但駱嬴、秦嬴是兩支，不能混為一談。我們即使在甘肅境內發現早於西周晚期而又與秦有聯繫的東西，也不能認為就是秦的東西。

(2) 秦之稱秦，當從非子封秦算起，非子以前居西垂者，只有大駱一族。司馬遷講得很清楚，非子封秦，是周人「分土為附庸」，肯定住在岐周附近，而不是西垂附近。而且這個地點很具體，就是「汧渭之會」。清水也好，隴縣也好，都不能叫「汧渭之會」，只有寶雞才能叫「汧渭之會」。秦非子為孝王養馬，封秦之前，或在汧隴一帶（關山牧場一帶），[354]但周人賜邑，還是在汧渭之會。秦與周密邇相處，還有一個證據。司馬遷曾四次引用周太史儋的預言，「始周與秦合而別，別五百載復合，合十七歲而霸王者出焉」（《史記·周本紀》等），他說的「始周與秦合」指非子封秦，與周比鄰而居，「而別」指秦襄公護送平王東遷洛邑，「別五百載復合」指平王東遷到秦滅周，中間隔了五百年。「合十七歲而霸王者出焉」指秦王政滅周後十七年，大舉攻趙，由此揭開秦滅六國的序幕。我們從這段話看，秦與周本來住在一起，這點沒法否認。

(3) 申是西戎之首，既與周聯姻，也與秦聯姻，對安撫西戎最重要。西周晚期，周宣王寵褒姒，廢申侯之女所生子，西周是被申侯勾結犬戎攻滅。犬戎即緄戎，學者多已指出，即西周金文屢見的玁狁。戎族之號，多冠居地，如邽、冀、翟、獂諸戎，莫不如此。犬戎之所以叫犬戎，當是因為住在犬丘（西犬丘）。犬丘不僅是犬戎所居，也是大駱所居。大駱妻是申侯女。司馬遷說，大駱二子，周孝王更喜歡非子，想立非子為大駱的繼承人，申侯堅決反對，理由是申駱聯姻，西戎皆服，您能把王位坐穩，關鍵在這裡。因此周孝王才把非子封在秦，號曰秦嬴。這個秦嬴是從駱嬴分出，別為一族。基於這一史實，我有一個概括：隴右為駱（駱嬴），隴左為秦（秦嬴）。駱與戎住一塊兒，在隴山西側；秦與周住一塊兒，在隴山東側。駱嬴是用來安撫西戎，秦嬴是用來入事於周。我認為，不別駱、秦是所有誤解的根源。

(4) 秦世系，非子—秦侯—公伯—秦仲四世是頭一段。這一段，秦的都邑、葬地在汧渭之會。非子「賞宅」是秦史的第一件大事。其年代可從後面三代逆推。秦仲在共、宣時（前八四四至前八二二年），很明確。公伯立三年（前八四七至前八四五年），秦侯立十年，皆厲王時（前八五五至前八四六年）。非子跨孝、夷、厲三王（前？—前八五六年），孝、夷在位短，主要活動當厲王時。西戎滅大駱之族在厲王末年，當秦仲三年（前八四一年）。這以後才只有秦嬴，沒有駱嬴。西戎滅駱嬴，是西戎滅西周的先兆。

353 李學勤主編《清華大學藏戰國竹簡》（貳），上海：中西書局，二〇一一年，下冊，一四一—一四三頁。這裡所錄是破讀後的寬式釋文。

354 其實，從隴縣到千縣到寶雞到眉縣，整個汧渭流域，都適合養馬，如眉縣楊家村出土盠駒尊就是很好的證明。

(5) 秦公簋有「十又二公」。這十二公從誰算起？或說莊公，或說襄公，我認為，毫無疑問，應從莊公算起。襄公受封諸侯，秦器稱為「受國」，當然是秦史上的大事，但莊公收復西犬丘，也是秦史上的大事。《史記》講得清清楚楚，他是秦公，為什麼不算？莊公西略伐戎，在宣王時。從此，秦人才放棄秦邑，以西垂為都，代替駱嬴一支，作西垂大夫。我們要知道，這是平王東遷的前提，也是秦史上的大事。莊公稱公，跟武王取天下，仍尊其父為文王一樣，古代帝王往往如此。莊公、襄公居葬在西垂，司馬遷講得清清楚楚，沒問題。大堡子山有兩座秦陵，不管是兩個公各居其一，還是同一個公夫妻分葬，都只能是這兩個秦公或其中的一個。在這二公之前，在這二公之後，西垂沒有秦公的陵墓。

(6) 犬戎滅西周，司馬遷講得很清楚，周平王棄土東逃，與秦襄公誓，最初只是讓他收復「岐以西之地」。「岐以西之地」正是寶雞，即秦人的老家。他雖伐戎至岐，但沒能取得最後勝利，就死了。文公繼續伐戎，才真正打回老家，岐以西歸秦，岐以東獻周。《史記·秦本紀》說：「文公元年，居西垂宮。三年，文公以兵東獵。四年，至汧渭之會。曰：『昔周邑我先秦嬴於此，後卒獲為諸侯。』乃卜居之，占曰吉。」司馬遷講得很清楚，文公新都和非子初封，兩者在同一區域。這個新邑，現在還沒找到，但毫無疑問，應在汧渭之會，即寶雞一帶。此話不能理解為人封在清水，但儀式在寶雞舉行。

(7) 文公新邑與非子故都同在寶雞，這裡有四個祭祀遺址，有助卡定它的大致範圍。第一，五嶽之前，只有四山稱嶽（泰山、霍山、嵩山、吳山），當時秦人的神山不是華山，而是吳山，吳山古稱嶽山，在寶雞西北。顧頡剛認為，最早的嶽山是這座山，姜姓所出的「四嶽」就是這座山。[355]第二，文公夢黃龍，建鄜畤於鳳翔三畤原上，在寶雞東面。第三，文公祭陳寶，建陳寶祠於陳倉北阪城，陳倉北阪指賈村原。第四，文公祭南山豐大特，建怒特祠於寶雞南山，寶雞南山也叫陳倉山。

(8) 寶雞以千河分東西，渭河分南北，是秦人的龍興之地，秦遺址多追隨西周遺址。寶雞舊名陳倉。陳倉之陳與陳寶有關。陳寶見《尚書・顧命》，列於寶石中，其實是隕石。隕星下落，穿越大氣層，呼嘯而過，有如雞鳴。古人有許多傳說，說陳寶是寶雞所化，唐以來以寶雞名縣就是根據這類傳說。〈封禪書〉說，「作鄜畤後九年，文公獲若石雲，於陳倉北阪城祠之」。陳倉北阪城是獲石之所，應即最早的陳倉城。漢陳倉城在寶雞鬥雞台。鬥雞台一帶出土過很多著名的西周銅器。陳倉以倉為名，恐怕與漕運有關，如孫家南頭遺址，不僅有春秋秦國大墓，也有漢代倉儲遺址。漢陳倉城雖不必等於文公新邑，但文公新邑應在今寶雞市陳倉區一帶，還是八九不離十。

(9)《史記・秦本紀》說，文公居西垂宮，葬西山；憲公徙居平陽，葬西山；武公居平陽封宮，葬雍平陽，未及出子。〈秦始皇本紀〉不同，作文公居西垂宮，葬西垂；憲公居西新邑，葬衙；出子居西陵，葬衙；武公居平陽封宮，葬宣陽聚東南。文公新都既然在寶雞，陵隨邑轉，自應以〈秦本紀〉為是，也在寶雞。〈秦始皇本紀〉的「葬西垂」是「葬西山」之誤。西山，或本作岐西山，不在西垂，《帝王世紀》、《括地志》謂即「岐州陳倉縣西北三十七里秦陵山」。從方向和距離估計，可能在寶雞市金台區陵原村一帶，即大唐秦王陵（李茂貞墓）附近。憲公徙居平陽，也叫西新邑，舊說在陽平鎮，現在多認為在陽平鎮西邊的太公廟。憲公葬地，〈秦本紀〉作西山，〈秦始皇本紀〉作衙，似乎是一回事。衙也可能就在西山一帶。這個衙在哪裡？過去我有一個大膽推測，衙即茹家莊、紙坊頭、竹園溝出土銅器銘文上的𢐗國之𢐗（古音相同）。這三個地點，茹家莊、竹園

355 顧頡剛〈四嶽與五嶽〉，收入氏著《史林雜識初編》，北京：中華書局，一九六三年，三四—四五頁。

溝在渭河南，與姜城堡、益門為一線，都在清姜水東岸。紙坊頭在渭河北，正好在陵原南。當然這是假說，但其地點總以不離寶雞者為是。武公葬宣陽聚東南，宣陽聚是平陽城下面的小聚落。寶雞出土春秋秦銅器，地點很多，如金陵河以西有福臨堡，千河以西有鬥雞台，千河以東有孫家南頭、太公廟、大王村、陽平鎮（秦家溝），從西到東，大體在一條線上，都在渭河北岸。渭河南岸則有渭濱區的姜城堡，與福臨堡隔河相望。我懷疑，秦文公以來的四個秦君，其都邑、葬地是以汧渭之會為中心，大體沿渭河一線分佈，在其上下，並逐漸向鳳翔原東移。最近，太高廟探出大型車馬坑，與從前出土秦公鐘鎛的祭祀坑很近，尤其值得注意。

(10) 我相信，不僅非子故邑、文公新都可能在寶雞，憲公、武公的西新邑平陽也應在這一帶。我對秦在寶雞說很有信心。秦史雖可上溯到周孝王，當西周中晚期之交。但秦真正崛起和壯大主要是莊、襄二公以來。我的印象，秦國銅器，似乎沒有比大堡子山更早。不其簋是不是秦莊公的銅器，恐怕還不能最後敲定。秦式陶器，雖可上接西周，但數量最多還是周室東遷後的東西。隴山東側，從西周晚期到春秋戰國，序列比較完整。隴山西側，雖有早一點兒的東西，但缺晚期的東西，特別是戰國的東西。河西四郡設於西漢，河西走廊幾乎看不到秦的東西，就連秦代的東西都沒有，發現最多，主要是魏晉以來的東西。秦早期，非子以後和武公以前，除莊、襄二公，中心始終在寶雞。秦是面向東方，踩著西周的腳印，一步步向東挺進，故都邑、葬地緊隨其後，如雍城是傍岐周，咸陽是傍宗周（灃鎬）。伐戎是鞏固後方，繼周是向前推進，更高目標是挺進中原。當然，這是後話。

二〇一四年十月十三日寫於北京藍旗營寓所

書　名　茫茫禹跡
叢　書　【我們的中國】
著　者　李　零
責任編輯　苗　龍
封面設計　謝　飛
出　版　三聯書店（香港）有限公司
香港北角英皇道四九九號北角工業大廈二十樓
Joint Publishing (H.K.) Co., Ltd.
20/F., North Point Industrial Building,
499 King's Road, North Point, Hong Kong
香港發行　香港聯合書刊物流有限公司
香港新界大埔汀麗路36號3字樓
版　次　二〇一八年七月香港第一版第一次印刷
規　格　十六開（170 × 230 mm）二九二面
國際書號　ISBN 978-962-04-4200-1
© 2018 Joint Publishing (H.K.) Co., Ltd.
Published in Hong Kong
本書原由生活・讀書・新知三聯書店以書名《我們的中國》出版，經由原出版者授權本公司在除中國內地以外地區出版發行本書。